Aktuelle Beiträge zum öffentlichen Recht

herausgegeben von:

Rolf Gröschner
Martin Morlok
Helmuth Schulze-Fielitz

Band 10

Wirtschaftswege nach der Wende

Rechtsfragen der Wiederanlegung
eines zu DDR-Zeiten
umgeackerten landwirtschaftlichen Wegenetzes

Stefan Götter

Centaurus Verlag & Media UG 2003

Der Autor, geb. 1965, absolvierte ein Jurastudium an der Universität Mainz. 2002 promovierte er mit dieser Studie an der Friedrich-Schiller-Universität zu Jena. Er ist derzeit tätig als Leiter der Spruchstelle für Flurbereinigung im Thüringer Ministerium für Landwirtschaft, Naturschutz und Umwelt.

Die Deutsche Bibliothek – CIP-Einheitsaufnahme

Götter, Stefan:
Wirtschaftswege nach der Wende : Rechtsfragen der Wiederanlegung eines zu DDR-Zeiten umgeackerten landwirtschaftlichen Wegenetzes / Stefan Götter. – Herbolzheim : Centaurus-Verl., 2003
 (Aktuelle Beiträge zum Öffentlichen Recht ; Bd. 10)
 Zugl.: Jena, Univ., Diss., 2002
 ISBN 978-3-8255-0416-8   ISBN 978-3-86226-501-5 (eBook)
 DOI 10.1007/978-3-86226-501-5

ISSN 0941-4363

Alle Rechte, insbesondere das Recht der Vervielfältigung und Verbreitung sowie der Übersetzung, vorbehalten. Kein Teil des Werkes darf in irgendeiner Form (durch Fotokopie, Mikrofilm oder ein anderes Verfahren) ohne schriftliche Genehmigung des Verlages reproduziert oder unter Verwendung elektronischer Systeme verarbeitet, vervielfältigt oder verbreitet werden.

© CENTAURUS Verlags-GmbH & Co. KG, Herbolzheim 2003

Satz: Vorlage des Autors
Umschlaggestaltung: DTP-Studio, Antje Walter, Hinterzarten

Inhaltsverzeichnis

Literaturverzeichnis XIII

Abkürzungsverzeichnis XIX

Erster Teil:
Rechtsprobleme

1. Kapitel: Einleitung 1

2. Kapitel: Der zu untersuchende Sachverhalt 1

3. Kapitel: Die rechtliche Situation nach dem 3. Oktober 1990 3

   A. Das umfassende Bodennutzungsrecht der Landwirtschaftlichen
      Produktionsgenossenschaften 3

   B. Die bei Wirtschaftswegen nach dem heutigen *Thüringer Straßengesetz*
      möglichen straßenwegerechtlichen und straßenverkehrsrechtlichen
      Konstellationen 4

   C. Das Thüringische Wegegesetz von 1929 5

   D. Die Straßenverordnung von 1951 6

   E. Die Straßenverordnung von 1957 6

   F. Die Straßenverordnung von 1974 7

   G. Zur straßenwegerechtlichen Entwidmung öffentlicher Wirtschaftswege
      durch Realakte zu DDR-Zeiten 9

   H. Die wegerechtlichen Regelungen des thüringischen Landesgesetzgebers
      nach dem 3. Oktober 1990 - § 52 Abs. 6 ThürStrG 11

   I. Die Regelungen des Bundesgesetzgebers zum 3. Oktober 1990 -
     Art. 19 EV 11

     1. Das *Rehabilitierungsgesetz* vom 6. September 1990 11

     2. Keine Gesamtrechtsnachfolge der Bundesrepublik oder der neuen
       Länder für die Deutsche Demokratische Republik 12

     3. Die grundsätzliche Fortgeltung der Verwaltungsakte der Deutschen
       Demokratischen Republik 12

4. Die Möglichkeiten einer Aufhebung 13

    a) Keine Übernahme des *Rehabilitierungsgesetzes* vom
       6. September 1990 13

    b) Art. 19 EV als Basisnorm für die Aufhebung verwaltungsrechtlicher
       Entscheidungen 14

    c) Das *Verwaltungsrechtliche Rehabilitierungsgesetz* als lex posterior
       und lex specialis 14

    d) Antragserfordernis und Antragsfrist 16

    e) Zur Begrenzung des Bereichs der verwaltungsrechtlichen
       Rehabilitierung 17

        aa) Schwere der Beeinträchtigung 18

        bb) Unzumutbarkeit der Beeinträchtigung 20

    f) Die erlassende Stelle 20

    g) Ergebnis 23

Zweiter Teil:
Lösungsansätze

1. Kapitel: Die Möglichkeiten der Flurneuordnung zur Problemlösung 24

  A. Freiwilliger Landtausch und Flurneuordnungsverfahren nach dem
     Landwirtschaftsanpassungsgesetz und dem *Flurbereinigungsgesetz* 25

  B. Wertermittlung beim alten Bestand 27

2. Kapitel: Die Möglichkeiten der Belegenheitskommune zur
Problemlösung 29

  A. Die Bereitstellung gemeindeeigener Flächen 30

  B. Eigentumsübergang und Grundbuchberichtigung beim Übergang der
     Straßenbaulast an einer öffentlichen Straße auf die Belegenheitskommune 32

    1. Sachverhalt 32

    2. Der Geltungsbereich und der gesetzgeberische Zweck des § 5
       Abs. 2 Sätze 2 und 3 VZOG 33

    3. Der Anwendungsbereich des § 12 Abs. 1 ThürStrG 36

    4. Der mit dem gesetzlichen Junktim von Wechsel der Straßenbaulast
       und zivilrechtlichem Eigentum verfolgte Zweck 37

- a) Zum Eigentum am Straßengrundstück und zum Eigentum am Straßenkörper ... 38
- b) Zur Grenzziehung zwischen der öffentlich-rechtlichen und der privatrechtlichen Sachherrschaft ... 39

5. Zur Rechtsposition der neu im Grundbuch als Eigentümerin eingetragenen Belegenheitskommune ... 40

6. Zum Grundbuchberichtigungsanspruch des vorher eingetragenen Eigentümers ... 41
   - a) Der Kreis der Betroffenen ... 41
   - b) Die beeinträchtigte Rechtsposition ... 42
   - c) Die Möglichkeiten der Beeinträchtigten, die Grundbuchberichtigung zu betreiben ... 42

7. Ergebnis ... 43

C. Die Möglichkeit der Kommunen, auf der Grundlage von § 8 Abs. 1 Satz 1 Ziffer a) VZOG über volkseigenes Vermögen in der Rechtsträgerschaft eines ehemaligen Rats einer Gemeinde oder Stadt zu verfügen ... 43

1. Zum Institut des "Volkseigentums" ... 44

2. Zur Entstehung von Volkseigentum an landwirtschaftlich genutzten Grundstücken in Thüringen ... 45
   - a) Die Bodenreform-Enteignungen ... 46
   - b) Die Enteignung der ehemaligen Fürstenhäuser ... 49

3. Zum Institut der "Rechtsträgerschaft" ... 49
   - a) Die Bedeutung des Begriffs der "Rechtsträgerschaft" im bundesdeutschen Recht ... 49
   - b) Die Bedeutung des Instituts der "Rechtsträgerschaft" in der Rechtsordnung der Deutschen Demokratischen Republik ... 50
   - c) Unterschiede hinsichtlich des Eigentums am Staatsvermögen und seiner Verwaltung zwischen den Rechtssystemen der Bundesrepublik Deutschland und der Deutschen Demokratischen Republik ... 51
   - d) Die Kriterien bei der Auswahl des Rechtsträgers und der "Zuständigkeitsbereich" der Räte der Gemeinden als Rechtsträger ... 52

4. Die Aussagen des *Einigungsvertrags* zum Volkseigentum und zur Rechtsträgerschaft ... 53

5. Die sich aus § 8 VZOG für die Kommunen ergebenden Möglichkeiten, bei der Erstellung eines neuen Wirtschaftswegenetzes mitzuwirken ... 54

a) Zweck dieser Verfügungsbefugnis 54

b) Voraussetzungen einer Verfügungsbefugnis der Belegenheitskommune 55

c) Umfang der Verfügungsbefugnis 56

d) Das Verhältnis zu Zuordnungsansprüchen nach dem *Vermögensgesetz* 57

e) Das Verhältnis zu Zuordnungsansprüchen nach dem *Vermögenszuordnungsgesetz* 58

    aa) Verfügungen auf der Grundlage von § 8 Abs. 1 Satz 1 Ziffer a) VZOG vor dem 25. Dezember 1993 60

    bb) Verfügungen auf der Grundlage von § 8 Abs. 1 Satz 1 Ziffer a) VZOG vor dem 25. Dezember 1993 über Verwaltungsvermögen einer anderen Gebietskörperschaft und das Gebot des bundesfreundlichen Verhaltens 61

        (1) Kenntnis der Kommune 62

            (a) Der Bund und die Länder als Verpflichtete 62

            (b) Die im Rahmen der dem Bund und den Ländern in § 8 Abs. 1 VZOG eingeräumten Verfügungsbefugnisse zu beachtenden Beschränkungen 63

            (c) Zur Anwendbarkeit der den Bund und die Länder treffenden Beschränkungen auch auf die Kommunen 65

        (2) Ermittlungspflicht der Kommune i.S.d. § 12 VZOG auf der Grundlage des Gebots des bundesfreundlichen Verhaltens auch schon vor dem 25. Dezember 1993? 70

    cc) Zu den Heilungsvorschriften des *Wohnraummodernisierungssicherungsgesetzes* 70

    dd) Verfügungen auf der Grundlage von § 8 Abs. 1 Satz 1 Ziffer a) VZOG ab dem 25. Dezember 1993 72

        (1) Regelungszweck des § 12 VZOG 72

        (2) Zur erlaubten Maßnahme der "erforderlichen Infrastrukturmaßnahme" gemäß § 12 Abs. 1 Satz 1 Nummer 1 c) VZOG 73

        (3) Zu den Anforderungen des Verhältnismäßigkeitsgrundsatzes 75

            (a) Zur Geeignetheit 76

(b) Zur Erforderlichkeit 77

(c) Zur Angemessenheit.. 82

(4) Zwischenergebnis 82

f) Umfang der Verfügungsbefugnis 82

g) Zu den Verfügungen von Kommunen nach dem 2. Oktober 1990
und vor dem 29. März 1991 83

D. Die Zuordnung volkseigenen Vermögens auf der Grundlage von
§ 2 KVG 84

1. Untersuchungsgegenstand 84

2. Der politische Hintergrund bei der Entstehung des *Kommunalvermögensgesetzes* 85

3. Der rechtliche Rahmen des *Kommunalvermögensgesetzes* 86

4. Die Möglichkeit der Zuordnung landwirtschaftlicher Grundstücke
nach § 2 Abs. 1 Ziffer c) KVG 86

5. Die Art des Rechtsübergangs 87

6. Zur Bestandskraft der auf der Grundlage des
Kommunalvermögensgesetzes ergangenen Zuordnungsbescheide 87

E. Die Zuordnung laut Grundbuch volkseigener, landwirtschaftlich
genutzter Grundstücke an die Belegenheitskommune auf der
Grundlage von Art. 21 und 22 EV 88

1. Ziel und Zweck der Artikel 21 und 22 EV 88

2. Zu den drei Möglichkeiten einer Kommune, auf der Grundlage der
Art. 21 und 22 EV bei der Verteilung des ehemaligen Volkseigentums berücksichtigt zu werden 89

3. Zuordnung landwirtschaftlich genutzter Flächen als kommunales
Verwaltungsvermögen gemäß Art. 21 Abs. 2 EV? 89

4. Zuordnung landwirtschaftlich genutzter Flächen als kommunales
Finanzvermögen gemäß Art. 22 Abs. 1 Satz 1 EV i.V.m. § 1
Abs. 1 Satz 3 TreuhG i.V.m. §§ 1 f. KVG 95

5. Zuordnung landwirtschaftlich genutzter Flächen als kommunales
Restitutionsvermögen gemäß Art. 21 Abs. 3, 1. Halbsatz EV 100

3. Kapitel: Die Möglichkeiten des Freistaats zur Problemlösung 102

**4. Kapitel: Die Möglichkeiten des Bundes zur Problemlösung -
Vereinbarungen auf der Grundlage von § 2 Abs. 1 Satz 6 VZOG** 103

A. Zweck des § 2 Abs. 1 Satz 6 VZOG 104

B. Die Beteiligten einer solchen Vereinbarung und der Kreis der
   anzuhörenden Personen 106

C. Die eine solche Vereinbarung anregende Stelle und die Vermessungskosten als bedeutender Kostenfaktor 109

D. Zur Absicherung der kommunalen Verpflichtungen 111

E. Die Acht-Jahresfrist zur Umsetzung 112

F. Der bei der BVVG zur Verfügung stehende Bestand an Grundstücken
   und das *Ausgleichsleistungsgesetz* als Nadelöhr 113

   1. Zu den Flächen, die von der BVVG im Rahmen des Vermerks des
      Bundesministeriums für Ernährung, Landwirtschaft und Forsten
      vom 23. Februar 2000 angeboten werden können und zu deren
      Brauchbarkeit als Tauschland im Flurbereinigungsverfahren 113

   2. Zu den Flächen, die von der BVVG im Rahmen der Empfehlung des
      Bundesministeriums für Ernährung, Landwirtschaft und Forsten
      vom 7. Mai 1998 angeboten werden können und zur diesbezüg
      lichen Praxis der BVVG 115

   3. Zu dem von der BVVG auf der Grundlage des *Ausgleichsleistungs-
      gesetzes* und der *Flächenerwerbsverordnung* zu privatisierenden
      landwirtschaftlichen Flächenbestand und seinem Umfang 116

   4. Die von der BVVG auf der Grundlage des *Ausgleichsleistungs-
      gesetzes* zu erfüllenden Ansprüche 118

   5. Die für einen Erwerb gemäß § 1 Abs. 2 Sätze 5 und 6 FlErwV wegen
      der geplanten Anlegung eines Wirtschaftswegs nicht zur Verfügung
      stehenden Flächen 124

   6. Der Fall der Versäumung der Frist für die Stellung eines kommunalen
      Restitutionsantrags auf der Grundlage von Art. 21 Abs. 3, 1.
      Halbsatz EV 126

   7. Der Fall der anteiligen Aufbringung der Flächen für das zu DDR-Zeiten
      umgeackerte Wegegrundstück durch die anliegenden Grundeigen-
      tümer vor dem 8. Mai 1945 127

   8. Der Fall der Existenz kaufwilliger Berechtigter nach dem
      Ausgleichsleistungsgesetz 128

      a) Änderungsvorschlag de lege ferenda mit Rechtsgrundlage im
         Sozialstaatsprinzip 129

b) Die Wiedergutmachung von durch fremde Staatsgewalten begangenem Unrecht durch die Bundesrepublik Deutschland als gesetzgeberischer Zweck des *Entschädigungs- und Ausgleichsleistungsgesetzes* 133

    aa) Chronologie des *Entschädigungs- und Ausgleichsleistungsgesetzes* unter dem Gesichtspunkt des Flächenerwerbs der Alteigentümer 133

        (1) Der *Einigungsvertrag* vom 31. August 1990 133

        (2) Das sog. Bodenreformurteil des *Bundesverfassungsgerichts* vom 23. April 1991 134

        (3) Der Entwurf der *Bundesregierung* für ein *Entschädigungs- und Ausgleichsleistungsgesetz* vom 10. Mai 1993 135

        (4) Das *Entschädigungs- und Ausgleichsleistungsgesetz* vom 27. September 1994 als Abschluß von zwei Vermittlungsverfahren 136

        (5) Die Entscheidung der *Europäischen Kommission* vom 20. Januar 1999 über den Flächenerwerb gemäß *Ausgleichsleistungsgesetz* 137

        (6) Das *Vermögensrechtsergänzungsgesetz* vom 15. September 2000 138

    bb) Zur Herleitung der die Wiedergutmachung früheren Unrechts bezweckenden Ansprüche auf der Grundlage des *Entschädigungs- und Ausgleichsleistungsgesetzes* aus dem Rechts- und Sozialstaatsprinzip und zu dem diesbezüglich weiten Gestaltungsraum des Gesetzgebers 142

    cc) Kein Eingriff in subjektive Eigentumsrechte der Enteigneten .. 143

    dd) Keine Verletzung von Verpflichtungen des Gesetzgebers aus der objektiven Garantie des Instituts Eigentum 145

    ee) Das Eigentum als Kernelement des Rechtsstaats 147

c) Der Verkauf ehemals volkseigener landwirtschaftlicher Flächen an am 3. Oktober 1990 im Gebiet der ehemaligen Deutschen Demokratischen Republik ansässige Landwirtschaftsbetriebe als gesetzgeberischer Zweck des *Entschädigungs- und Ausgleichsleistungsgesetzes* 148

aa) Zur Entstehungsgeschichte des *Entschädigungs- und Ausgleichsleistungsgesetzes* unter besonderer Betrachtung der gesetzgeberischen Absicht von Landverkäufen an Landwirtschaftsbetriebe 148

(1) Die Vermittlungsverfahren zum Entwurf eines *Entschädigungs- und Ausgleichsleistungsgesetzes* 148

(2) Die Entscheidung der *Europäischen Kommission* vom 20. Januar 1999 über den Flächenerwerb gemäß *Ausgleichsleistungsgesetz* 149

(3) Das *Vermögensrechtsergänzungsgesetz* vom 15. September 2000 151

bb) Zu dem Ziel einer Anhebung des Eigentumsanteils der Landwirtschaftsbetriebe und zu dem diesbezüglich weiten Gestaltungsraum des Gesetzgebers 153

d) Zur Vereinbarkeit eines Privatisierungsverbots zugunsten der Belange des Wirtschaftswegebaus mit dem *Treuhandgesetz*, insbesondere mit den gemäß § 1 Abs. 6 TreuhG bei der Privatisierung und Reorganisation des volkseigenen Vermögens in der Land- und Forstwirtschaft zu berücksichtigenden Besonderheiten dieses Bereichs 153

e) Zum Verhältnis der in § 1 TreuhG und in § 3 AusglLeistG verankerten gesetzlichen Privatisierungsaufträge............................ 155

Zusammenfassung **156**

Literaturverzeichnis

Akademie für Staats- und Rechtswissenschaft der DDR (Hrsg.): Verwaltungsrecht. Lehrbuch, Berlin-Ost 1979

Akademie für Staats- und Rechtswissenschaft der DDR (Hrsg.): Verwaltungsrecht. Lehrbuch, 2. Aufl., Berlin-Ost 1988

Arlt, Rainer: Grundriß des LPG-Rechts, Berlin-Ost, 1959

Artzt, Werner: Nach welchen Vorschriften sind Grundstücke zu übertragen, die in staatlichem Eigentum stehen?, NJ 1952, S. 170 ff.

Aust, Manfred / *Jacobs*, Rainer: Die Enteignungsentschädigung, 4. Aufl., Berlin/ New York 1997

Autorenkollektiv: LPG-Recht, Berlin-Ost, 1984

Badura, Peter: Eigentum, in: Benda, Ernst / Maihofer, Werner /Vogel, Hans-Jochen (Hrsg.): Handbuch des Verfassungsrechts der Bundesrepublik Deutschland, 2. Aufl., Berlin u.a. 1994, § 10

Badura, Peter: Der Verfassungsauftrag der Eigentumsgarantie im wiedervereinigten Deutschland, in: DVBl 1990, 1256 ff.

Bauer, Hartmut: Die Bundestreue. Zugleich ein Beitrag zur Dogmatik des Bundesstaatsrechts und zur Rechtsverhältnislehre, Tübingen 1992

Baur, Jürgen F. / *Stürner*, Rolf: Sachenrecht, 17. Aufl., München 1999

Böhringer, Walter: Die Heilungsvorschriften des Wohnraummodernisierungssicherungsgesetzes, in: OV spezial 1997, 263 ff.

Bönninger, Karl / *Hochbaum*, Hans-Ulrich / *Lekschas*, Eva / *Schulze*, Gerhard (Hrsg.): Das Verwaltungsrecht der Deutschen Demokratischen Republik. Allgemeiner Teil, Berlin-Ost 1957

Breuer, Hartmut: Die Bedeutung des Art. 19 Einigungsvertrag, Frankfurt am Main, 1999

Clemm, Hermann / *Etzbach*, Ernst / *Faßbender*, Hermann Josef / *Messerschmidt*, Burkhard / *Pfister*, Wolfgang / *Schmidt-Räntsch*, Jürgen (Hrsg.): Rechtshandbuch Vermögen und Investitionen in der ehemaligen DDR, Bände I bis IV, München, Stand: April 2002

Dreier, Horst (Hrsg.): Kommentar zum Grundgesetz.
Band I (Artikel 1 bis 19), Tübingen 1996
Band II (Artikel 20 bis 82), Tübingen 1998
Band III (Artikel 83 bis 146), Tübingen 2000

Duden: Das große Wörterbuch der deutschen Sprache, Band 6, 2. Aufl., 1994

Fieberg, Gerhard / *Reichenbach*, Harald: Offene Vermögensfragen und Investitionen in den neuen Bundesländern, in: NJW 1991, S. 1991, S. 1977 ff.

Fieberg, Gerhard / *Reichenbach*, Harald (Hrsg.): Entschädigungs- und Ausgleichsleistungsgesetz EALG, Bände I und II, Köln 1995

Fieberg, Gerhard / *Reichenbach*, Harald (Hrsg.): Enteignung und Offene Vermögensfragen in der ehemaligen DDR, Bände I bis III, 2. Auflage, Köln 1992

Fieberg, Gerhard / *Reichenbach*, Harald / *Messerschmidt*, Burkhard / *Neuhaus*, Heike (Hrsg.): Vermögensgesetz, Loseblattkommentar, Bände 1 und 2, Stand: August 1997

Fiedler, Jürgen: Die Regelung der bundesstaatlichen Finanzbeziehungen im Einigungsvertrag, in: DVBl 1990, S. 1263 ff.

Forsthoff, Ernst: Lehrbuch des Verwaltungsrechts, Band I: Allgemeiner Teil, 10. Aufl., München 1973

Friauf, Karl Heinrich: Staatsvermögen, in: Josef Isensee / Paul Kirchhof (Hrsg.): Handbuch des Staatsrechts der Bundesrepublik Deutschland, Band IV: Finanzverfassung - Bundesstaatliche Ordnung, 2. Aufl., Heidelberg 1999, § 90

Gaentzsch, Günter: Die Liegenschaftsverwaltung, in: Günter Püttner, Handbuch der kommunalen Wissenschaft und Praxis, Band 6: Kommunale Finanzen, S. 590 bis 606, 2. Aufl., Berlin u.a. 1985

Gröschner, Rolf: Res Publica Thuringorum. Über die Freistaatlichkeit Thüringens, ThürVBl 1997, S. 25 ff.

Heller, Robert / *Quandt*, Olaf / *Sannwald*, Rüdiger: Entschädigungs- und Ausgleichsleistungsgesetz, Kommentar, Köln u.a. 1995

Horn, Norbert: Das Zivil- und Wirtschaftsrecht im neuen Bundesgebiet. Eine systematische Darstellung für Praxis und Wissenschaft, 2. Aufl., Köln 1993

Hübner, Heinz: Allgemeiner Teil des Bürgerlichen Gesetzbuches, 2. Aufl., Berlin/ New York 1996

Isensee, Josef: Idee und Gestalt des Föderalismus im Grundgesetz, in: ders. / Paul Kirchhof (Hrsg.): Handbuch des Staatsrechts der Bundesrepublik Deutschland, Band IV: Finanzverfassung - Bundesstaatliche Ordnung, 2. Aufl., Heidelberg 1999, § 98

Kapinos, Alois: EALG - VermG - LAG. Praxishandbuch des Entschädigungs- und Lastenausgleichsrechts, Loseblatt, Bände 1 bis 4, Karlsfeld, Stand: 38. Ergänzungslieferung

Keil, Martin: Überblick über die Rechtsprechung zum Investitionsvorrangrecht, in: VIZ 1995, S. 578 ff.

Kiethe, Kurt: Investitionen, Entschädigung und Restitution in den neuen Bundesländern, in: Rechtshandbuch Vermögen und Investitionen in der ehemaligen DDR, Band I, SystDarst II

Kimme, Johannes (Hrsg.): Offene Vermögensfragen, Loseblattkommentar, Bände I bis III, Stand: Juli 2002

Kimme, Johannes / *Pée*, Klaus / *Schmidt-Räntsch*, Jürgen (Hrsg.): Offene Vermögensfragen, Rechtsprechungssammlung, Bände I bis VI, Stand: April 2002

Klinkert, Johannes: Das persönliche Eigentum als konzeptionelle Grundlage des ZGB, in: Eckert, Jörn / Hattenhauer, Hans (Hrsg.), Das Zivilgesetzbuch der DDR vom 19. Juni 1975, Potsdam und Kiel 1995, S. 127 ff.

Klinkert, Johannes / *Oehler*, Ellenor / *Rohde*, Günther: Eigentumsrecht Nutzung von Grundstücken und Gebäuden zum Wohnen und zur Erholung, Grundriß Zivilrecht Heft 2, Berlin-Ost 1979

Knack, Hans Joachim: Kommentar zum Verwaltungsverfahrensgesetz, 7. Aufl., Köln u.a. 2000

Kodal, Kurt / *Krämer*, Helmut (Hrsg.): Straßenrecht. Systematische Darstellung des Rechts der öffentlichen Straßen, Wege und Plätze in der Bundesrepublik Deutschland, 6. Aufl., München 1999

Ministerium der Justiz (Hrsg.): Kommentar zum Zivilgesetzbuch der DDR vom 19. Juni 1975 und zum Einführungsgesetz zum Zivilgesetzbuch der DDR vom 19. Juni 1975, 2. Aufl., Berlin-Ost 1985

Kühne, Jörg-Detlef: Eine vergessene Argumentationslinie im Bodenreformurteil (BVerfGE 84, 90) oder wider das Übergehen verfassungsstaatlicher Grundlagen, in: Peter Salje (Hrsg.), Recht - Rechtstatsachen - Technik. Festschrift für Helmut Pieper, Hamburg 1998, S. 287 ff.

Lange, Manfred: Wem gehört das ehemalige Volkseigentum? – Grundfragen der Art. 21 und 22 EinigungsV, in: DtZ 1991, S. 329 ff.

Larenz, Karl / *Wolf*, Manfred: Allgemeiner Teil des Bürgerlichen Rechts, 8. Aufl., München 1997

Lehmann, Walter-Jürgen / *Tritt*, Oskar / *Wimmer*, Klaus: Das Zweite Gesetz zur Bereinigung von SED-Unrecht (Teil 1). Berufliche und verwaltungsrechtliche Rehabilitierung, in: NJ 1994, S. 350 ff.

LPG-Recht. Lehrbuch, Autorenkollektiv unter Leitung von Richard Hähnert, Helmut Richter und Günther Rohde, Berlin-Ost, 1984

Mampel, Siegfried: Die sozialistische Verfassung der Deutschen Demokratischen Republik, Kommentar, 2. Aufl., Frankfurt am Main 1982

Maunz, Theodor / *Dürig*, Günter: Kommentar zum Grundgesetz, Bände I bis V, Loseblatt, München, Stand: Juli 2001

Meßerschmidt, Klaus: Der Grundsatz der Bundestreue und die Gemeinden - Untersucht am Beispiel der "kommunalen Außenpolitik", in: Die Verwaltung 23 (1990), S. 425 ff.

Motsch, Richard / *Rodenbach*, Hermann-Josef / *Löffler*, Otto / *Schäfer*, Hans-Jürgen / *Zilch*, Volkmar (Hrsg.): Kommentar zum Entschädigungs- und Ausgleichsleistungsgesetz, Loseblatt, Bände I und II, Herne/Berlin, Stand: Januar 1999

von Münch, Ingo / *Kunig*, Philip, Grundgesetz-Kommentar, Band 3, 3. Aufl., München 1996

Münchener Kommentar zum Bürgerlichen Gesetzbuch,
Band 1: Allgemeiner Teil. §§ 1 bis 240, AGB-Gesetz, 4. Aufl., München 2001
Band 11: Internationales Handels- und Gesellschaftsrecht. Einführungsgesetz zum Bürgerlichen Gesetzbuche (Art. 50-237), München 1999

Ossenbühl, Fritz: Eigentumsfragen, in: Josef Isensee / Paul Kirchhof (Hrsg.): Handbuch des Staatsrechts der Bundesrepublik Deutschland, Band IX, Heidelberg 1997, § 212

Palandt, Otto (Hrsg.): Kommentar zum Bürgerlichen Gesetzbuch, 61. Aufl., München 2002

Papier, Hans-Jürgen: Verfassungsrechtliche Probleme der Eigentumsregelung im Einigungsvertrag, in: NJW 1991, S. 193 ff.

Peinemann, Berthold: Rechtsprobleme in der Praxis der Privatisierung ehemals volkseigenen landwirtschaftlich genutzten Grund und Bodens, in: AgrarR 1995, S. 225 ff.

Peinemann, Berthold: Zum Stand des Entschädigungs- und Ausgleichsleistungsgesetzes sowie der Flächenerwerbsverordnung nach der Entscheidung der EU-Kommission vom 20. Januar 1999, in: AgrarR 2000, S. 44 ff.

Priebe, Kurt: Handbuch des Straßenwesens. Erläuterungen zur Verordnung über das Straßenwesen, Berlin-Ost, 1959

Püttner, Günter (Hrsg.): Handbuch der kommunalen Wissenschaft und Praxis Band 6: Kommunale Finanzen, 2. Aufl., Berlin u.a. 1985

Quadflieg, Friedrich: Recht der Flurbereinigung. Kommentar zum Flurbereinigungsgesetz mit weiteren Vorschriften zur ländlichen Bodenordnung, Loseblatt, Bände I und II, Stand: April 1989

Rädler/Raupach/Bezzenberger (Hrsg.): Vermögen in der ehemaligen DDR. Handbuch zur Durchsetzung und Abwehr von Ansprüchen, Loseblattsammlung, Bände I bis V, Herne/Berlin, Stand: Juni 2002

Rechtshandbuch Vermögen und Investitionen in der ehemaligen DDR, siehe: Clemm u.a.

Rohde, Günther: Bodenrecht. Lehrbuch, Staatsverlag der DDR, Berlin-Ost 1976.

Rosenthal, Eduard: Die Verfassung des Landes Thüringen vom 11. März 1921, JöR 1921, S. 366 ff.

Sachs, Michael (Hrsg.): Kommentar zum Grundgesetz, 2. Aufl., München 1999

Schäfer, Hans-Jürgen / *Budde-Hermann*, Constanze: Entschädigungs- und Ausgleichsleistungsgesetz mit Schuldverschreibungsverordnung und Flächenerwerbsverordnung, 2. Aufl., München 1996

Schmidt-Preuß, Matthias: Die Treuhandanstalt und ihr gesetzlicher Auftrag, in: Die Verwaltung 25 (1992), S. 327 bis 369

Schmidt-Preuß, Matthias: Das Entschädigungs- und Ausgleichsleistungsgesetz, in: NJW 1994, 3249 ff.

Schmidt-Räntsch, Jürgen: Eigentumszuordnung, Rechtsträgerschaft und Nutzungsrechte an Grundstücken. Rechtspraxis in den neuen Bundesländern und Auswirkungen des Registerverfahrensbeschleunigungsgesetzes, 2. Aufl., Köln 1993

Schnabel, Gunnar: Fallgruppen nichtiger Modrow-Kaufverträge trotz der Heilungsbestimmungen im Wohnraummodernisierungssicherungsgesetz, in: VIZ 1998, 113 ff.

Schönfelder II, Zivil-, Wirtschafts- und Justizgesetzes für die neuen Bundesländer, hrsg. von Hans-Ulrich Hochbaum, Jena und München, Stand: Januar 2002

Seehusen / Schwede: Flurbereinigungsgesetz. Kommentar, neubearbeitet von Horst Hegele, Ewald Schoof und Friedrich Schwantag, 7. Aufl., 1997

Sendler, Horst: Restitutionsausschluß, Entschädigungen und Ausgleichsleistungen. Problematisches zum Entschädigungs- und Ausgleichsleistungsgesetz (EALG), VIZ 1995, 65 ff.

Sorgenicht, Klaus / *Weichelt*, Wolfgang / *Riemann*, Tord / *Semler*, Hans-Joachim (Hrsg.): Verfassung der Deutschen Demokratischen Republik. Dokumente. Kommentar, Band 1, Berlin 1969

Staudinger, Julius von: Kommentar zum Bürgerlichen Gesetzbuch mit Einführungsgesetz und Nebengesetzen, Art. 219 - 222; 230 - 236 EGBGB und Gesetzesanhang zu Art. 230 - 236 EGBGB, Berlin 1996

Stelkens, Paul / *Bonk*, Heinz Joachim / *Sachs*, Michael / *Kallerhoff*, Dieter / *Schmitz*, Heribert / *Leondhard*, Ulrich: Verwaltungsverfahrensgesetz, Kommentar, 6. Aufl., München 2001

Stern, Klaus: Das Staatsrecht der Bundesrepublik Deutschland,
Band I: Grundbegriffe und Grundlagen des Staatsrechts, Strukturprinzipien der Verfassung, 2. Aufl., München 1984
Band II: Staatsorgane, Staatsfunktionen, Finanz- und Haushaltsverfassung, Notstandsverfassung, München 1980

Treuhandanstalt (Hrsg.): Dokumentation Treuhandanstalt 1990 bis 1994, Bände 1 bis 15

Wagner, Norbert Berthold: Die staatliche Entwicklung Thüringens, ThürVBl 1999, S. 133 ff.

Wimmer, Klaus: Kommentar zum Verwaltungsrechtlichen Rehabilitierungsgesetz, Berlin 1995

Wolff, Hans Julius / *Bachof*, Otto / *Stober*, Rolf: Verwaltungsrecht I, 11. Aufl., München 1999

Wolkwitz, Hans-Dieter / *Knackstedt*, Jürgen: Thüringer Straßengesetz. Textausgabe mit Erläuterungen, weiterführenden Vorschriften und Mustern, Stuttgart/München/Hannover/Berlin/ Weimar/Dresden 1994

Zimmermann, Peter / *Heller*, Robert: Flächenerwerbsverordnung, Berlin 1996

Zimmermann, Peter / *Heller*, Robert: Das neue Entschädigungs- und Ausgleichsleistungsgesetz - EALG -, München 1995

Zimmermann, Bernd: Wiedergutmachung zwischen materieller Gerechtigkeit und politischem Kompromiß. Das Entschädigungs- und Ausgleichsleistungsgesetz, in: DtZ 1994, S. 359 ff.

Abkürzungsverzeichnis

AnFrV: Verordnung zur Verlängerung der Frist für die Stellung von Anträgen nach § 1 Abs. 4 sowie § 10 des Vermögenszuordnungsgesetzes (Antragsfristverordnung - AnFrV) vom 14. Juni 1994 (BGBl. I S. 1265)

ArgeFlurb: Arbeitsgemeinschaft Flurbereinigung

BaWüStrG: Straßengesetz für Baden-Württemberg (Straßengesetz - StrG), zuletzt geändert durch Gesetz vom 8. November 1999 (GBl. S. 435)

BehErrVO: Anordnung der Landesregierung und Verordnung des Innenministers über die Errichtung von Behörden und Einrichtungen des Landes Thüringen, zuletzt geändert durch Anordnung vom 10. Mai 2001 (GVBl. S. 52)

BGB: Bürgerliches Gesetzbuch, zuletzt geändert durch Gesetz vom 23. Juli 2002 (BGBl. I S. 2850)

2. DB z. BodNutzVO: Zweite Durchführungsbestimmung zur Bodennutzungsverordnung vom 26. Februar 1981 (GBl. DDR I S. 114)

BvS: Bundesanstalt für vereinigungsbedingte Sonderaufgaben

BVVG: Bodenverwertungs- und -verwaltungs GmbH

Colido-Grundbuchanweisung: Anweisung Nr. 4/87 des Ministers des Innern und Chefs der Deutschen Volkspolizei über Grundbuch und Grundbuchverfahren unter Colidobedingungen (Colido-Grundbuchanweisung) vom 27. Oktober 1987, abgedruckt in: Fieberg/Reichenbach (Hrsg.), Enteignung und Offene Vermögensfragen in der ehemaligen DDR, Band III, Nr. 4.14.1

DtZ: Deutsch-Deutsche Rechts-Zeitschrift, erschienen von 1990 bis 1997, aufgegangen in: Zeitschrift für Vermögens- und Immobiliarrecht (VIZ)

EALG: Gesetz über die Entschädigung nach dem Gesetz zur Regelung offener Vermögensfragen und über staatliche Ausgleichsleistungen für Enteignungen auf besatzungsrechtlicher oder besatzungshoheitlicher Grundlage (Entschädigungs- und Ausgleichsleistungsgesetz - EALG) vom 27. September 1994 (BGBl. I S. 2624)

EG-Vertrag: Vertrag zur Gründung der Europäischen Gemeinschaften, zuletzt geändert durch den Amsterdammer Vertrag vom 2. Oktober 1997 (BGBl. 1998 II, S. 387, ber. BGBl. 1999 II, S. 416)

EGZGB: Einführungsgesetz zum Zivilgesetzbuch der Deutschen Demokratischen Republik vom 19. Juni 1975 (GBl. DDR I S. 517)

EV: Vertrag zwischen der Bundesrepublik Deutschland und der Deutschen Demokratischen Republik über die Herstellung der Einheit Deutschlands - Einigungsvertrag - vom 31. August 1990 (BGBl. II S. 889)

FlurbG: Flurbereinigugsgesetz (FlurbG), zuletzt geändert durch Gesetz vom 20. Dezember 2001 (BGBl. I S. 3987)

Fn. Fußnote

FStrG: Bundesfernstraßengesetz, zuletzt geändert durch Gesetz vom 27. April 2002 (BGBl. I S. 1467)

GAK-Gesetz: Gesetz über die Gemeinschaftsaufgabe "Verbesserung der Agrarstruktur und des Küstenschutzes" (GAK-Gesetz - GAKG), in der Fassung der Bekanntmachung vom 21. Juli 1998 (BGBl. I S. 1055)

GBO: Grundbuchordnung, zuletzt geändert durch Gesetz vom 26. Oktober 2001 (BGBl. I S. 2710)

GDO: Verordnung über die staatliche Dokumentation der Grundstücke und Grundstücksrechte in der Deutschen Demokratischen Republik (Grundstücksdokumentationsordnung) vom 6. November 1975 (GBl. DDR I S. 697), außer Kraft getreten am 3. Oktober 1990 gemäß Art. 8 des Einigungsvertrages vom 31. August 1990 (BGBl. II S. 889 (S. 892)

GMBl: Gemeinsames Ministerialblatt des Beauftragten der Bundesregierung für Angelegenheiten der Kultur und der Medien u.a.

GVO: Grundstücksverkehrsordnung, zuletzt geändert durch Gesetz vom 27. Juli 2000 (BGBl. I S. 2182)

InVorg: Gesetz über den Vorrang für Investitionen bei Rückübertragungsansprüchen nach dem Vermögensgesetz (Investitionsvorranggesetz), zuletzt geändert durch Gesetz vom 30. Januar 2002 (BGBl. I S. 562)

JöR: Jahrbuch des öffentlichen Rechts der Gegenwart

KommVerf: Gesetz über die Selbstverwaltung der Gemeinden und Landkreise in der DDR (Kommunalverfassung) vom 17. Mai 1990 (GBl. DDR I S. 255), fortgeltendes Landesrecht gemäß Einigungsvertrag vom 31. August 1990 (BGBl. II S. 885 (S. 1151)), für das Gebiet Thüringens aufgehoben durch die Thüringer Gemeinde- und Landkreisordnung vom 16. August 1993 (GVBl. S. 501)

KVG: Gesetz über das Vermögen der Gemeinden, Städte und Landkreise (Kommunal-vermögensgesetz) vom 6. Juli 1990 (GBl. DDR I S. 600), zuletzt geändert durch Gesetz vom 22. März 1991 (BGBl. I S. 786)

LänderEinfG: Verfassungsgesetz zur Bildung von Ländern in der Deutschen Demokratischen Republik (Ländereinführungsgesetz) vom 22. Juli 1990 (GBl.

DDR I S. 955), zuletzt geändert durch Anlage II, Kapitel II, Sachgebiet A, Abschnitt II EV vom 31 August 1990 (BGBl. II S. 899 (S. 1150))

Landeskulturgesetz: Gesetz über die planmäßige Gestaltung der sozialistischen Landeskultur in der Deutschen Demokratischen Republik - Landeskulturgesetz - vom 14. Mai 1970 (GBl. DDR I S. 67)

LKV: Landes- und Kommunalverwaltung

LPG: Landwirtschaftliche Produktionsgenossenschaft

LPG-G 1959: Gesetz über die landwirtschaftlichen Produktionsgenossenschaften vom 3. Juni 1959 (GBl. DDR I S. 377), geändert durch Gesetz vom 19. Juni 1975 (GBl. DDR I S. 517 (S. 519))

LPG-G 1982: Gesetz über die landwirtschaftlichen Produktionsgenossenschaften - LPG-Gesetz - vom 2. Juli 1982 (GBl. DDR I S. 443), außer Kraft getreten mit Ablauf des 31. Dezember 1991 gemäß Anlage II, Kapitel VI, Sachgebiet A, Abschnitt III, Ziffer 2 des Einigungsvertrages vom 31. August 1990 (BGBl. II S. 889 (S. 1204)

LwAnpG: Landwirtschaftsanpassungsgesetz, zuletzt geändert durch Gesetz vom 19. Juli 2001 (BGBl. I S. 1149)

NJ: Neue Justiz

NVwZ: Neue Zeitschrift für Verwaltungsrecht

NVwZ-RR: Neue Zeitschrift für Verwaltungsrecht - Rechtsprechungs-Report

OLG-NL: OLG-Rechtsprechung Neue Länder

OV spezial: Offene Vermögensfragen spezial. Informationsdienst zum Vermögens- und Entschädigungsrecht in den neuen Bundesländern

PrHBG: Gesetz zur Beseitigung von Hemmnissen bei der Privatisierung von Unternehmen und zur Förderung von Investitionen (Hemmnisbeseitigungsgesetz - PrHBG) vom 22. März 1991 (BGBl. I S. 766)

Rdnr.: Randnummer

RegVBG: Gesetz zur Vereinfachung und Beschleunigung registerrechtlicher und anderer Verfahren (Registerverfahrensbeschleunigungsgesetz - RegVBG) vom 20. Dezember 1990 (BGBl. I S. 2182)

RTAO: Anordnung über die Rechtsträgerschaft an volkseigenen Grundstücken vom 7. Juli 1969 (GBl. DDR II S. 433), geändert durch Anordnung vom 11. Oktober 1974 (GBl. DDR I S. 489), außer Kraft getreten mit Wirkung vom 2. Oktober 1990 aufgrund Artikel 8 Einigungsvertrag vom 31. August 1990 (BGBl. II S. 889)

RzF: Rechtsprechung zur Flurbereinigung, herausgegeben von der Bund-Länder-Arbeitsgemeinschaft Flurbereinigung - Arbeitsgruppe Rechtsprechung zur Flurbereinigung, CD-ROM Version 2.01, Stand: September 2000

SED: Sozialistische Einheitspartei Deutschlands

StVertr: Vertrag über die Schaffung einer Währungs-, Wirtschafts- und Sozialunion zwischen der Bundesrepublik Deutschland und der Deutschen Demokratischen Republik vom 18. Mai 1990 (BGBl. II S. 537)

StraßenVO 1951: Verordnung zur Neuordnung des Straßenwesens vom 10. Mai 1951 (GBl. DDR I S. 422)

StraßenVO 1957: Verordnung über das Straßenwesen vom 18. Juli 1957 (GBl. DDR I S. 377)

StraßenVO 1974: Verordnung über die öffentlichen Straßen - Straßenverordnung - vom 22. August 1974 (GBl. DDR I S. 515)

THA: Treuhandanstalt

ThürKO: Thüringer Gemeinde- und Landkreisordnung (Thüringer Kommunalordnung - ThürKO), zuletzt geändert durch Gesetz vom 14. September 2001 (GBl. S. 257)

ThürNatG: Thüringer Gesetz über Naturschutz und Landschaftspflege (Thüringer Naturschutzgesetz - ThürNatG -), zuletzt geändert durch Gesetz vom 24. Oktober 2001 (GVBl. S. 265)

ThürStrG: Thüringer Straßengesetz vom 7. Mai 1993 (GVBl. S 273), geändert durch Gesetz vom 24. Oktober 2001 (GVBl. S. 265)

ThürWegeG 1929: Wegegesetz vom 24. Juli 1929 (Gesetzsammlung für Thüringen S. 127)

TLG: Treuhand Liegenschaftsgesellschaft mbH

TreuhG: Gesetz zur Privatisierung und Reorganisation des volkseigenen Vermögens (Treuhandgesetz) vom 17. Juni 1990 (GBl. DDR I S. 300), zuletzt geändert durch Gesetz vom 29. Oktober 2001 (BGBl. I S. 2785)

3. DVO z. TreuhG: Dritte Durchführungsverordnung zum Treuhandgesetz vom 29. August 1990 (GBl. DDR I S. 1333)

TreuhUmbenV: Verordnung über die Umbenennung und die Anpassung von Zuständigkeiten der Treuhandanstalt (Treuhandanstaltumbenennungsverordnung) vom 20. Dezember 1994 (BGBl. I S. 3913)

Verfassung DDR: Verfassung der Deutschen Demokratischen Republik in der Fassung des Gesetzes vom 7. Oktober 1974 (GBl. DDR I S. 432)

VermG: Gesetz zur Regelung offener Vermögensfragen (Vermögensgesetz - VermG), zuletzt geändert durch Gesetz vom 26. November 2001 (BGBl. I S. 3138)

VermRErgG: Gesetz zur Änderung und Ergänzung vermögensrechtlicher und anderer Vorschriften (Vermögensrechtsergänzungsgesetz - VermRErgG) vom 15. September 2000 (BGBl. I S. 1382)

VertragsG: Gesetz über das Vertragssystem in der sozialistischen Wirtschaft (Vertragsgesetz) vom 11. Dezember 1957 (GBl. DDR I S. 627), neu bekanntgemacht am 25. März 1982 (GBl. DDR I S. 293) und aufgehoben mit Wirkung vom 1. Juli 1990 durch Gesetz vom 28. Juni 1990 (GBl. DDR I S. 483)

VwRehaG: Gesetz über die Aufhebung rechtsstaatswidriger Verwaltungsentscheidungen im Beitrittsgebiet und die daran anknüpfenden Folgeansprüche (Verwaltungsrechtliches Rehabilitierungsgesetz - VwRehaG) vom 1. Juli 1997, zuletzt geändert durch Gesetz vom 20. Dezember 2001 (BGBl I S. 3986)

VIZ: Zeitschrift für Vermögens- und Immobiliarrecht

VZOG: Gesetz über die Feststellung der Zuordnung von ehemals volkseigenem Vermögen (Vermögenszuordnungsgesetz) vom 22. März 1991 (BGBl. I S. 766 (S. 784 bis S. 786)), zuletzt geändert durch Gesetz vom 30. Januar 2002 (BGBl. I S. 562)

WertV: Verordnung über Grundsätze für die Ermittlung der Verkehrswerte von Grundstücken (Wertermittlungsverordnung - WertV), zuletzt geändert durch Gesetz vom 18. August 1997 (BGBl. I S. 2081, 2110)

ZGB: Zivilgesetzbuch der Deutschen Demokratischen Republik vom 19. Juni 1975 (GBl. DDR I S. 465), zuletzt geändert durch Gesetz vom 22. Juli 1990 (GBl. DDR I S. 903), außer Kraft getreten mit Wirkung vom 2. Oktober 1990 aufgrund Art. 8 Einigungsvertrag vom 31. August 1990 (BGBl. II S. 899)

ZOV: Zeitschrift für offene Vermögensfragen

ZOZÜV: Verordnung zur Übertragung der Zuständigkeiten des Präsidenten der Bundesanstalt für vereinigungsbedingte Sonderaufgaben nach dem Vermögenszuordnungsgesetz in Verbindung mit dem Zuordnungsergänzungsgesetz auf den Oberfinanzpräsidenten der Oberfinanzdirektion Berlin (Zuordnungszuständigkeitsübertra-gungsverordnung - ZOZÜV) vom 14. Mai 1999 (BGBl. I S. 1098)

ZPO: Zivilprozeßordnung, zuletzt geändert durch Gesetz vom 23. Juli 2002 (BGBl. I S. 2850)

Erster Teil:
Rechtsprobleme

1. Kapitel: Einleitung

Nach der Wiedervereinigung der beiden deutschen Staaten erweist sich der Prozeß der Rechtsangleichung als sehr dynamisch. Rechtsverhältnisse, die zu DDR-Zeiten wirksam begründet worden waren und keinem der in der Rechtsordnung der alten Länder existierenden Rechtsinstitute entsprachen, wurden in solche entweder direkt kraft Gesetzes oder, von den Betroffenen veranlaßt, auf der Grundlage eines Gesetzes umgewandelt.

Daneben verbleibt eine Vielzahl von Fällen, in denen der Gesetzgeber die zu DDR-Zeiten geschaffenen Rechtszustände als mit dem Grundgesetz vereinbar bewertet und schlicht erhält, weil er die ihn zum Tätigwerden verpflichtende Schwelle nicht überschritten sieht. Dies hat zur Konsequenz, daß die Betroffenen, wenn sie eine Änderung dieser Rechtszustände als geboten erachten, nicht auf die Unterstützung durch den Gesetzgeber zurückgreifen können. Eine dieser Fallkonstellationen, und zwar eine Problemlage aus dem Bereich des landwirtschaftlichen Bodenrechts, bildet den Gegenstand der vorliegenden Arbeit: Untersucht werden soll das Problem, daß die örtliche Landwirtschaftliche Produktionsgenossenschaft zu DDR-Zeiten ein spätestens seit dem 8. Mai 1945 in einem landwirtschaftlichen Gebiet existierendes Wirtschaftswegenetz im Zuge der Großflächenbewirtschaftung umackerte und die betroffenen Grundeigentümer und Betriebe heute die Wiederanlegung eines den derzeitigen wirtschaftlichen Bedürfnissen entsprechenden Wegenetzes anstreben. Dabei ergibt sich insbesondere die Frage, ob auch der Bund aus dem Bestand der von ihm verwalteten landwirtschaftlich genutzten und ehemals volkseigenen Grundstücke zur Aufbringung des für die Anlegung des gewünschten Wegenetzes erforderlichen Landes beitragen soll.

2. Kapitel: Der zu untersuchende Sachverhalt

Die zu untersuchende Fallkonstellation stellt sich wie folgt dar: Wie bei anderen im Bereich des Immobiliarsachenrechts relevanten gesetzlichen Normenkomplexen, z.B. dem *Vermögenszuordnungsgesetz* oder dem *Vermögensgesetz*, ist auch bei der vorliegend zu untersuchenden Wirtschaftswegeproblematik der 8. Mai 1945 der erste wichtige Stichtag. Das zu diesem Zeitpunkt in der Feldflur existierende Wirtschaftswegenetz war auf kleinbäuerliche Wirtschaftseinheiten zugeschnitten und deswegen engmaschig. Zu DDR-Zeiten wuchs der Druck auf die ihr Land noch selbst bewirtschaftenden Landwirte ständig. Nach russischem Vorbild sollten die Landwirte die selbständige Bewirtschaftung ihrer Äcker aufgeben und sich zur kollektiven Bewirtschaftung in landwirtschaftlichen Produktionsgenossenschaften zusammenschließen. Mit staatlichem Druck erfolgte die Umstellung auf eine großflächige Bewirtschaftung der landwirtschaftlichen Nutzfläche, häufig in Schlägen[1] von 100 bis 200 Hektar[2], durch die örtlichen landwirtschaftlichen Produktionsgenossenschaften. In einem Beschluß zur Bildung der landwirtschaftlichen Produktionsgenossenschaften, gefaßt 1952 auf der II. Parteikonferenz der Sozialistischen Einheitspartei Deutschlands, wird diesbezüglich ausgeführt, daß sich die Landarbeiter und werktätigen Bauern auf "völlig freiwilliger" Grundlage zu Produktionsgenossenschaften zusammenschließen.[3] Die landwirtschaftlichen Produktionsgenossenschaften ackerten viele der Wege um und nutzten diese Flächen nunmehr als zusätzliches Ackerland. Zur Zeit der Wende lagen die ehemaligen Wegeflächen inmitten großer landwirtschaftlicher Schläge und waren in der Örtlichkeit nicht mehr zu erkennen. Nach dem Wirksamwerden des Beitritts der neuen Länder am 3. Oktober 1990 erhielten die Landeigentümer auf der Grundlage von § 51 LwAnpG die Befugnis zur Bewirtschaftung ihres Eigentums zurück. Entweder begannen sie wieder mit der Selbstbewirtschaftung oder sie verpachteten ihr Land, z.B. an das Rechtsnachfolgeunternehmen der früheren Landwirtschaftlichen Produktionsgenossenschaft. Die derzeitigen Bewirtschafter stellen fest, daß die Anlegung eines den geänderten wirtschaftlichen Bedürfnissen Rechnung tragenden Wirtschaftswegenetzes objektiv geboten ist, und es ergibt sich die Frage, wie das zur Errichtung des Wegenetzes erforderliche Land aufgebracht werden soll. Der Landbedarf dürfte je Gemarkung[4] etwa 4 bis 5 % der landwirtschaftlichen Nutzfläche betragen.[5]

---

[1] Als *Schlag* bezeichnet man in der Landwirtschaft ein zusammenhängendes Stück Ackerland, auf dem in der Regel nur eine Art von Pflanzen angebaut wird, so die Definition im Duden, Band 6, S. 2933.

[2] Bei einem *Hektar* handelt es sich um ein 10.000 m² umfassendes Flächenmaß, das insbesondere zur Größenangabe bei landwirtschaftlich genutzten Bodenflächen verwendet wird.

[3] Zitiert nach: *Arlt*, Grundriß des LPG-Rechts, Berlin-Ost, 1959, S. 28, FN 24.

[4] Eine *Gemarkung* ist die Gesamtfläche der zu einer Gemeinde gehörenden Flurstücke. Sie unterteilt sich in einzelne *Fluren*, diese wiederum ergeben sich aus einer Summe von Grundstücken. Ein *Grundstück* im Rechtssinn, d.h. i.S. des *Bürgerlichen Gesetzbuchs* und der *Grundbuchordnung*, ist unabhängig von der Nutzungsart ein räumlich abgegrenzter Teil der Erdoberfläche, der im Bestandsverzeichnis eines Grundbuchblattes unter einer besonderen Nummer oder nach § 3 Abs. 3 GBO gebucht ist. (*Bassenge*, in: Palandt, Kommentar zum Bürgerlichen Gesetzbuch, Überblick vor § 873, Rdnr. 1). Beim *Flurstück* handelt es sich um einen Begriff des Vermessungs- und Katasterwesens. Ein Flurstück ist ein Teil der Erdoberfläche, der von einer in sich zurücklaufenden Linie umschlossen und im amtlichen Verzeichnis der Grundstücke i.S.v. § 2 Abs. 2 GBO (Flurkarte) unter einer besonderen Nummer geführt wird. Ein Grundbuchgrundstück kann aus mehreren Flurstücken bestehen, nicht aber umgekehrt. (*Bassenge*, in: Palandt, Kommentar zum Bürgerlichen Gesetzbuch, Überblick vor § 873, Rdnr. 1).

3. Kapitel: Die rechtliche Situation nach dem 3. Oktober 1990

Der oben geschilderte Sachverhalt soll im Folgenden rechtlich untersucht werden. Nach einem Blick auf das umfassende Bodennutzungsrecht der landwirtschaftlichen Produktionsgenossenschaften (dazu unten A.) und auf die bei Wirtschaftswegen nach dem heute geltenden *Thüringer Straßengesetz* möglichen straßenwege- und straßenverkehrsrechtlichen Konstellationen (dazu unten B.) sind die Auswirkungen des Umackerns von Wirtschaftswegen zu DDR-Zeiten zu beleuchten (dazu unten C. bis F.). Die Straßenkategorie des umgebrochenen Wirtschaftswegs und die Frage nach der Erforderlichkeit und den Voraussetzungen einer wegerechtlichen Entwidmung beurteilen sich dabei nach dem im jeweiligen Zeitpunkt des Umackerns geltenden Straßenwegerecht und Zivilrecht. Einzugehen ist schließlich auch auf die diesbezüglich relevanten Regelungen des thüringischen Gesetzgebers nach dem 3. Oktober 1990 (dazu unten G.) und des Gesetzgebers des Einigungsvertrags (dazu unten H.).

A. Das umfassende Bodennutzungsrecht der Landwirtschaftlichen Produktionsgenossenschaften

Den landwirtschaftlichen Produktionsgenossenschaften stand zu DDR-Zeiten an dem von ihnen bewirtschafteten volkseigenen oder von Privateigentümern[6] zur genossenschaftlichen Nutzung eingebrachten Bodenflächen kraft Gesetzes[7] ein uneingeschränktes, unentgeltliches und unbefristetes Nutzungsrecht zu: Im LPG-Gesetz von 1959 war dieses Nutzungsrecht in § 10 verankert, im LPG-Gesetz von 1982 in § 18. Das gesetzliche Nutzungsrecht verlieh den Landwirtschaftlichen Produktionsgenossenschaften eine eigentümerähnliche Stellung.[8]

Die landwirtschaftlichen Produktionsgenossenschaften mußten den Boden als Hauptproduktionsmittel der Pflanzenproduktion optimal nutzen.[9] Politisch wünschte der DDR-Staat den schrittweisen Übergang zu industriemäßigen Produktionsmethoden in der Pflanzenproduktion. Die Erreichung dieses Ziels erforderte insbesondere die Schaffung optimaler Schlaggrößen, d.h. die Beseitigung von Wirtschaftswegen, denen im Rahmen der Großflächenbewirtschaftung keine Funk-

---

[5] So die Schätzung des *Bundesministeriums für Ernährung, Landwirtschaft und Forsten* in einem Vermerk zur Problematik der Zuordnung ehemaliger kommunaler Wegeflächen vom 23. Februar 2000, Ziffer IV. 1., Az. 522-007-0/28, abgedruckt als Anlage.
[6] Siehe dazu: *Hähnert*, in: Autorenkollektiv: LPG-Recht, 1984, S. 191.
[7] Siehe z.B. zu § 18 LPG-G 1982: *Oehler*, in: LPG-Recht, 1984, S. 207.
[8] So *Kiethe*, in: Rechtshandbuch Vermögen und Investitionen in der ehemaligen DDR, Band I, SystDarst II, Rdnr. 109.
[9] Siehe § 17 Abs. 2 LPG-G 1982, *Oehler*, in: LPG-Recht, 1984, S. 206 und § 18 Landeskulturgesetz.

tion mehr zukam.[10] Nach § 10 Abs. 1 Ziffer c) LPG-G 1959 waren die Landwirtschaftlichen Produktionsgenossenschaften deshalb berechtigt, "das Wege- und Grabennetz im Rahmen der gesetzlichen Bestimmungen zu verändern" und auf der Grundlage von § 18 Abs. 2 Ziffer c) LPG-G 1982 konnten sie in Ausübung ihres Nutzungsrechts im Rahmen der Rechtsvorschriften "Wege- und Grabennetzveränderungen vornehmen".

Die Maßnahmen zur Umstellung auf eine Großflächenbewirtschaftung und die damit einhergehende Beseitigung von Wirtschaftswegen begannen mit dem Einsatz von zur Großflächenbewirtschaftung geeigneten Maschinen etwa Ende der sechziger Jahre und waren zu Beginn der siebziger Jahre weitgehend abgeschlossen.

B. Die bei Wirtschaftswegen nach dem heutigen *Thüringer Straßengesetz* möglichen straßenwegerechtlichen und straßenverkehrsrechtlichen Konstellationen

Vor einer Betrachtung des DDR-Straßenrechts sollen zunächst die heute in Thüringen möglichen rechtlichen Konstellationen bei Wirtschaftswegen erläutert werden.

Ein Wirtschaftsweg kann infolge einer straßenwegerechtlichen Widmung einer öffentlichen Zweckbestimmung unterworfen sein. Das *Thüringer Straßengesetz* regelt nur die Rechtsverhältnisse der straßenwegerechtlich öffentlichen Straßen und Wege.[11] Ein öffentlicher Wirtschaftsweg fiele in Thüringen in die Kategorie "sonstige öffentliche Straßen" i.S.d. § 3 Abs. 1 Nr. 4 ThürStrG.[12] Der Gemeingebrauch wäre hinsichtlich des Benutzungszwecks und der Verkehrsart beschränkt.[13] In Niedersachsen z.B. zählen öffentliche Wirtschaftswege hingegen zu den Gemeindestraßen.[14]

Fehlt es wegerechtlich an einer Widmung, handelt es sich bei dem Wirtschaftsweg um einen Privatweg.[15] Landschaftlich verschieden sind diese Wirtschaftswege wegerechtlich herkömmlich private oder öffentliche Wege.[16] Öffentlich sind die privaten Wirtschaftswege nur i.S.d. Straßenverkehrsrechts.[17] Das Eigentum an Privatwegen ist keiner wegerechtlichen öffentlichen Zweckbestimmung unterworfen

---

[10] Siehe dazu *Oehler*, in: LPG-Recht, 1984, S. 206, *Oehler*, in: Bodenrecht, 1976, S. 316 f. und Ziffer 26 des *Musterstatuts der LPG Pflanzenproduktion* vom 28. Juli 1977 (GBl. DDR, Sonderdruck Nr. 937, S. 2).

[11] Siehe § 1 ThürStrG.

[12] *Herber*, in: Kodal/Krämer, Straßenrecht, Kapitel 8, Rdnr. 11.32.

[13] *Herber*, in: Kodal/Krämer, Straßenrecht, Kapitel 8, Rdnr. 12.12.

[14] Siehe § 3 Abs. 1 Nr. 3 i.V.m. § 47 Nr. 3 des Niedersächsischen Straßengesetzes, zuletzt geändert durch Gesetz vom 28. Mai 1996 (GVB. S. 242) und *Herber*, in: Kodal/Krämer, Straßenrecht, Kapitel 8, Rdnr. 12.13 und Rdnr. 11.32.

[15] *Krämer*, in: Kodal/Krämer, Straßenrecht, Kapitel 4, Rdnrn. 9.3 und 10.

[16] *Krämer*, in: Kodal/Krämer, Straßenrecht, Kapitel 4, Rdnr. 9.5.

[17] *Krämer*, in: Kodal/Krämer, Straßenrecht, Kapitel 4, Rdnr. 10.1.

und die Rechtsverhältnisse bestimmen sich nicht nach dem jeweiligen Landesstraßengesetz, sondern nach dem bürgerlichen Recht. Auf der Grundlage von § 903 BGB kann der Eigentümer mit seinem privaten Wegegrundstück nach Belieben verfahren und andere von jeder Einwirkung ausschließen, sofern nicht Gesetze oder Rechte Dritter entgegenstehen.[18]

C. Das Thüringische Wegegesetz von 1929

In Thüringen trat das *Wegegesetz* vom 24. Juli 1929 am 1. Oktober 1929 in Kraft.[19]

Der Gesetzgeber definierte die Wirtschaftswege als "Wege, die ausschließlich zur Bewirtschaftung von land- oder forstwirtschaftlichen Grundstücken benutzt werden dürfen"[20] und ordnete sie, sofern keine straßenwegerechtliche Widmung für den öffentlichen Verkehr existierte, den Privatwegen zu[21]. Wegen der straßenverkehrsrechtlichen Öffentlichkeit bestand in diesen Fällen die Möglichkeit von polizeilichen Regelungen auf dem Gebiet des Straßenverkehrsrechts.[22] Die Entscheidung über ein Umackern dieser Wege lag auf der Grundlage von § 903 BGB bei dem Eigentümer des Wegegrundstücks.

Im Falle einer straßenwegerechtlichen Widmung der Wirtschaftswege dürften diese als "beschränkt öffentliche Wege" i.S.d. § 4 ThürWegeG 1929 einzustufen gewesen sein, da sie zwar für einen allgemeinen, aber zugleich nach Art und Zweck beschränkten Verkehr bestimmt waren. Das Ende des straßenwegerechtlichen Gemeingebrauchs, d.h. die Einziehung eines öffentlichen Weges, regelte der Gesetzgeber in § 6 ThürWegeG 1929. Gemäß § 6 Abs. 2 ThürWegeG 1929 war die beabsichtigte Einziehung von der Wegepolizeibehörde öffentlich bekanntzumachen und dabei aufzufordern, Widersprüche binnen eines Monats bei der Wegepolizeibehörde anzubringen. Nach Ablauf der Widerspruchsfrist erfolgte die Einziehung durch Verfügung der Wegepolizeibehörde auf der Grundlage von § 6 Abs. 3 ThürWegeG 1929.[23] Die Aufgaben der Wegepolizeibehörde oblagen gemäß § 42 Abs. 1 ThürWegeG 1929 den für die Wegeunterhaltung zuständigen Behörden. Da gemäß § 11 Abs. 1 Satz 1 ThürWegeG 1929 die Gemeinde "die öffentlichen Wege im Gemeindebezirk, und zwar sowohl innerhalb als außerhalb der geschlossenen Ortslage" zu unterhalten hatte, oblagen die Aufgaben der Wegepolizei bei Wirtschaftswegen gemäß § 42 Abs. 1 Ziffer c) ThürWegeG 1929 dem Gemeindevorstand. Bei Wirtschaftswegen, die ein Zweckverband unterhielt, hatte gemäß § 42

---

[18] *Krämer*, in: Kodal/Krämer, Straßenrecht, Kapitel 4, Rdnrn. 11 und 12.
[19] Siehe § 57 ThürWegeG 1929.
[20] Siehe § 49 Abs. 1 Satz 1 ThürWegeG 1929.
[21] Siehe § 47 Abs. 1 ThürWegeG 1929.
[22] Siehe § 50 ThürWegeG 1929.
[23] Siehe dazu das *VG Gera* in einem Urteil vom 9. April 1999, in: Beilage zum Thüringer Staatsanzeiger, 1999, S. 172 (S. 175).

Abs. 3 ThürWegeG 1929 das zuständige Ministerium die Wegepolizeibehörde zu bestimmen.

D. Die Straßenverordnung von 1951

Am 16. Mai 1951 trat die *Verordnung zur Neuordnung des Straßenwesens* vom 10. Mai 1951 in Kraft. Ergänzende Regelungen enthielt die Erste Durchführungsbestimmung vom 28. Juni 1951.[24] Der DDR-Gesetzgeber modifizierte mit diesen Normen das Thüringische Wegegesetz von 1929 in Teilen.

Die Straßenverordnung von 1951 kannte die Straßenkategorie der "beschränkten öffentlichen Wege" nicht.[25] Im Gegensatz zum Thüringischen Wegegesetz von 1929 rechnete der DDR-Gesetzgeber die straßenwegerechtlich öffentlichen Wirtschaftswege zu den kommunalen Straßen: Aus § 1 der Durchführungsbestimmung ergab sich, daß die Straßenverordnung von 1951 nur für die straßenwegerechtlich öffentlichen Straßen galt, und nach § 5 der Durchführungsbestimmung gehörten zu den kommunalen Straßen auch die dem öffentlichen Verkehr dienenden Wirtschaftswege. Damit bestanden die straßenwegerechtlich öffentlichen Wirtschaftswege, die gemäß § 4 ThürWegeG 1929 zur Straßenkategorie der "beschränkt öffentlichen Wege" gehörten, ab dem 16. Mai 1951 als kommunale Straßen gemäß § 2 StraßenVO 1951 fort, speziell als kommunale Wirtschaftswege gemäß § 5 der Durchführungsbestimmung.[26]

Die Regelungen zur Einziehung von straßenwegerechtlich öffentlichen Wirtschaftswegen auf der Grundlage von § 6 WegeG 1929 waren von der am 16. Mai 1951 in Kraft getretenen DDR-Straßenverordnung nicht betroffen.[27] Damit ergaben sich hinsichtlich des Umbrechens von Wirtschaftswegen aus diesen Neuregelungen keine Änderungen.

E. Die Straßenverordnung von 1957

Die *Verordnung über das Straßenwesen* vom 18. Juli 1957 trat am 31. Juli 1957 in Kraft und die ergänzende Erste Durchführungsbestimmung[28] am 19. September 1957. Mit dieser Verordnung schuf der DDR-Gesetzgeber erstmals für alle Stra-

---

[24] Erste Durchführungsbestimmung zu der Verordnung zur Neuordnung des Straßenwesens vom 28. Juni 1951(GBl. DDR S. 652).
[25] Siehe dazu § 2 Abs. 1 StraßenVO 1951.
[26] So auch in dem vom *VG Gera* mit Urteil vom 9. April 1999, in: Beilage zum Thüringer Staatsanzeiger, 1999, S. 172 (S. 175) entschiedenen Fall.
[27] So das *VG Gera* in einem Urteil vom 9. April 1999, in: Beilage zum Thüringer Staatsanzeiger, 1999, S. 172 (S. 175).
[28] Erste Durchführungsbestimmung zur Verordnung über das Straßenwesen vom 27. August 1957 (GBl. DDR I S. 485).

ßengruppen umfangreiche Regelungen und ein eigenständiges Straßenrecht.[29] Gemäß § 26 Abs. 2 StraßenVO 1957 traten alle dieser Verordnung entgegenstehenden Bestimmungen außer Kraft.[30] Beim Thüringischen Wegegesetz von 1929 standen zentrale Bestimmungen über die Entstehung, Benutzung und Organisation des öffentlichen Straßenwesens im Widerspruch zu den Regelungen der Straßenverordnung von 1957. So sah die Straßenverordnung von 1957 z.B. anstelle des bisherigen Widmungs- und Einziehungsverfahrens gemäß § 3 und § 6 WegeG 1929 ein Verfahren über die Öffentlichkeit der Straßen vor in den §§ 3 und 4 StraßenVO 1957. Damit trat das Thüringische Wegegesetz von 1929 mit dem 31. Juli 1957 auf der Grundlage von § 26 Abs. 2 StraßenVO 1957 außer Kraft.[31]

Wie schon die Straßenverordnung von 1951 rechnete auch die Straßenverordnung von 1957 die straßenwegerechtlich öffentlichen Wirtschaftswege zur Straßenkategorie der "kommunalen Straßen" gemäß § 1 Abs. 1 Satz 2 Ziffer d) StraßenVO 1957 i.V.m. § 1 Abs. 6 der ergänzenden Durchführungsbestimmung.

Die Entscheidung über den Entzug der straßenwegerechtlichen Öffentlichkeit von kommunalen Straßen und Wegen hatte gemäß § 3 Abs. 4 StraßenVO 1957 der Rat der betroffenen Stadt oder Gemeinde durch einen entsprechenden Beschluß zu treffen.[32]

Die in Privateigentum oder in Volkseigentum stehenden und straßenwegerechtlich nicht öffentlichen Wirtschaftswege wurden im Rahmen der Verfassung der DDR nach den Bestimmungen des *Bürgerlichen Gesetzbuchs* beurteilt.[33] Der Privateigentümer oder der Rechtsträger des Volkseigentums konnte die Benutzung dieser Wege beschränken oder völlig unterbinden.[34]

F. Die Straßenverordnung von 1974

Am 1. Januar 1975 ersetzte die Straßenverordnung von 1974[35] diejenige aus dem Jahr 1957.

Die zu diesem Zeitpunkt straßenwegerechtlich öffentlichen Straßen behielten diesen Status. Dies ergibt sich aus folgendem: Gemäß § 3 Abs. 1 Satz 1 StraßenVO

---

[29] So das *VG Gera* in einem Urteil vom 9. April 1999, in: Beilage zum Thüringer Staatsanzeiger, 1999, S. 172 (S. 175).
[30] Siehe dazu auch *Krämer*, in: Kodal/Krämer, Straßenrecht, Kapitel 1, Rdnr. 11.1.
[31] So das *VG Gera* in einem Urteil vom 9. April 1999, in: Beilage zum Thüringer Staatsanzeiger, 1999, S. 172 (S. 175).
[32] So das *VG Gera* in einem Urteil vom 9. April 1999, in: Beilage zum Thüringer Staatsanzeiger, 1999, S. 172 (S. 176). Zu den Einzelheiten siehe die Kommentierung von *Priebe*, Handbuch des Straßenwesens, 1959, S. 62 bis 64.
[33] So *Priebe*, Handbuch des Straßenwesens, 1959, S. 23.
[34] So *Priebe*, Handbuch des Straßenwesens, 1959, S. 57.
[35] Siehe § 28 StraßenVO 1974.

1974 waren alle Straßen, Wege und Plätze einschließlich Parkplätze, die der öffentlichen Nutzung durch den Fahrzeug- und Fußgängerverkehr tatsächlich dienten, öffentliche Straßen i.S.d. Straßenwegerechts und gemäß § 2 Abs. 1 Satz 1 StraßenVO 1974 hatten das Ministerium für Verkehrswesen und die örtlichen Staatsorgane "die einheitliche Entwicklung der öffentlichen Straßen zu sichern". Dieser gesetzliche Auftrag setzte das Vorhandensein straßenwegerechtlich öffentlicher Straßen voraus und es ist nicht davon auszugehen, daß der Gesetzgeber bei sämtlichen nach der bisherigen Straßenverordnung von 1957 straßenwegerechtlich öffentlichen Straßen eine die öffentliche Widmung bestätigende Entscheidung auf der Grundlage von § 4 Abs. 1 StraßenVO 1974 wollte. Darüber hinaus enthielt § 3 Abs. 4 StraßenVO 1974 die Regelung, daß mit dem Inkrafttreten der Straßenverordnung von 1974 eine Veränderung der Rechtsträgerschaft oder der Eigentumsverhältnisse an Straßen nicht eintrat, ausgenommen die Fälle, in denen das zuständige Staatsorgan eine Entscheidung gemäß § 4 StraßenVO 1974 traf. Den letzten Halbsatz kann man wohl als Verweis auch auf den Absatz 3 des § 4 StraßenVO 1957 verstehen mit der Konsequenz, daß alle nach der StraßenVO 1957 öffentlichen Straßen diesen Status behalten, wenn nicht das zuständige staatliche Organ die Öffentlichkeit auf der Grundlage von § 4 Abs. 3 StraßenVO 1974 entzieht.

Bei den Wirtschaftswegen bestanden ab dem 1. Januar 1975 die bisherigen straßenwegerechtlich öffentlichen Gemeindestraßen gemäß § 1 Abs. 1 Satz 2 Ziffer d) StraßenVO 1957 als sog. betrieblich-öffentliche Straßen gemäß § 3 Abs. 3 StraßenVO 1974 fort. Straßenwegerechtlich öffentlich waren nach dieser Norm auch Straßen, "die überwiegend den Interessen ihrer Rechtsträger oder Eigentümer und daneben der öffentlichen Nutzung dienten". In der Ersten Durchführungsverordnung[36] führte der DDR-Gesetzgeber in den Erläuterungen zu § 3 der Straßenverordnung aus, daß zu den betrieblich öffentlichen Straßen in der Regel "landwirtschaftliche Wege, die überwiegend landwirtschaftliche Nutzflächen erschließen, die landwirtschaftliche Produktion ermöglichen sowie die Zufahrt zu landwirtschaftlichen Flächen und Objekten sichern", gehören.

Über den Entzug der straßenwegerechtlichen Öffentlichkeit von betrieblich-öffentlichen Straßen entschied gemäß § 4 Abs. 3 StraßenVO 1974 der Rat der Stadt bzw. Gemeinde durch Beschluß. Die Rechtsträger oder Eigentümer der betrieblich-öffentlichen Straßen waren dabei in die Entscheidungsfindung einzubeziehen.

Im Zusammenhang mit dem Umackern von nur straßenverkehrsrechtlich öffentlichen Wirtschaftswegen ist darauf hinzuweisen, daß mit dem 1. Januar 1976 das *Zivilgesetzbuch* an die Stelle des *Bürgerlichen Gesetzbuchs* trat.[37] Das Privateigentum betreffend enthalten weder das *Zivilgesetzbuch* noch die *Verfassung der Deutschen Demokratischen Republik* ausdrückliche Regelungen. Der Gesetzgeber

---

[36] Erste Durchführungsverordnung zur Straßenverordnung vom 22. August 1974 (GBl. DDR I S. 522).
[37] § 15 Abs. 1 und Abs. 2 I. 1. EGZGB.

führt lediglich in § 23 ZGB bei der nicht abschließenden Aufzählung der zu dem sog. "persönlichen Eigentum" gehörenden Gegenstände auch die "Grundstücke zur Befriedigung der Wohn- und Erholungsbedürfnisse des Bürgers und seiner Familie" auf, regelt aber in keinem Gesetz näheres zu den sonstigen, d.h. nicht zu Wohn- oder Erholungszwecken genutzten, privaten Grundstücken. Dennoch existierte das Institut des Privateigentums weiterhin. Für den vorliegend untersuchten Sachzusammenhang bedeutet dies ein Fortbestehen des privaten Eigentums an den Grundstücken, auf denen sich ein Wirtschaftsweg befand oder bis zum Umackern durch die örtliche Landwirtschaftliche Produktionsgenossenschaft befunden hatte. Die Beibehaltung des Instituts des privaten Eigentums kann insbesondere durch die beiden folgenden Argumente untermauert werden. Zum einen duldete der Staat privates Eigentum bei kleinen Handwerks- und anderen Gewerbebetrieben. Art. 14 Abs. 2 Satz 1 der Verfassung der DDR[38] erlaubte deren Tätigsein und gemäß § 23 Abs. 2 ZGB fanden auf "das überwiegend auf persönlicher Arbeit beruhende Eigentum der Handwerker und Gewerbetreibenden", d.h. auch auf deren privates Eigentum an Betriebsgrundstücken, die Regelungen über das persönliche Eigentum im *Zivilgesetzbuch* entsprechende Anwendung. Zum anderen wird das Privateigentum in einer vom *Ministerium der Justiz* herausgegebenen Kommentierung zum *Einführungsgesetz zum Zivilgesetzbuch* erwähnt, und das an einer herausgehobenen Stelle. Gemäß Art. 3 EGZGB sind auf "andere Eigentumsformen" die Bestimmungen des *Zivilgesetzbuches* entsprechend anzuwenden. In der soeben erwähnten Kommentierung zu § 3 EGZGB wird als Beispiel für diese Eigentumsform "das den Charakter des persönlichen Eigentums übersteigende Eigentum an Grundstücken" genannt und die Kommentierung endet, sicher nicht zufällig, mit dem Wort "Privateigentum".[39]

G. Zur straßenwegerechtlichen Entwidmung öffentlicher Wirtschaftswege durch Realakte zu DDR-Zeiten

Die straßenwegerechtliche Entwidmung eines öffentlichen Wirtschaftswegs erforderte nach dem Thüringischen Wegegesetz von 1929 und nach der Straßenverordnung von 1951 eine dahingehende Verfügung der Wegepolizeibehörde und nach der Straßenverordnung von 1957 und der Straßenverordnung von 1974 einen dahingehenden Beschluß des Rats der Belegenheitsgemeinde. In der Regel dürften

---

[38] *Verfassung der Deutschen Demokratischen Republik*, in der Fassung vom 7. Oktober 1974 (GBl. DDR I S. 432).

[39] *Ministerium der Justiz* (Hrsg.): Kommentar zum Zivilgesetzbuch der DDR vom 19. Juni 1975 und zum Einführungsgesetz zum Zivilgesetzbuch der DDR vom 19. Juni 1975, § 3 EGBGB (S. 507). Zum Privateigentum in der DDR siehe auch: *Mampel*, Kommentar zur sozialistischen Verfassung der DDR, Art. 14, Rdnr. 23, *Klinkert* in: Eckert/Hattenhauer (Hrsg.), Das Zivilgesetzbuch der DDR, S. 127, *Rauscher*, in: Staudinger, Kommentar zum BGB, Art. 233 EGBGB, § 2, Rdnr. 1) und *Kiethe*, in: Rechtshandbuch Vermögen und Investitionen in der ehemaligen DDR, Band I SystDarst II, Rdnr. 106.

derartige Verfügungen oder Beschlüsse aber nicht vorgelegen und die örtliche Landwirtschaftliche Produktionsgenossenschaft den Weg schlicht umgeackert haben. Dieser Realakt des Umackerns hatte bei den straßenwegerechtlich öffentlichen Wirtschaftswegen eine Entwidmung zur Folge. Hierfür sprechen zwei Argumente. Zum einen kann man in der Ermächtigung der Landwirtschaftlichen Produktionsgenossenschaften zur Änderung von Nutzungsarten in § 18 Abs. 2 Satz 1 Nr. a) LPG-G 1982 und zur Änderung des Wegenetzes in § 18 Abs. 2 Satz 1 Nr. c) LPG-G 1982 auch die Befugnis zur dabei unabdingbaren straßenwegerechtlichen Entwidmung sehen. Der Realakt des Umbrechens eines Wirtschaftsweges stellt eine der rechtlich zulässigen Formen der Entwidmung dar.[40] Zum anderen könnte man auf das Erfordernis von Entwidmungsverfügungen oder Entwidmungsbeschlüssen verzichten und dabei die Ausführungen des *Verwaltungsgerichts Gera* in einem Urteil vom 10. November 1999[41] zu den Voraussetzungen der Widmung auf den Bereich der Entwidmung übertragen. Bislang hatte das Gericht die Auffassung vertreten, daß zu DDR-Zeiten bei einer Straße die straßenwegerechtliche Öffentlichkeit das Vorliegen eines in der Straßenverordnung von 1974 geforderten dahingehenden Beschlusses des Rates der Belegenheitsgemeinde erforderte. Unter Aufgabe dieser Auffassung stellte das Gericht in dem Urteil nunmehr fest, daß den Räten der Städte und Gemeinden nur die Möglichkeit eingeräumt worden sei, mit derartigen Beschlüssen in Streitfällen klare rechtliche Verhältnisse zu schaffen, daß derartige Beschlüsse aber nicht Voraussetzung gewesen seien für eine wegerechtliche Widmung als öffentliche Straße. Zur Begründung verweist das *Verwaltungsgericht Gera* auf die Rechtswirklichkeit in der Deutschen Demokratischen Republik, d.h. auf den Umstand, daß solche Beschlüsse in der Regel nicht vorlagen,[42] und auf die Tatsache, daß ansonsten die 1. und 2. Alternative des § 52 Abs. 4 Satz 1 ThürStrG keinen Anwendungsbereich hätten. Mit dieser Regelung will der Thüringer Gesetzgeber die Möglichkeit eröffnen, nach dem Inkrafttreten des *Thüringer Straßengesetzes* die nach DDR-Recht betrieblich-öffentlichen Straßen, d.h. auch die straßenwegerechtlich öffentlichen Wirtschaftswege, über einen nach § 52 Abs. 4 Satz 2 ThürStrG zwischengeschalteten Beschluß der Belegenheitsgemeinde unter Beibehaltung der öffentlichen Widmung entsprechend ihrer heutigen Nutzung entweder als Gemeindestraßen oder als sonstige öffentliche Straßen zu übernehmen. Hielte man am Erfordernis eines Beschlusses des Rats der Belegenheitsgemeinde als Widmungsvoraussetzung fest, gäbe es faktisch keine betrieblich öffentlichen Straßen nach DDR-Recht und die ersten beiden Alternativen des § 52 Abs. 4 Satz 1 ThürStrG liefen leer.

---

[40] Siehe *Herber*, in: Kodal/Krämer, Straßenrecht, Kapitel 10, Rdnr. 13.
[41] ThürVBl. 2000, 213 ff.. Im Rahmen einer Berufungsentscheidung bestätigt das *Thüringer Oberverwaltungsgericht*, daß bei den auf der Grundlage von § 3 der StraßenVO 1974 errichteten Wege ein förmlicher Beschluss des Rates der Stadt oder Gemeinde als zwingende rechtliche Widmungsvoraussetzung nicht erforderlich war, siehe Urteil vom 11. Dezember 2001, ThürVBl 2002, 235 (238).
[42] ThürVBl. 2000, 213 (214).

H. Die wegerechtlichen Regelungen des thüringischen Landesgesetzgebers nach dem 3. Oktober 1990 - § 52 Abs. 6 ThürStrG

Mit dem *Einigungsvertrag* vom 31. August 1990 wurde im Gebiet der neuen Länder das *Bundesfernstraßengesetz* in Kraft gesetzt mit der Maßgabe, daß Autobahnen und Fernverkehrsstraßen i.S.d. § 3 Abs. 2 Satz 1, 1. Spiegelstrich StraßenVO 1974 nunmehr als Bundesautobahnen und Bundesstraßen i.S.d. § 2 FStrG weiterexistieren.[43] Für die übrigen in § 3 Abs. 2 und 3 StraßenVO 1974 aufgeführten straßenwegerechtlich öffentlichen Straßen, d.h. auch für die betrieblich-öffentlichen Straßen, enthielt der *Einigungsvertrag* die Regelung, daß die Straßenverordnung von 1974 und die ergangenen Durchführungsbestimmungen als Landesrecht in Kraft bleiben.[44] Der thüringische Landesgesetzgeber hob mit dem Inkrafttreten des *Thüringer Straßengesetzes* am 14. Mai 1993 die Straßenverordnung von 1974 und die dazu ergangenen Durchführungsbestimmungen auf[45] und ordnete in § 52 Abs. 6 Satz 1 ThürStrG zugleich an, daß die auf der Grundlage von § 3 und § 4 StraßenVO 1974 straßenwegerechtlich öffentlichen Straßen als gewidmet gelten. Die betrieblich-öffentlichen Straßen behalten damit auch nach dem 13. Mai 1993 den Status der straßenwegerechtlichen Öffentlichkeit und den Belegenheitsgemeinden obliegt es, auf der Grundlage von § 52 Abs. 4 Satz 2 ThürStrG deren heutige Nutzung festzustellen. Für den hier zu untersuchenden Fall des Umackerns einer betrieblich-öffentlichen Straße zu DDR-Zeiten kann daher in Ermangelung anderweitiger Regelungen der Schluß gezogen werden, daß der thüringische Landesgesetzgeber die zu DDR-Zeiten erfolgte straßenwegerechtliche Entwidmung betrieblich-öffentlicher Straßen nicht antasten und rückabwickeln will.

I. Die Regelungen des Bundesgesetzgebers zum 3. Oktober 1990 - Art. 19 EV

Nachfolgend soll untersucht werden, ob auf der Grundlage von Art. 19 EV das von den Landwirtschaftlichen Produktionsgenossenschaften durch Realakt vorgenommene Umackern von Wirtschaftswegen rückgängig gemacht werden kann.

1. Das *Rehabilitierungsgesetz* vom 6. September 1990

Nach den ersten freien Wahlen im Gebiet der neuen Länder erarbeitete die - erstmals demokratisch legitimierte - Volkskammer ein umfassendes *Rehabilitierungsgesetz* mit Abschnitten über die strafrechtliche, die berufliche und die verwaltungsrechtliche Rehabilitierung. Das *Rehabilitierungsgesetz* vom 6. September 1990 trat am 18. September 1990 in Kraft.[46] Das Gesetz sollte einer Art Selbstreinigung der

---

[43] Siehe Art. 8 Abs. 1 EV i.V.m. Anlage I Kapitel XI Sachgebiet F Abschnitt I Nummer 1 (BGBl. II S. 889 (S. 1111)).
[44] Siehe Art. 9 Abs. 2 EV i.V.m. Anlage II Kapitel XI Sachgebiet D Abschnitt III Nummern 1 bis 3 (BGBl. II S. 889 (S. 1224)).
[45] Siehe die Regelungen in § 53 ThürStrG.
[46] GBl. DDR I S. 1459 (S. 1465).

Deutschen Demokratischen Republik dienen.[47] Der vierte Abschnitt, bestehend aus den §§ 21 bis 36, regelte die verwaltungsrechtliche Rehabilitierung. § 21 Abs. 2 *Rehabilitierungsgesetz*[48] benennt für die verwaltungsrechtliche Rehabilitierung Regelbeispiele, u.a. den Fall der rechtswidrigen oder mißbräuchlichen Entziehung von Eigentum.

2. Keine Gesamtrechtsnachfolge der Bundesrepublik oder der neuen Länder für die Deutsche Demokratische Republik

Mit dem 3. Oktober 1990 ging die Deutschen Demokratischen Republik ersatzlos unter. Weder die Bundesrepublik Deutschland noch die neuen Bundesländer sind Rechtsnachfolger der Deutschen Demokratischen Republik. Ansprüche, die an Maßnahmen der Deutschen Demokratischen Republik anknüpfen und auf Folgenbeseitigung zielen, gehen damit mangels Haftungssubjekt ins Leere.[49]

Darüber hinaus weist das *Bundesverfassungsgericht*[50] darauf hin, daß die Bundesrepublik Deutschland sich zwar seit jeher im Sinne der Präambel des *Grundgesetzes* für das ganze Deutschland verantwortlich gefühlt habe, ihre Staatsgewalt aber nicht nur tatsächlich, sondern auch staatsrechtlich auf das damalige Gebiet der Bundesrepublik beschränkt gewesen sei. Eine Verantwortlichkeit der Bundesrepublik Deutschland im Sinne eines Einstehenmüssens für etwaige aus ihrer Sicht rechts- oder verfassungswidrige Maßnahmen der deutschen Staatsgewalt in der sowjetisch besetzten Zone bestehe danach nicht.

3. Die grundsätzliche Fortgeltung der Verwaltungsakte der Deutschen Demokratischen Republik

Nach Art. 19 Satz 1 EV bleiben die vor dem Wirksamwerden des Beitritts ergangenen Verwaltungsakte der Deutschen Demokratischen Republik wirksam. Die Wirksamkeit von Verwaltungsakten, die von Behörden der Deutschen Demokratischen Republik vor der Übernahme der Staatsgewalt durch die Bundesrepublik erlassen worden sind, endet damit nicht mit dem Wegfall der erlassenden Körperschaft.[51]

---

[47] Siehe *Lehmann/Tritt/Wimmer*, NJ 1990, 350 (351).
[48] GBl. DDR I S. 1459 (S. 1462).
[49] So z.B. *Wimmer*, Kommentar zum Verwaltungsrechtlichen Rehabilitierungsgesetz, Vorbemerkungen zu § 1, Rdnr. 29.
[50] Urteil vom 23. April 1991, E 84, 90 (122 f.).
[51] So die *Bundesregierung* in der Denkschrift zum Einigungsvertrag, Zu Art. 19 (BT-Drucks. 11/7760, S. 364), siehe auch *Sachs* in: Stelkens/Bonk/Sachs, Kommentar zum Verwaltungsverfahrensgesetz, § 43, Rdnr. 228, *Breuer*, Die Bedeutung des Art. 19 Einigungsvertrag, S. 21 f. und *Motsch*, in: Motsch, Kommentar zum EALG, Band I 1. Teil, Einf. EALG, Rdnr. 48.

4. Die Möglichkeiten einer Aufhebung

Nachfolgend soll auf die Möglichkeiten einer Aufhebung von DDR-Verwaltungsakten eingegangen werden.

a) Keine Übernahme des *Rehabilitierungsgesetzes* vom 6. September 1990

Am 6. September 1990 beauftragte die Volkskammer die Regierung der Deutschen Demokratischen Republik, sich für eine Weitergeltung des *Rehabilitierungsgesetzes* vom gleichen Tag einzusetzen. Die *Bundesregierung* sah sich jedoch nicht in der Lage, diesem Wunsch zu entsprechen, weil die durch das *Rehabilitierungsgesetz* insbesondere im Bereich der verwaltungsrechtlichen Rehabilitierung erfaßten Sachverhalte nicht eingrenzbar waren, und die mit der Rehabilitierung verbundenen finanziellen Aufwendungen nicht abgeschätzt werden konnten.[52] In einer den *Einigungsvertrag* ergänzenden Vereinbarung vom 18. September 1990[53] wurde deshalb u.a. festgelegt, daß der 4. Abschnitt des *Rehabilitierungsgesetzes* vom 6. September 1990, der die Regelungen zur verwaltungsrechtlichen Rehabilitierung enthielt, nach dem Beitritt der neuen Länder nicht weitergelten soll.

Auf der Grundlage des *Rehabilitierungsgesetzes* vom 6. September 1990 konnten Verwaltungsakte der Deutschen Demokratischen Republik damit nur vom 18. September 1990, dem Inkrafttreten des Gesetzes, bis zum 2. Oktober 1990 aufgehoben werden.

Der *Ausschuß Deutsche Einheit* stellte in einem Bericht vom 19. September 1990[54] fest, daß es dem gesamtdeutschen Gesetzgeber vorbehalten bleibe, die bislang getroffenen Rehabilitierungsregelungen zu überprüfen und neu zu regeln. Mit dem Hinweis, daß die Überprüfung nicht auf die in Artikel 17 des Einigungsvertrags genannten Fälle beschränkt bleiben dürfe, weist der Ausschuß auf die Notwendigkeit einer Regelung zur beruflichen und zur - im vorliegenden Fall relevanten - verwaltungsrechtlichen Rehabilitierung hin.

---

[52] So die *Bundesregierung* in der Begründung ihres Entwurfs eines zweiten Gesetzes zur Bereinigung von SED-Unrecht, BT-Drucks. 12/4994, S. 16 und *Wimmer*, Kommentar zum Verwaltungsrechtlichen Rehabilitierungsgesetz, Einleitung, Rdnr. 15.

[53] Vereinbarung zwischen der Bundesrepublik Deutschland und der Deutschen Demokratischen Republik zur Durchführung und Auslegung des am 31. August 1990 in Berlin unterzeichneten Vertrages zwischen der Bundesrepublik Deutschland und der Deutschen Demokratischen Republik über die Herstellung der Einheit Deutschlands - Einigungsvertrag - vom 18. September 1990 (BGBl. II, S. 1239 (S. 1240)).

[54] BT-Drucks. 11/7931, S. 18., siehe auch *Wimmer*, Kommentar zum Verwaltungsrechtlichen Rehabilitierungsgesetz, Einleitung, Rdnr. 10.

b) Art. 19 EV als Basisnorm für die Aufhebung verwaltungsrechtlicher Entscheidungen

Das *Bundesverfassungsgericht*[55] führt aus, daß sich der dem *Grundgesetz* verpflichtete Gesetzgeber veranlaßt sehen kann, nach der Übernahme der Staatsgewalt von einem auf andere Ordnungsvorstellungen gegründeten politischen System dessen frühere Maßnahmen, die sich nach rechtsstaatlichen Maßstäben als nicht hinnehmbar erweisen, durch Wiedergutmachung auszugleichen; auf diesem Grundgedanken beruhe Art. 19 EV. Der Gesetzgeber habe bei der Regelung der Wiedergutmachung früheren, von einer anderen Staatsgewalt zu verantwortenden Unrechts schon allgemein einen besonders weiten Gestaltungsraum. Die Wiedergutmachung früheren Unrechts im dargelegten Sinne könne ihre Wurzeln nur ausschließlich im Rechts- und Sozialstaatsprinzip haben, nicht auch Ausfluß einzelner Grundrechte sein, z.b. der verfassungsrechtlichen Eigentumsgarantie.

Zu einer umfangreichen Aufhebung von DDR-Verwaltungsakten auf der Grundlage von Art. 19 Satz 2 oder 3 EV kam es nicht. Diese Normen des Einigungsvertrags enthalten keine Regelungen zum anzuwendenden Verfahren oder zur Behördenzuständigkeit; darüber hinaus war der in Art. 19 EV angesprochene Prüfungsmaßstab der "rechtsstaatlichen Grundsätze" präzisierungsbedürftig.[56]

c) Das Verwaltungsrechtliche Rehabilitierungsgesetz als lex posterior und lex specialis

Das *Verwaltungsrechtliche Rehabilitierungsgesetz* vom 23. Juni 1994 trat am 1. Juli 1994 als Artikel 1 des *Zweiten SED-Unrechtsbereinigungsgesetzes* vom 23. Juni 1994 in Kraft.[57]

Der Regelungsgegenstand dieses Gesetzes liegt gemäß § 1 Abs. 1 VwRehaG in der aus Rehabilitierungsgründen gewährten Aufhebung rechtsstaatswidriger Verwaltungsentscheidungen und deckt sich mit dem Regelungsgegenstand des Art. 19 Satz 2, 1. Alternative EV. Hieraus leitet die *Bundesregierung*[58] ab, daß für diesen Bereich die Sätze 2 und 3 des Art. 19 EV als die allgemeineren Bestimmungen

---

[55] Urteil vom 23. April 1991, E 84, 90 (126).

[56] Siehe dazu die Antwort der *Bundesregierung* auf eine entsprechende Anfrage aus dem Parlament, BT-Drucks. 12/6255, S. 20.

[57] Siehe Artikel 11 Abs. 1 des *Zweiten SED-Unrechtsbereinigungsgesetzes* vom 23. Juni 1994 (BGBl. I, S. 1311 (S. 1321)).

[58] Die Frage des *Bundesrats*, ob nach dem Inkrafttreten des *Verwaltungsrechtlichen Rehabilitierungsgesetzes* noch auf Art. 19 Sätze 2 und 3 EV als Rechtsgrundlage für die Aufhebung von Verwaltungsakten der DDR zurückgegriffen werden könne (Stellungnahme zu dem im Entwurf eines Zweiten Gesetzes zur Bereinigung von SED-Unrecht als Artikel 1 enthaltenen Entwurf eines Verwaltungsrechtlichen Rehabilitierungsgesetzes, BT-Drucks. 12/4994, S. 59, Nummer 11) verneint die *Bundesregierung* in ihrer Gegenäußerung (BT-Drucks. 12/4994, S. 68 f., Zu Nummer 11). Siehe auch *Wimmer*, Kommentar zum Verwaltungsrechtlichen Rehabilitierungsgesetz, Vorbemerkungen zu § 1, Rdnr. 25.

durch das *Verwaltungsrechtliche Rehabilitierungsgesetz* als die spezialgesetzliche Regelung verdrängt werden nach der lex-posterior und lex-specialis-Regel.

Das *Bundesverwaltungsgericht*[59] legt zunächst dar, daß mit rechtsstaatlichen Grundsätzen unvereinbare Verwaltungsakte der Deutschen Demokratischen Republik auf der Grundlage von Art. 19 Satz 2 EV aufgehoben werden können und führt dann weiter aus, daß das *Verwaltungsrechtliche Rehabilitierungsgesetz* hierfür die Voraussetzungen und das Verfahren regele. *Sachs*[60] interpretiert diese Ausführungen dahingehend, daß das *Bundesverwaltungsgericht* der Auffassung der *Bundesregierung* folge, wonach das *Verwaltungsrechtliche Rehabilitierungsgesetz* im Rahmen seines Anwendungsbereiches die Aufhebungsmöglichkeiten auf der Grundlage des Art. 19 Satz 2 EV verdränge. Auch in einer späteren Entscheidung nimmt das *Bundesverwaltungsgericht*[61] nicht ausdrücklich zum Verhältnis des Art. 19 Satz 2 EV zum *Verwaltungsrechtlichen Rehabilitierungsgesetz* Stellung. Der Hinweis in dieser Entscheidung, daß die nach DDR-Recht wirksamen Enteignungsakte "auf der Grundlage des Art. 19 Satz 2 EV in Verbindung mit den dazu erlassenen Gesetzen, etwa dem *Verwaltungsrechtlichen Rehabilitierungsgesetz* vom 23. Juni 1994, wegen Unvereinbarkeit mit rechtsstaatlichen Grundsätzen aufgehoben werden können", bestätigt aber wohl die Wertung von *Sachs*.

Sachs[62] betont die Grenzen des Spezialitätsverhältnisses. Für die vom *Verwaltungsrechtlichen Rehabilitierungsgesetz* nicht erfaßten Fälle sei weiterhin Art. 19 Satz 2 EV anwendbar. Zum einen könne, da das *Verwaltungsrechtliche Rehabilitierungsgesetz* keine Aussage zur Aufhebung von DDR-Entscheidungen, die mit den Regelungen des *Einigungsvertrags* unvereinbar sind, trifft, in diesen Fällen weiterhin eine Aufhebung auf der Grundlage von Art. 19 Satz 2, 2. Alternative EV erfolgen.[63] *Wimmer*[64] weist in diesem Zusammenhang darauf hin, daß Art. 19 Satz 2, 2. Alternative EV sowohl hinsichtlich des Regelungsgegenstands als auch hinsichtlich des Regelungszwecks vom *Verwaltungsrechtlichen Rehabilitierungsgesetz* abweiche: Der Regelungsgegenstand erfasse alle Verwaltungsakte, nicht nur die rechtsstaatswidrigen Verwaltungsakte, und der Regelungszweck liege im Schutz des Einigungsvertrages und nicht in der Wiedergutmachung von Unrecht gegenüber Privatpersonen. Zum anderen legt *Sachs* dar, daß die Möglichkeit der

---

[59] Beschluß vom 23. Januar 1996, DtZ 1996, 155 (156).
[60] Ders. in: Stelkens/Bonk/Sachs, Kommentar zum Verwaltungsverfahrensgesetz, § 43, Rdnr. 271.
[61] Urteil vom 20. März 1997, E 104, 186 (192).
[62] Ders. in: Stelkens/Bonk/Sachs, Kommentar zum Verwaltungsverfahrensgesetz, § 43 Rdnr. 271 bis 277.
[63] Ders. in: Stelkens/Bonk/Sachs, Kommentar zum Verwaltungsverfahrensgesetz, § 43 Rdnr. 273.
[64] Ders. in: Wimmer, Kommentar zum Verwaltungsrechtlichen Rehabilitierungsgesetz, Vorbemerkungen zu § 1, Rdnr. 27.

Aufhebung begünstigender DDR-Verwaltungsakte auf der Grundlage von Art. 19 Satz 2, 1. Alternative EV unberührt bleibe.[65]

Der den Gegenstand der Untersuchung bildende Fall fällt nicht in den Anwendungsbereich der Sätze 2 und 3 des Art. 19 EV, sondern wird vom Regelungsbereich des *Verwaltungsrechtlichen Rehabilitierungsgesetzes* umfaßt. Die örtliche Landwirtschaftliche Produktionsgenossenschaft hat ein als Wirtschaftsweg genutztes Grundstück umgeackert und damit die Öffentlichkeit dieser Fläche entweder straßenwegerechtlich entwidmet oder straßenverkehrsrechtlich beendet. Einerseits würde eine Aufhebung dieser DDR-Verwaltungsentscheidung nicht zu einer Einschränkung der mit dem *Einigungsvertrag* bezweckten Ziele führen. Der vorliegend untersuchte Fall betrifft im Kern die Problematik der Verteilung der ehemals volkseigenen landwirtschaftlich genutzten Grundstücke. Das *Ausgleichsleistungsgesetz* vom 27. September 1994 reserviert diese Grundstücke zwar für Verkäufe an zwei Gruppen von Berechtigten, die vortragen könnten, daß eine Rückabwicklung der DDR-Verwaltungsmaßnahme ein Herausfallen dieser Grundstücke aus dem an sie zu verkaufenden Flächenbestand und damit dessen Schmälerung zur Konsequenz hätte. Der *Einigungsvertrag* vom 31. August 1990 aber verpflichtete zu dieser Einschränkung bei der Regelung des künftigen Schicksals des ehemals volkseigenen landwirtschaftlichen Vermögens nicht.[66] Andererseits liegt keine begünstigende, sondern eine belastende DDR-Verwaltungsentscheidung vor. Es soll davon ausgegangen werden, daß der von der örtlichen Landwirtschaftlichen Produktionsgenossenschaft umgeackerte Wirtschaftsweg vom Grundstückseigentümer im Rahmen einer einzelbäuerlichen Wirtschaftsweise zur Erschließung seiner Bewirtschaftungsfläche benötigt wurde. Damit hatte das Handeln der Landwirtschaftlichen Produktionsgenossenschaft beim Grundstückseigentümer belastende Auswirkungen.

d) Antragserfordernis und Antragsfrist

Nach § 9 Abs. 1 VwRehaG darf die Rehabilitierungsbehörde nur auf Antrag tätig werden. Mit dieser Zulässigkeitsvoraussetzung sollen insbesondere Popularanträge und ausschließlich im Interesse Dritter gestellte Anträge verhindert werden.[67] Das Antragsrecht steht nur natürlichen Personen zu. Diese Beschränkung des Antragsrechts ergibt sich aus dem Zweck der Rehabilitierung. Der Gesetzgeber beabsichtigt eine moralische Rehabilitierung im Sinne eines Reinwaschens vom Makel politischer Verfolgung. Darüber hinaus soll den Betroffenen eine gewisse Genugtuung verschafft werden. Diese Ziele sind bei von rechtsstaatswidrigen Maßnahmen betroffenen juristischen Personen nicht vorstellbar.[68] Stand das Grundstück, auf dem sich der von der Landwirtschaftlichen Produktionsgenossenschaft umge-

---

[65] Ders. in: Stelkens/Bonk/Sachs, Kommentar zum Verwaltungsverfahrensgesetz, § 43, Rdnr. 274.
[66] Siehe dazu unten Zweiter Teil, 4. Kapitel, F.8. e), auf Seite 155.
[67] *Wimmer*, Kommentar zum Verwaltungsrechtlichen Rehabilitierungsgesetz, § 9, Rdnr. 4.
[68] *Wimmer*, Kommentar zum Verwaltungsrechtlichen Rehabilitierungsgesetz, § 9, Rdnr. 8.

ackerte Weg befand, im Eigentum einer Gebietskörperschaft, so kann dieser Gebietskörperschaft nur ein Anspruch auf Rückübertragung gemäß Art. 21 Abs. 3, 1. Halbsatz EV zustehen,[69] nicht aber ein Rehabilitierungsanspruch auf der Grundlage des *Verwaltungsrechtlichen Rehabilitierungsgesetzes*.

Die Anträge auf Rehabilitierung sind gemäß § 9 Abs. 3 Satz 1 VwRehaG bis zum Ablauf des 31. Dezember 1999 zu stellen. Bei dieser Frist handelt es sich um eine Ausschlußfrist, die weder verlängert werden kann, noch eine Wiedereinsetzung in den vorigen Stand zuläßt und der Verwirklichung der rechtsstaatlichen Grundsätze des Rechtsfriedens und der Rechtssicherheit dient.[70]

e) Zur Begrenzung des Bereichs der verwaltungsrechtlichen Rehabilitierung

Die *Bundesregierung*[71] weist in der Begründung zum Entwurf eines *Zweiten Gesetzes zur Bereinigung von SED-Unrecht* darauf hin, daß nicht alle im beruflichen Bereich oder im Bereich des Verwaltungsrechts ermittelten Unrechtsmaßnahmen in die Rehabilitierung nach dem *Beruflichen Rehabilitierungsgesetz* oder nach dem *Verwaltungsrechtlichen Rehabilitierungsgesetz* einbezogen werden können. 40 Jahre DDR-Unrechtssystem ließen sich nicht rückabwickeln und eine Gesamtrevision von 40 Jahren Verwaltung in der Deutschen Demokratischen Republik könne nicht erfolgen. Eine solche Selbstbeschränkung werde auch durch die wirtschaftliche Lage in den neuen Bundesländern zwingend vorgegeben. Primäres Ziel müsse es sein, den Aufschwung dort voranzubringen; die personellen und materiellen Mittel des Staates müßten vorrangig diesem Ziel gewidmet werden.

Wimmer[72] führt aus, daß Gegenstand der Rehabilitierung nicht die Beseitigung von systemimmanenten Einschränkungen sein könne. Die politisch gewollte Überführung aller wichtigen Produktionsfaktoren in Volkseigentum konnte zu DDR-Zeiten nur umgesetzt werden, indem z.B. den privaten mittelständischen Unternehmen und den privaten landwirtschaftlichen Betrieben die Voraussetzungen eines wirtschaftlichen Überlebens entzogen wurden. Ziel der Rehabilitierung könne es nicht sein, die Betroffenen so zu stellen, als habe es die Deutsche Demokratische Republik quasi nie gegeben. Die Bundesrepublik wäre finanziell z.B. niemals in der Lage, alle entgangenen Gewinnerwartungen für einen Zeitraum von 40 Jahren zu entschädigen.

Aus finanziellen Gründen und mit dem Ziel, aus Gründen der Rechtssicherheit nicht alle Unrechtsmaßnahmen der Deutschen Demokratischen Republik rückab-

---

[69] Siehe dazu unten Zweiter Teil, 2. Kapitel, E. 5., auf Seite 100.
[70] Siehe dazu die Begründung der *Bundesregierung* zum Entwurf eines Verwaltungsrechtlichen Rehabilitierungsgesetzes, BT-Drucks. 12/4994, S. 38 und *Sachs*, in Stelkens/Bonk/Sachs, Kommentar zum Verwaltungsverfahrensgesetz, § 43, Rdnr. 263.
[71] BT-Drucks. 12/4994, S. 16.
[72] *Wimmer*, Kommentar zum Verwaltungsrechtlichen Rehabilitierungsgesetz, Einleitung, Rdnr. 3.

zuwickeln, entschied der Gesetzgeber[73] auch in dem hier interessierenden Bereich der verwaltungsrechtlichen Rehabilitierung, nur die gravierendsten Fälle einzubeziehen: Gemäß § 1 Abs. 1 Satz 1 VwRehaG können Verwaltungsentscheidungen der DDR nur aufgehoben werden, soweit sie mit tragenden Grundsätzen eines Rechtsstaates schlechthin unvereinbar sind und ihre Folgen noch unmittelbar schwer und unzumutbar fortwirken. Den ganz überwiegenden Teil der DDR-Verwaltungsmaßnahmen erfaßt die Rehabilitation damit nicht und eine weitflächige Überprüfung von DDR-Verwaltungsentscheidungen wird verhindert.

Das *Bundesverfassungsgericht*[74] stellt fest, daß der Gesetzgeber bei der Bemessung von Wiedergutmachungsleistungen im Rahmen des ihm ohnehin zustehenden Gestaltungsraums auch darauf Rücksicht nehmen darf, welche finanziellen Möglichkeiten er unter Berücksichtigung der sonstigen Staatsaufgaben hat. Das Gericht erwähnt ausdrücklich die sich aus dem Wiederaufbau in den neuen Bundesländern ergebenden neuen Aufgaben.

Das *Bundesverwaltungsgericht*[75] sieht im *Vermögensgesetz* eine Umsetzung des Art. 19 Satz 2 EV, mit der der Gesetzgeber in Übereinstimmung mit Ziffer 3 der *Gemeinsamen Erklärung* vom 15. Juni 1990[76] nicht nachträglich einen Zustand habe schaffen wollen, der bestünde, wenn in der Deutschen Demokratischen Republik eine Rechts- und Eigentumsordnung ähnlich der in der Bundesrepublik Deutschland geltenden in Kraft gewesen wäre.

Aufbauend auf den vorgenannten Gründen können gemäß § 1 Abs. 1 Satz 1 VwRehaG Verwaltungsentscheidungen der Deutschen Demokratischen Republik nur insoweit aufgehoben werden, als ihre Folgen noch unmittelbar schwer und unzumutbar fortwirken. Nachfolgend soll auf die Schwere und die Unzumutbarkeit der Beeinträchtigung eingegangen werden.

aa) Schwere der Beeinträchtigung

Eine schwere[77] Beeinträchtigung liegt nur vor, wenn bei objektiver Betrachtung die fortwirkenden Folgen des staatlichen Eingriffs von einigem Gewicht sind. Bagatellfälle sollen nicht in das verwaltungsrechtliche Rehabilitierungsverfahren einbezogen werden.

---

[73] Siehe dazu die Begründung der *Bundesregierung* zum Entwurf eines Zweiten Gesetzes zur Bereinigung von SED-Unrecht, BT-Drucks. 12/4994, S. 16 bis 18.
[74] Urteil vom 23. April 1991, E 84, 90 (130 f.).
[75] Urteil vom 30. Juni 1994, E 96, 172 (174).
[76] BGBl. II S. 889 (S. 1237).
[77] Siehe dazu in der Begründung des *Regierungsentwurfs* zu § 1 Abs. 1 Satz 1 VwRehaG, BT-Drucks. 12/4994, S. 22; *Wimmer*, Kommentar zum Verwaltungsrechtlichen Rehabilitierungsgesetz, § 1, Rdnr. 75; *Sachs*, in: Stelkens/Bonk/Sachs, Kommentar zum Verwaltungsverfahrensgesetz, § 43, Rdnr. 265.

In Fällen der Entziehung eines Grundstücks ergibt sich aus der besonderen Funktion von Grundstücken und dem häufig ausgeprägten Affektionsinteresse an ihnen eine Vermutung für das Vorliegen einer schweren Beeinträchtigung.[78] In den hier zu untersuchenden Fällen blieb das zivilrechtliche Eigentum an den Wegegrundstücken jedoch unangetastet. Der DDR-Staat regelte lediglich eine Nutzungsartenänderung von einer Nutzung als Weg zu einer Nutzung als Acker.

Gegenstand der Betrachtung ist damit lediglich die staatlich geregelte Nutzungsartenänderung. Diese trifft den Grundstückseigentümer nicht schwer: Im Rahmen des staatlich gewünschten und daraufhin auch umgesetzten Übergangs von der selbständigen einzelbäuerlichen Wirtschaftsweise zur staatlich gelenkten Großflächenbewirtschaftung konnte und mußte der Grundstückseigentümer sein nach der Umnutzung als Acker einzustufendes Grundstück in die örtliche Landwirtschaftliche Produktionsgenossenschaft einbringen. Es ist davon auszugehen, daß die zu DDR-Zeiten von der örtlichen Landwirtschaftlichen Produktionsgenossenschaft bewirtschafteten Flächen nach der Wende entweder von dem Rechtsnachfolgeunternehmen der ehemaligen Landwirtschaftlichen Produktionsgenossenschaft, von Wiedereinrichtern oder von Neueinrichtern bewirtschaftet werden. In allen Fällen kann der Grundstückseigentümer für sein heutiges Ackergrundstück Einkünfte aus einer Nutzung des Grundstücks als Ackerland erzielen. Würde das Grundstück noch als Wirtschaftsweg genutzt, hätte er nur weitaus geringere oder gar keine Einkünfte. Zum Zeitpunkt der Entscheidung darüber, ob dem Grundstückseigentümer auf der Grundlage des *Verwaltungsrechtlichen Rehabilitierungsgesetzes* Wiedergutmachung zusteht, ist dieser damit von der damaligen DDR-Entscheidung nicht mehr nachteilig betroffen.

Außer Betracht bleiben soll der Fall, daß der Grundstückseigentümer, dessen Wegegrundstück zu DDR-Zeiten zum Ackergrundstück umgewidmet wurde, daneben im Vollerwerb einen landwirtschaftlichen Betrieb führte, dabei eigene und gepachtete Ackerflächen bewirtschaftete und die Bewirtschaftung dieser Flächen im Zuge der Zerschlagung einzelbäuerlicher Wirtschaftsstrukturen zugunsten einer Großflächenbewirtschaftung durch die örtliche Landwirtschaftliche Produktionsgenossenschaft aufgeben mußte. Sollte die wirtschaftliche Entwicklung des Betroffenen durch den Eingriff einen Knick erhalten haben, der bis heute noch nicht vollständig ausgeglichen werden konnte,[79] so wäre eine Rehabilitierung möglich. Konnte der damalige Betrieb jedoch nach der Wende mit einem tragfähigen Betriebskonzept z.B. durch den damaligen Betriebsinhaber, seinen Sohn oder seinen Enkel, erfolgreich wieder eingerichtet werden, würde es an einer heute noch fort-

---

[78] So in der Begründung des Regierungsentwurfs zu § 1 Abs. 1 Satz 1 VwRehaG, BT-Drucks. 12/4994, S. 22. Siehe auch *Wimmer*, Kommentar zum Verwaltungsrechtlichen Rehabilitierungsgesetz, § 1, Rdnr. 80.

[79] Diesen Fall benennt *Wimmer* in seinem Kommentar zum Verwaltungsrechtlichen Rehabilitierungsgesetz in der Kommentierung zu § 1 in Rdnr. 82.

wirkenden schweren Beeinträchtigung fehlen. Ein Anspruch auf Entschädigung des in den letzten 40 Jahren entgangenen Betriebsgewinns besteht in keinem der beiden Fälle.

bb) Unzumutbarkeit der Beeinträchtigung

Zur Vervollständigung sei noch darauf hingewiesen, daß mit dem Merkmal der Unzumutbarkeit die Berücksichtigung der persönlichen Verhältnisse des Betroffenen ermöglicht werden soll. Hat sich die Lebenssituation des Betroffenen beispielsweise durch die Übersiedlung in den Westen nachdrücklich verbessert, wird häufig eine subjektiv unzumutbare Beeinträchtigung nicht mehr vorliegen.[80]

f) Die erlassende Stelle

Dahinstehen kann damit die Frage, ob es sich bei dem Umackern eines Wirtschaftswegs durch die örtliche Landwirtschaftliche Produktionsgenossenschaft auf der Grundlage von § 18 LPG-G 1982 um eine "hoheitliche Maßnahme einer deutschen behördlichen Stelle zur Regelung eines Einzelfalls" i.S.d. § 1 Abs. 1 Satz 1 VwRehaG handelt. Auf Realakte derartiger behördlicher Stellen findet das *Verwaltungsrechtliche Rehabilitierungsgesetz* gemäß § 1 Abs. 5 Satz 1 VwRehaG entsprechend Anwendung.[81] Auf das Problem der erlassenden Stelle soll nachfolgend dennoch kurz eingegangen werden.

Der Begriff der "Behörde" oder der "behördlichen Stelle" wurde im Verwaltungsrecht der Deutschen Demokratischen Republik nicht verwendet.[82] Man benutzte zunächst die Formulierung "staatliches Verwaltungsorgan"[83] und sprach später von "vollziehend-verfügenden Organen des Staatsapparats"[84].

Zunächst gehören zu den behördlichen Stellen unstreitig unter organisatorischen Gesichtspunkten die Staatsorgane der Deutschen Demokratischen Republik und davon insbesondere die eigentlichen Exekutivorgane, nämlich der Ministerrat, die

---

[80] Siehe dazu die Begründung des *Regierungsentwurfs* zum Verwaltungsrechtlichen Rehabilitierungsgesetzes, BT-Drucks. 12/4994, S. 22, ferner *Sachs*, in: Stelkens/Bonk/Sachs, Kommentar zum Verwaltungsverfahrensgesetz, § 43, Rdnr. 265 und *Wimmer*, Kommentar zum Verwaltungsrechtlichen Rehabilitierungsgesetz, § 1, Rdnr. 75.

[81] Siehe dazu die Begründung des *Regierungsentwurfs* zum Verwaltungsrechtlichen Rehabilitierungsgesetz, BT-Drucks. 12/4994, S. 17 f.

[82] Siehe dazu die Begründung des *Regierungsentwurfs* zum Verwaltungsrechtlichen Rehabilitierungsgesetz, BT-Drucks. 12/4994, S. 21.

[83] So noch *Bönninger*, in: Bönninger, Das Verwaltungsrecht der Deutschen Demokratischen Republik, 1957, S. 97 ff.; siehe auch *Wimmer*, Kommentar zum Verwaltungsrechtlichen Rehabilitierungsgesetz, § 1, Rdnr. 41.

[84] Siehe dazu in: Akademie für Staats- und Rechtswissenschaft der DDR: Verwaltungsrecht, Lehrbuch, 1979, S. 91, ferner in: Akademie für Staats- und Rechtswissenschaft der DDR: Verwaltungsrecht, Lehrbuch, 2. Aufl. 1988, S. 50 und *Wimmer*, Kommentar zum Verwaltungsrechtlichen Rehabilitierungsgesetz, § 1, Rdnr. 41.

Ministerien und andere zentrale Organe, die örtlichen Räte und ihre Fachorgane.[85] Bei dieser rein organisationsrechtlichen Sichtweise sind die Landwirtschaftlichen Produktionsgenossenschaften nicht als behördliche Stellen i.S.d. § 1 Abs. 1 Satz 1 VwRehaG zu qualifizieren.

Die *Bundesregierung*[86] führt zu § 1 Abs. 1 VwRehaG in der Begründung ihres Gesetzesentwurfs aus, daß der Begriff der behördlichen Stelle i.S.d. § 1 Abs. 1 Satz 1 VwRehaG genauso weit verstanden werden soll wie der der Behörde i.S.d. § 1 Abs. 4 VwVfG. Im Rahmen des § 1 Abs. 4 VwVfG erfolgt eine funktionale Abgrenzung, entscheidend ist die Wahrnehmung von Aufgaben der öffentlichen Verwaltung.[87] *Wimmer*[88] weist ergänzend darauf hin, daß eine als behördliche Stelle i.S.d. § 1 Abs. 1 Satz 1 VwRehaG einzustufende Stelle die Macht gehabt haben muß, zumindest faktisch in Rechte der Bürger einzugreifen.

Bei dieser funktionalen Sichtweise i.S.d. § 1 Abs. 4 VwVfG besteht zunächst die Möglichkeit, die außerhalb des Bereichs der eigentlichen Staatsorgane angesiedelten volkseigenen Wirtschaftseinheiten, wie z.B. volkseigene Kombinate, volkseigene Betriebe und andere volkseigene Wirtschaftsorganisationen, als behördliche Stellen i.S.d. *Verwaltungsrechtlichen Rehabilitierungsgesetzes* zu qualifizieren.[89] Diese Wirtschaftseinheiten waren eng mit dem Staatsapparat verbunden und wurden von Beauftragten des Arbeiter-und-Bauern-Staates geleitet.[90] Bei den hier zu untersuchenden Landwirtschaftlichen Produktionsgenossenschaften hingegen blieb der von den Genossenschaftsbauern eingebrachte Boden deren Privateigentum gemäß § 19 Abs. 1 Satz 1 LPG-G 1982. Eine Überführung in Volkseigentum wagte man nicht. Ferner wurde der Vorsitzende der Landwirtschaftlichen Produktionsgenossenschaft von den Genossenschaftsbauern auf der Vollversammlung gewählt gemäß § 5 Abs. 2 Satz 4 LPG-G 1982. Er war der Vollversammlung für seine Tätigkeit rechenschaftspflichtig.

Darüber hinaus können bei einer funktionalen Sichtweise andere staatliche Einrichtungen wegen ihrer engen Verbindung mit dem Staatsapparat als behördliche Stellen i.S.d. *Verwaltungsrechtlichen Rehabilitierungsgesetzes* zu werten sein, wie z.B. Hochschulen, Fachschulen, allgemeinbildende Schulen, Theater, Bibliotheken, Museen, Krankenhäuser, Alters- und Pflegeheime, die Post oder die Eisenbahn.[91]

---

[85] Akademie für Staats- und Rechtswissenschaft der DDR: Verwaltungsrecht, Lehrbuch, 2. Aufl. 1988, S. 50; *Breuer*, Die Bedeutung des Art. 19 Einigungsvertrag, S. 40 f..
[86] BT-Drucks. 12/4994, S. 21 f..
[87] *Mayer*, in: Knack, Kommentar zum Verwaltungsverfahrensgesetz, § 1, Rdnr. 1 f..
[88] Ders., Kommentar zum Verwaltungsrechtlichen Rehabilitierungsgesetz, § 1, Rdnr. 42.
[89] *Wimmer*, Kommentar zum Verwaltungsrechtlichen Rehabilitierungsgesetz, § 1, Rdnr. 44.
[90] Akademie für Staats- und Rechtswissenschaft der DDR: Verwaltungsrecht, Lehrbuch, 2. Aufl. 1988, S. 21.
[91] So in der Begründung der *Bundesregierung* in BT-Drucks. 12/4994, S. 21 f.; siehe auch: Akademie für Staats- und Rechtswissenschaft der DDR: Verwaltungsrecht, Lehrbuch, 2. Aufl. 1988,

Im vorliegenden Fall stehen das Fehlen direkter staatlicher Einflußnahmemöglichkeiten auf die Landwirtschaftlichen Produktionsgenossenschaften und das weiterhin private, nicht staatliche Eigentum am Produktionsfaktor Boden einer Qualifizierung der Landwirtschaftlichen Produktionsgenossenschaften als derartige staatliche Einrichtungen entgegen.

Es verbleibt der Umstand, daß die Entwidmung eines öffentlichen Wegs als Aufgabe der öffentlichen Verwaltung i.S.d. § 1 Abs. 4 VwVfG einzustufen ist. Widmung und Entwidmung sind rechtliche Instrumentarien zur Wahrnehmung öffentlicher Aufgaben. Mit der Bereitstellung oder der Einziehung von Verkehrswegen für die Allgemeinheit kommt der zuständige Träger den ihm kraft Gesetzes auferlegten Pflichten nach und wird öffentliche Verwaltung im Rahmen der "Daseinsvorsorge" für die Allgemeinheit ausgeübt.[92] Die Änderung der Nutzungsart des Bodens, die eine Erweiterung der landwirtschaftlichen Nutzfläche zur Folge hatte, war beim Rat des Kreises zu melden gemäß § 1 Abs. 5 a) 2. DB z. BodNutzVO. Die Macht der Landwirtschaftlichen Produktionsgenossenschaft, diesbezüglich in Rechte der Bürger einzugreifen, ergab sich aus § 18 Abs. 2 a) und c) LPG-G 1982. Betroffen war das dem Bürger nach dem 3. Oktober 1990 aus § 903 BGB und davor aus § 24 ZGB zustehende Recht zum Besitz und zur Nutzung der in seinem Eigentum stehenden Sachen.[93] Das Institut des Privateigentums i.S.d. § 903 BGB existierte nach dem Inkrafttreten des Zivilgesetzbuchs fort.[94]

Im Rahmen des Art. 19 Satz 2 EV und des *Verwaltungsrechtlichen Rehabilitierungsgesetzes* stehen sich die Prinzipien der Rechtssicherheit und der Einzelfallgerechtigkeit gegenüber. Angesichts der weitreichenden Korrekturmöglichkeiten zugunsten der Rechtssicherheit mit dem Erfordernis einer noch andauernden schweren und unzumutbaren Betroffenheit kann wohl der Begriff der "behördlichen Stelle" zugunsten des Interesses der Einzelfallgerechtigkeit weit ausgelegt werden. Ein weiteres Argument dafür, das Umackern eines Wirtschaftsweges durch die örtliche Landwirtschaftliche Produktionsgenossenschaft als "hoheitliche Maßnahme einer deutschen behördlichen Stelle" i.S.d. § 1 Abs. 1 Satz 1 VwRehaG zu werten, ergibt sich aus der sachlichen Nähe zur Rechtsfigur des beliehenen Unternehmens als Behörde.[95] Nach bundesdeutschem Recht wird der Beliehene durch die Beleihung für die Wahrnehmung der übertragenen Aufgabe zum Träger der öffentlichen Verwaltung.[96] Die Beleihung ist materiell die Übertragung eines Teils

---

S. 21 und *Wimmer*, Kommentar zum Verwaltungsrechtlichen Rehabilitierungsgesetz, § 1, Rdnr. 45.

[92] *Herber*, in: Kodal/Krämer, Straßenrecht, Kapitel 7, Rdnr. 1.1.

[93] Siehe dazu den vom *OVG Greifswald* entschiedenen Fall (Beschluß vom 2. August 1994, LKV 1995, 252 (253)), in dem durch DDR-Verwaltungsakt ein in Privateigentum stehendes Grundstück als Friedhof gewidmet wurde.

[94] Siehe dazu oben F., auf Seite 7.

[95] Siehe dazu *Breuer*, Die Bedeutung des Art. 19 Einigungsvertrag, S. 42.

[96] *Meyer*, in: Knack, Kommentar zum Verwaltungsverfahrensgesetz, § 1, Rdnr. 16.

der Staatsfunktionen an ein Subjekt des Privatrechts mit der Befugnis, selbständig und im eigenen Namen öffentlich-rechtliche Verwaltungstätigkeit auszuüben.[97] Adressat der Beleihung können natürliche Personen, juristische Personen des Privatrechts, eingetragene Vereine, Aktiengesellschaften, Gesellschaften mit beschränkter Haftung, Versicherungsvereine auf Gegenseitigkeit oder nichtrechtsfähige Vereinigungen sein; praktisch sind damit alle privatrechtlichen Organisationsformen erfaßt.[98] Nach der Wende konnten die Landwirtschaftlichen Produktionsgenossenschaften auf der Grundlage von § 23 Abs. 1 LwAnpG durch Formwechsel umgewandelt werden in eingetragene Genossenschaften, Personengesellschaften (Gesellschaften des bürgerlichen Rechts, offene Handelsgesellschaften, Kommanditgesellschaften) oder in Kapitalgesellschaften (Gesellschaften mit beschränkter Haftung, Aktiengesellschaften). Diese vom Gesetzgeber angebotenen künftigen Formen der ehemaligen Landwirtschaftlichen Produktionsgenossenschaften legen es nahe, den Landwirtschaftlichen Produktionsgenossenschaften zumindest bei der Entscheidung über die Umwidmung bisheriger Verkehrsflächen einen Status zuzusprechen, der mit dem eines Beliehenen nach bundesdeutschem Recht vergleichbar ist. Die gesetzliche Übertragung der Befugnis, straßenwegerechtlich öffentliche Wirtschaftswege zu entwidmen, könnte man in § 18 Abs. 2 c) LPG-Gesetz sehen.[99]

g) Ergebnis

Als Ergebnis bleibt festzuhalten, daß das Umackern eines Wirtschaftswegs durch die örtliche Landwirtschaftliche Produktionsgenossenschaft zwar eine hoheitliche Maßnahme einer deutschen behördlichen Stelle i.S.d. § 1 Abs. 1 Satz 1 VwRehaG darstellt, eine Rehabilitierung jedoch ausscheidet: Stand das betroffene Grundstück im Eigentum einer Gebietskörperschaft, fehlt es an deren Antragsberechtigung; war eine natürliche Person Grundstückseigentümer, liegt heute eine noch andauernde schwere Beeinträchtigung nicht vor.

---

[97] *Meyer*, in: Knack, Kommentar zum Verwaltungsverfahrensgesetz, § 1, Rdnr. 17.
[98] *Meyer*, in: Knack, Kommentar zum Verwaltungsverfahrensgesetz, § 1, Rdnr. 20.
[99] Zur Notwendigkeit einer Beleihung durch Gesetz oder aufgrund eines Gesetzes siehe *Meyer*, in: Knack, Kommentar zum Verwaltungsverfahrensgesetz, § 1, Rdnr. 20.

Zweiter Teil:

Lösungsansätze

1. Kapitel: Die Möglichkeiten der Flurneuordnung zur Problemlösung

Bei dem den Gegenstand der Untersuchung bildenden Fall ist davon auszugehen, daß im Rahmen der Anlegung des erforderlichen neuen Wirtschaftswegs eine Vielzahl von verschiedenen Grundstücken zumindest teilweise überbaut werden müßte. Liegen, aus der amtlichen Katasterkarte ersichtlich, zahlreiche schmal und lang geschnittene Flurstücke nebeneinander, so kann man diese Flurstücke wegen ihres Zuschnitts als "Handtuchflurstücke" bezeichnen. Möglicherweise werden von diesen Grundstücken jeweils nur 3 bis 4 % der Fläche für die Anlegung des geplanten Wirtschaftswegs benötigt.

Zur Umsetzung der geplanten Wegebaumaßnahme besteht zunächst die Möglichkeit der Bestellung von Grunddienstbarkeiten zugunsten der Gemeinde für die beim Wegebau benötigten Teilflächen der betroffenen Grundstücke. Die Gemeinde könnte den Weg bauen lassen und als sonstige öffentliche Straße i.S.d. § 3 Abs. 1 Nr. 4 ThürStrG widmen, beschränkt auf den land- und forstwirtschaftlichen Verkehr. Gemäß § 6 Abs. 3 i.V.m. § 13 Abs. 3 ThürStrG kann eine Widmung als öffentliche Straße auch erfolgen, wenn der Träger der Straßenbaulast nicht Eigentümer des Wegegrundstücks ist, sondern nur dinglich Berechtigter, abgesichert durch eine Grunddienstbarkeit, die den Bestand der Straße sichert. Dieser Lösungsweg wäre mit dem Nachteil "unsauberer" Rechtsverhältnisse verbunden, weil die Grundeigentümer zwar formal Eigentümer des mit der Straße überbauten Bodens blieben, diese Flächen aber materiell auf Dauer nicht mehr nutzen könnten, insbesondere nicht mehr zur landwirtschaftlichen Produktion.

Deswegen erscheint ein Erwerb der von Grundstücken benötigten Teilflächen durch die Kommune als die "sauberere" Lösung. Es ist jedoch davon auszugehen, daß hierbei die Summe der zu erwartenden Vermessungskosten für die Aktualisierung des Katasters, der Notargebühren für die Auflassung der Teilflächen und der Grundbuchkosten für die Umschreibung des Eigentums den Wert der benötigten Teilflächen weit übersteigt. Darüber hinaus besteht die Möglichkeit, daß einige der betroffenen Grundeigentümer ihre Mitwirkung bei dem geplanten Projekt der Errichtung eines neuen Weges verweigern. Ferner können bei dieser Vorgehensweise die u.U. in der näheren Umgebung des geplanten Weges zur landeskulturellen Entwicklung objektiv dringend gebotenen Maßnahmen, wie z.B. die Änderung des Gewässernetzes oder die Zusammenlegung unwirtschaftlich zersplitterten landwirtschaftlichen Grundbesitzes, in Ermangelung einer realistischen Umsetzungsmöglichkeit nicht durchgeführt werden.

Um in dieser Situation Abhilfe zu schaffen, bietet der Gesetzgeber die Möglichkeit der Durchführung von bodenordnenden Verfahren unter behördlicher Leitung. Nachfolgend soll zunächst auf die charakteristischen Merkmale derjenigen bodenordnenden Verfahren eingegangen werden, die zur Lösung des vorliegend untersuchten Falls geeignet erscheinen, (dazu unten A.) und danach auf ein Detailproblem der Wertermittlung (dazu unten B.).

A. Freiwilliger Landtausch und Bodenordnungsverfahren nach dem *Landwirtschaftsanpassungsgesetz* und dem *Flurbereinigungsgesetz*

In den alten Ländern beschloß der Bund am 14. Juli 1953 das am 1. Januar 1954[100] in Kraft getretene *Flurbereinigungsgesetz*.[101] Dieses Gesetz bietet zunächst die Grundlage für die Durchführung eines freiwilligen Landtausches gemäß §§ 103a ff. FlurbG. Liegt das in diesen Verfahren vorausgesetzte Einverständnis aller Betroffenen nicht vor, kann die zuständige Landesbehörde, wenn ihr die beabsichtigte landeskulturelle Maßnahme i.S.d. § 4 FlurbG objektiv geboten erscheint, ein Regelflurbereinigungsverfahren gemäß § 1 FlurbG oder ein vereinfachtes Bodenordnungsverfahren gemäß § 86 FlurbG durchführen.

Im Gebiet der neuen Länder beschloß am 20. Juli 1990 die Volkskammer das heutige *Landwirtschaftsanpassungsgesetz* als Gesetz über die strukturelle Anpassung der Landwirtschaft an die soziale und ökologische Marktwirtschaft in der Deutschen Demokratischen Republik. Es trat am 20. Juli 1990 in Kraft.[102] Der Einigungsgesetzgeber übernahm dieses Gesetz mit Änderungen.[103] Die Bekanntmachung der Neufassung des *Landwirtschaftsanpassungsgesetzes* erfolgte am 3. Juli 1991.[104] Das *Landwirtschaftsanpassungsgesetz* enthält, auf dem *Flurbereinigungsgesetz* aufbauend, in seinem 8. Abschnitt Regelungen zum Verfahren zur Feststellung und Neuordnung der Eigentumsverhältnisse. Die Neuordnung der Eigentumsverhältnisse erfolgt gemäß § 53 Abs. 3 LwAnpG entweder durch einen freiwilligen Landtausch nach § 54 LwAnpG oder durch ein Bodenordnungsverfahren nach § 56 LwAnpG. Nur bei Vorliegen einer der in § 53 Abs. 1 oder 2 LwAnpG genannten Fallkonstellationen und des Antrags eines der Beteiligten ist die Einleitung eines Verfahrens nach dem 8. Abschnitt des *Landwirtschaftsanpassungsgesetzes* möglich. Bei Vorliegen dieser Voraussetzungen gewährt § 53 Abs. 1 LwAnpG dem den Antrag stellenden Beteiligten allerdings einen Anspruch auf Anordnung eines

---

[100] Siehe dazu BGBl. I, S. 591 (S. 613).
[101] Siehe vertiefend zur Rechtsgeschichte und zu der mit dem *Flurbereinigungsgesetz* aufgehobenen *Reichsumlegungsordnung*: Quadflieg, Recht der Flurbereinigung, Band I, Einleitung, Rdnr. 30 f..
[102] GBl. DDR I S. 642.
[103] Siehe Artikel 9 Abs. 2 des Einigungsvertrages vom 31. August 1990 i.V.m. Anlage II, Kapitel VI, Sachgebiet A, Abschnitt II, Nr. 1 (BGBl. II S. 885 (S. 1204)).
[104] BGBl. I S. 1418.

Verfahrens durch die zuständige Behörde. Mit dem *Landwirtschaftsanpassungsgesetz* bezweckt der Gesetzgeber die Schaffung der Voraussetzungen für die Wiederaufnahme einer privatwirtschaftlich organisierten Landwirtschaft.[105] Gemäß § 53 Abs. 1 LwAnpG sind zur Unterstützung der "Bildung einzelbäuerlicher Wirtschaften" im Gegensatz zur bisherigen staatlich erzwungenen kollektiven Bodenbewirtschaftung bodenordnende Verfahren nach dem 8. Abschnitt des *Landwirtschaftsanpassungsgesetzes* durchzuführen.[106] Der vorliegend zu untersuchende Sachverhalt fällt in diese Fallkonstellation, da nach dem Ende der Bewirtschaftung der Flächen ausschließlich durch die örtliche Landwirtschaftliche Produktionsgenossenschaft nunmehr Neu- und Wiedereinrichter auf den Markt drängen und die Beteiligten dabei feststellen, daß das Wirtschaftswegenetz erweitert werden müßte. Ergänzend zu den auf das nötigste beschränkten Regelungen des *Landwirtschaftsanpassungsgesetzes* finden über § 63 Abs. 2 LwAnpG die Vorschriften des *Flurbereinigungsgesetzes* sinngemäß Anwendung.

In Thüringen nehmen drei Flurneuordnungsämter mit Sitz in Gera, Gotha und Meiningen die Aufgaben der Flurneuordnungsbehörde i.S.d. § 53 Abs. 3 LwAnpG und der Flurbereinigungsbehörde i.S.d. § 2 Abs. 2 FlurbG wahr.[107] Zunächst ist ein Verfahrensgebiet abzugrenzen und das Verfahren durch Beschluß anzuordnen. Für die Dauer des Verfahrens nehmen die Flurneuordnungsämter hinsichtlich der im Verfahren belegenen Grundstücke Funktionen ähnlich denen eines Notars wahr: Das für die Errichtung des Wirtschaftswegs, eines neuen Gewässernetzes oder als Ausgleich für naturschutzrechtliche Eingriffe benötigte Tauschland können die Eigentümer von im Verfahrensgebiet liegenden Grundstücken durch schriftliche Erklärung gegenüber dem Flurneuordnungsamt, einer sog. Landverzichtserklärung gemäß § 52 FlurbG, zur Verfügung stellen. Das Flurneuordnungsamt plant für den anzulegenden Weg ein eigenes Flurstück und strebt einen möglichst großen betriebswirtschaftlichen Vorteil der von dem Verfahren betroffenen Grundstückseigentümer an durch Zuschneidung und Zuteilung von Grundstücken, die aus Bewirtschaftungsaspekten günstig geschnitten sind. Die Ergebnisse des Verfahrens werden in einem Plan zusammengefaßt.[108] Zu dem vom Flurneuordnungsamt in der sog. Ausführungsanordnung bestimmten Zeitpunkt tritt der im Plan vorgesehene neue Rechtszustand an die Stelle des bisherigen Rechtszustands.[109] Die hiernach

---

[105] Siehe § 3 LwAnpG und *Nies*, in: Rechtshandbuch Vermögen und Investitionen in der ehemaligen DDR, Band III B 500, Verbemerkungen zum 8. Abschnitt des LwAnpG, Rdnr. 3.

[106] Siehe dazu *Nies*, in: Rechtshandbuch Vermögen und Investitionen in der ehemaligen DDR, Band III B 500, § 53 LwAnpG, Rdnr. 4.

[107] Siehe dazu § 1 Abs. 1 Nr. 1 und Nr. 2 der *Verordnung über die Zuständigkeiten der Flurneuordnungsbhörden* vom 7. Juni 1991 (GVBl. S. 132) und ergänzend Ziffer 6.3.2 der Anlage zu Ziffer 1 BehErrVO sowie die *Anordnung über den Sitz und Thüringer Verordnung über die örtliche Zuständigkeit der Landwirtschafts- und Flurneuordnungsämter* vom 30. September 1994 (GVBl. S. 1101 f.).

[108] Siehe § 59 Abs. 1 LwAnpG bzw. § 58 Abs. 1 FlurbG.

[109] Siehe § 61 Abs. 1 und 2 LwAnpG bzw. § 61 Sätze 1 und 2 FlurbG.

erforderliche Berichtigung der öffentlichen Bücher, d.h. des Grundbuchs und des Katasters, erfolgt gebühren- und kostenfrei.[110]

Die Durchführung eines bodenordnenden Verfahrens unter der Leitung des Flurneuordnungsamts dürfte in der Regel der einzige Weg sein, auf dem nach dem Ende der kollektiven Großflächenbewirtschaftung die Anlegung eines von Neu- und Wiedereinrichtern benötigten Wirtschaftsweges zum einen mit einem tragbaren Kostenaufwand und zum anderen notfalls auch gegen den Willen einzelner Grundeigentümer realisiert werden kann.

B. Wertermittlung beim alten Bestand

Das Flurbereinigungsverfahren stellt sich als gestuftes Verwaltungsverfahren dar, bei dem die Flurneuordnungsbehörde die einzelnen Abschnitte jeweils mit Verwaltungsakten abschließt.[111] Die sog. Wertermittlung der Einlagegrundstücke bildet einen derartigen eigenen Abschnitt. In §§ 27 bis 33 FlurbG sind die diesbezüglichen rechtlichen Regelungen enthalten. Die Flurneuordnungsbehörde hat die Ergebnisse der Wertermittlung auf der Grundlage von § 32 Satz 3 FlurbG mit Verwaltungsakten festzustellen. Gemäß § 27 Satz 2 FlurbG bestimmen diese Verwaltungsakte inhaltlich das Verhältnis der Werte der Einlagegrundstücke der einzelnen Teilnehmer zum Wert aller Einlagegrundstücke des Flurbereinigungsgebietes. Mit der Verpflichtung der Flurneuordnungsbehörde, im Rahmen der Wertermittlung den relativen Wert der einzelnen Grundstücke zueinander festzusetzen, und dem Verzicht auf die Ermittlung eines absoluten "Einlage-Geldbetrages" für jeden Teilnehmer verfolgt der Gesetzgeber das Ziel, die Wertermittlung der Landeinlage und der Landabfindung unabhängig von einer möglichen zwischenzeitlichen Geldentwertung zu machen.[112]

Die Ergebnisse des Flurbereinigungsverfahrens faßt die Flurbereinigungsbehörde im sog. Flurbereinigungsplan zusammen gemäß § 58 Abs. 1 Satz 1 FlurbG. In diesem Plan sind u.a. gemäß § 58 Abs. 1 Satz 2 FlurbG für jeden Beteiligten die Einlagegrundstücke und die Abfindungsgrundstücke nachzuweisen. Jeder Teilnehmer hat einen in § 44 Abs. 1 Satz 1 FlurbG verankerten Anspruch darauf, für seine Einlagegrundstücke mit Land von gleichem Wert abgefunden zu werden. Bei der Bemessung der Landabfindung bilden die nach §§ 27 bis 33 FlurbG ermittelten Werte gemäß § 44 Abs. 1 Satz 2 FlurbG die rechnerische Grundlage für die Ermittlung einer wertgleichen Landabfindung.

In § 44 Abs. 3 Satz 3, 1. Halbsatz FlurbG gewährt der Gesetzgeber einen Anspruch auf Erschließung eines jeden Abfindungsflurstücks durch einen Wirtschaftsweg.

---

[110] Siehe dazu § 108 Abs. 1 FlurbG bzw. §§ 62 und 63 Abs. 2 LwAnpG.
[111] *Schwantag*, in: Seehusen/Schwede, Kommentar zum Flurbereinigungsgesetz, § 27 Vorbem. 1.
[112] So *Nies* in: Rechtshandbuch Vermögen und Investitionen in der ehemaligen DDR, Band III B 500, § 58 LwAnpG, Rdnr. 3.

Diese Wege sind zur Erschließung des Flurbereinigungsgebiets erforderlich, sollen den landwirtschaftlichen Verkehr von den Hauptverkehrsstraßen abziehen und zur Stärkung der wirtschaftlichen Grundlage der am Verfahren beteiligten Betriebe beitragen.[113] Die für diesen Wegebau benötigten Flächen haben die Beteiligten gemäß § 44 Abs. 1 Satz 1 i.V.m. § 47 Abs. 1 Satz 1 i.V.m. § 40 Satz 1 FlurbG entschädigungslos[114] aufzubringen. Der diesbezügliche Landabzug ist keine Enteignung, sondern Sozialbindung, da er die Gegenleistung darstellt für den allgemeinen Vorteil, den der einzelne Teilnehmer aus der Flurbereinigung erzielt, den Ausgleich für den sog. Plangewinn.[115]

Der den Gegenstand der Untersuchung bildende Fall enthält folgende "moralische Ungerechtigkeit": Die von der örtlichen Landwirtschaftlichen Produktionsgenossenschaft zu DDR-Zeiten auf der Grundlage des LPG-Gesetzes umgeackerten Wirtschaftswege waren in der Regel vor dem 8. Mai 1945 angelegt worden nach entsprechenden entschädigungslosen Flächenbereitstellungen durch die örtlichen Landeigentümer. Betrachtet werden sollen die Sachverhalte, bei denen der Weg im Kataster ein eigenes Flurstück erhielt und der Belegenheitsgemeinde übereignet wurde. Bewertet man das Umackern zu DDR-Zeiten als noch wirksame Entwidmung, so hat eine nach dem 3. Oktober 1990 eingeleitete Flurbereinigung zur Konsequenz, daß der Gemeinde, die das ehemalige Wegeflurstück einbringt, dafür ein für eine landwirtschaftliche Bearbeitung günstig geschnittenes Abfindungsflurstück zuzuteilen ist und die heutigen Eigentümer der landwirtschaftlichen Flächen als Teilnehmer der Flurbereinigung erneut anteilig Land entschädigungslos zur Verfügung stellen müssen zur Anlegung des heute objektiv benötigten Wirtschaftswegenetzes. Es stellt sich die Frage, ob die Flurneuordnungsbehörde diese für die Gemeinde günstige Rechtslage im Rahmen der Wertermittlung der Einlageflurstücke zu ändern vermag.

Zu denken wäre hier an die Bewertung des von der Gemeinde in das Flurbereinigungsverfahren eingebrachten und heute als Acker genutzten ehemaligen Wegegrundstücks als Wirtschaftsweg und nicht als Acker.[116]

---

[113] Siehe dazu *Hegele* in: Seehusen/Schwede, Flurbereinigungsgesetz, § 39 Rdnr. 4.

[114] *Schwantag*, in: Seehusen/Schwede, Kommentar zum Flurbereinigungsgesetz, § 47, Rdnr. 1.

[115] *Hegele*, in: Seehusen/Schwede, Kommentar zum Flurbereinigungsgesetz, § 40, Rdnr. 8 und BVerwG, Urt. v. 12. April 1984, Buchholz 424.01, § 40 FlurbG, Nr. 4.

[116] So *Freistaat Thüringen*, Flurneuordnungsverwaltung, in: Richtlinien zur Planung und Durchführung von Flurneuordnungsverfahren, wo mit Stand Februar 2000 eine Bewertung als Weg vorgeschlagen wurde (Band 2, Richtlinie Nr. 5.2: *Durchführung der Wertermittlung in Verfahren nach dem Flurbereinigungsgesetz und nach dem Landwirtschaftsanpassungsgesetz. Ergänzende Richtlinie zu den Empfehlungen der ArgeFlurb*, Vorschrift Nr. 5, Anlage 7, Fall 5). Die aktuelle Fassung mit Stand April 2002 sieht jedoch eine Bewertung als Acker ohne Abschläge vor (Band 2, Richtlinie Nr. 5.2: *Durchführung der Wertermittlung*, Anhang B: Ergänzende Vorschriften, Erlaß Nr. 5.2-5, Ziffer 2.2, Sätze 1 und 2).

Der Wert landwirtschaftlich genutzter Grundstücke ist gemäß § 28 Abs. 1 Satz 1 FlurbG in der Regel nach dem Nutzen zu ermitteln, den sie bei gemeinüblicher ordnungsgemäßer Bewirtschaftung jedem Besitzer ohne Rücksicht auf die Entfernung der Grundstücke vom Wirtschaftshof oder von der Ortslage nachhaltig gewähren können. Bewertungsmaßstab ist nicht der Verkehrswert, sondern der Nutzwert, den das Grundstück für jedermann hat, der es im Bereinigungsgebiet ortsüblich bewirtschaftet.[117] Demnach müßte das ehemalige Wegegrundstück als Acker bewertet werden.

Dauernde Beschränkungen der Nutzbarkeit, wie z.B. Geh- oder Fahrrechte, hat die Flurneuordnungsbehörde wertmindernd zu berücksichtigen.[118] Entscheidend sind die Auswirkungen auf die landwirtschaftliche Nutzung unter betriebswirtschaftlichen Gesichtspunkten.[119] Auch die Widmung einer Fläche als öffentliche Verkehrsfläche beschränkt dauernd die Nutzbarkeit. Berücksichtigung finden können jedoch nur die zum Zeitpunkt der Wertermittlung rechtlich existierenden und damit rechtlich durchsetzbaren Rechte. *Aust*[120] weist bei einer vergleichbaren Problematik, nämlich dem Bereich der Enteignungsentschädigung, darauf hin, daß Gegenstand einer Enteignung nur eine "Rechtsposition" sein könne, d.h. nur ein Anspruch, aus dem der Inhaber den Fortbestand bestimmter rechtlicher oder tatsächlicher Umstände verlangen und gegebenenfalls im Klagewege durchsetzen kann.

Wegen der oben festgestellten rechtlich wirksamen Entwidmung der ehemaligen Wegefläche muß diese in einem Flurbereinigungsverfahren folglich ohne Abschläge als Acker bewertet werden.

2. Kapitel: Die Möglichkeiten der Belegenheitskommune zur Problemlösung

Nachfolgend soll untersucht werden, welche Möglichkeiten sich der Belegenheitskommune bieten, bei der Wiederanlegung eines Wirtschaftswegenetzes auf ihrem Gemeindegebiet landwirtschaftlich genutzte Flächen zur Verfügung zu stellen.

Den Kommunen als Selbstverwaltungskörperschaften obliegt nach Art. 28 Abs. 2 Satz 1 GG die Befassung mit den "Angelegenheiten der örtlichen Gemeinschaft". Das *Bundesverfassungsgericht* umschreibt die Angelegenheiten der örtlichen Gemeinschaft als "diejenigen Bedürfnisse und Interessen, die in der örtlichen Gemeinschaft wurzeln oder auf sie einen spezifischen Bezug haben [...], die also den Gemeindeeinwohnern gerade als solchen gemeinsam sind, indem sie das Zusammenleben und –wohnen der Menschen in der (politischen) Gemeinde betreffen;

---

[117] *BVerwG*, Beschl. v. 29. Mai 1991, NVwZ-RR 1992, 51.
[118] Siehe dazu *Schwantag*, in: Seehusen/Schwede, Flurbereinigungsgesetz, § 28 Rdnr. 14.
[119] *BVerwG*, Beschl. v. 29. Mai 1991, NVwZ-RR 1992, 51.
[120] Ders. in: Aust/Jacobs, Die Enteignungsentschädigung, S. 296.

[...]."[121] Eine enumerative Aufzählung der örtlichen Angelegenheiten der Gemeinden gibt es nicht, es gilt der Grundsatz der Universalität oder der Allzuständigkeit; dieser wirkt als gesetzlich widerlegbare Zuständigkeitsvermutung.[122] "Zum Wesensgehalt der gemeindlichen Selbstverwaltung gehört kein gegenständlich bestimmter oder nach festen Merkmalen bestimmbarer Aufgabenkatalog, wohl aber die Befugnis, sich aller Angelegenheiten der örtlichen Gemeinschaft, die nicht durch Gesetz bereits anderen Trägern öffentlicher Verwaltung übertragen sind, ohne besonderen Kompetenztitel anzunehmen."[123] Hierbei soll insbesondere die Sachnähe der Gemeindebürger und der zur Entscheidung berufenen Organe der Gemeinden bei der Lösung der anstehenden Probleme genutzt und fruchtbar gemacht werden. Oft geht die Initiative zur Regelung eines im örtlichen Wirkungskreis wurzelnden Problems von den Kommunen selbst aus. Die Frage, ob in einer Gemarkung das vorhandene Wirtschaftswegenetz nicht mehr ausreicht, dürfte zuvörderst im örtlich zuständigen Gemeinderat problematisiert und erörtert werden.

Will eine Kommune den Bau eines Wirtschaftswegs auf ihrem Gemeindegebiet unterstützen, besteht der einfachste Weg, dieses Ziel zu erreichen, darin, gemeindeeigene, landwirtschaftlich genutzte Flächen zur Verfügung zu stellen (dazu unten A).

Daneben existieren für die Belegenheitskommune mehrere Möglichkeiten, zur Errichtung eines neuen Wirtschaftswegs auf im Eigentum einer anderen Gebietskörperschaft oder laut Grundbuch im Volkseigentum stehenden Boden zuzugreifen: Zunächst kann die Belegenheitsgemeinde auf der Grundlage von § 5 Abs. 2 Sätze 2 und 3 VZOG i.V.m. § 6 Abs. 3 FStrG oder auf der Grundlage von § 12 Abs. 1 ThürStrG im Grundbuch als Eigentümerin eines Grundstücks eingetragen werden (dazu unten B). Daneben besteht für die Kommune die Möglichkeit, über ein ehemals volkseigenes Grundstück, für das sie selbst im Zeitpunkt der Verfügung als Rechtsträger im Grundbuch eingetragen ist, auf der Grundlage von § 8 Abs. 1 Satz 1 Ziffer a) VZOG zu verfügen (dazu unten C). Schließlich gab und gibt es für die Kommunen mehrere Wege der Zuordnung volkseigenen Vermögens in ihr Eigentum: Zum einen konnte volkseigenes Vermögen auf der Grundlage des *Kommunalverfassungsgesetzes* zugeordnet werden (dazu unten D), zum anderen mit Inkrafttreten des *Einigungsvertrages* auf dessen Grundlage (dazu unten E).

A. Die Bereitstellung gemeindeeigener Flächen

Die Belegenheitskommune kann eigene, landwirtschaftlich genutzte Flächen zur Verfügung stellen und darauf einen Wirtschaftsweg anlegen oder anlegen lassen. Soll der Weg auf anderen, nicht im Eigentum der Kommune stehenden Flächen

---

[121] *BVerfG*, Beschl. v. 23. November 1988, E 79, 127 (151 f.) - Rastede.
[122] *Dreier*, in: Dreier, Kommentar zum Grundgesetz, Band II, Art. 28, Rdnr. 104.
[123] *BVerfG*, Beschl. v. 23. November 1988, E 79, 127, 2. Leitsatz - Rastede.

errichtet werden, besteht für die Kommune die Möglichkeit, ihre Ackerflächen im Rahmen eines bodenordnenden Verfahrens nach dem *Landwirtschaftsanpassungsgesetz* oder dem *Flurbereinigungsgesetz* als Tauschland zur Verfügung zu stellen. Als Verfahrensart kommen entweder ein freiwilliger Landtausch nach § 54 LwAnpG oder § 103a FlurbG in Betracht oder ein Bodenordnungsverfahren nach § 56 LwAnpG oder § 1 FlurbG. Die Belegenheitsgemeinde würde in diesen Verfahren für die von ihr eingebrachte Ackerfläche mit der neu geschaffenen Wegefläche abgefunden.

Es sei darauf hingewiesen, daß bei einem freiwilligen Landtausch gemäß §§ 103a ff. FlurbG oder §§ 54 f. LwAnpG i.V.m. § 63 Abs. 2 LwAnpG und §§ 103a ff. FlurbG die Vorschriften über das Wertermittlungsverfahren wegen § 103b Abs. 2 FlurbG nicht gelten. Da die Eigentümer bei einem freiwilligen Landtausch auf freiwilliger Grundlage einen Flächentausch vereinbaren, haben sie dabei auch über den Wert ihrer Grundstücke selbst zu entscheiden.[124] In diesen Fällen könnte die Gemeinde ein Ackergrundstück zur Verfügung stellen und sich mit einer Bewertung der Fläche im alten Bestand als Wirtschaftsweg oder mit dem Wert Null einverstanden erklären. Zu beachten sind hier die Sätze 2 bis 4 des § 67 Abs. 1 ThürKO. Nach § 67 Abs. 1 Satz 2 ThürKO darf eine Gemeinde Vermögensgegenstände in der Regel nur zu ihrem vollen Wert veräußern. Die kostenlose Bereitstellung von Ackerflächen im Rahmen eines freiwilligen Landtauschs zwecks Anlegung eines in das Eigentum der Gemeinde zu übertragenden Wirtschaftswegs steht einer Veräußerung dieser Fläche unter Verkehrswert gleich. Veräußerungen nicht zum vollen Verkehrswert sind jedoch gemäß § 67 Abs. 1 Satz 3 ThürKO ausnahmsweise "im besonderen öffentlichen Interesse" zulässig. Dies gilt nach § 67 Abs. 1 Satz 4 ThürKO insbesondere für Veräußerungen zur Förderung von Gewerbeansiedlungen. Da der neu zu errichtende Wirtschaftsweg von örtlichen Neu- und Wiedereinrichtern zur Erschließung ihrer Bewirtschaftungsflächen benötigt wird, ist der vorliegend untersuchte Fall mit einer Förderung der Ansiedlung von Gewerbebetrieben vergleichbar und die Gemeinde wäre befugt, im Rahmen eines freiwilligen Landtausches ihr Ackergrundstück zu dem Wert eines Wegegrundstücks oder zu dem Wert Null einzubringen.

Gegenstand dieser Untersuchung sollen nur die Fälle sein, bei denen der Bau eines straßenwegerechtlich öffentlichen Wirtschaftswegs beabsichtigt ist, d.h. der Bau einer "sonstigen öffentlichen Straße" i.S.d. § 3 Abs. 1 Nr. 4 ThürStrG, beschränkt auf den landwirtschaftlichen Verkehr. Bei den straßenwegerechtlich öffentlichen Wirtschaftswegen ist das *Thüringer Straßengesetz* nach § 1 Satz 1 ThürStrG anwendbar. Die Flurneuordnungsbehörde als diejenige Behörde, die das bodenordnende Verfahren leitet, würde auf die Bereitschaft der Belegenheitsgemeinde hin-

---

[124] Siehe dazu *Schoof*, in: Seehusen/Schwede, Flurbereinigungsgesetz, § 103b Rdnr. 4 und *Nies*, in: Rechtshandbuch Vermögen und Investitionen in der ehemaligen DDR, Band III B 500, § 54 LwAnpG, Rdnr. 8 f..

wirken, gemäß § 43 Abs. 1 Satz 3 ThürStrG als Träger der Straßenbaulast für den neu angelegten Wirtschaftsweg bestimmt zu werden. Die der Belegenheitsgemeinde vom thüringischen Landesgesetzgeber in § 13 Abs. 1 ThürStrG auferlegte Obliegenheit, das Eigentum an dem mit dem öffentlichen Wirtschaftsweg überbauten Boden zu erwerben, würde gegenstandslos, da das Eigentum an den Wegeflächen auf die Belegenheitsgemeinde schon durch einen Verwaltungsakt der Flurneuordnungsbehörde, nämlich die sog. Ausführungsanordnung gemäß § 63 Abs. 2 LwAnpG i.V.m. § 62 Sätze 1 und 2 FlurbG überginge.

Die privaten Wirtschaftswege sollen nicht Gegenstand der Untersuchung sein, weil sie ausschließlich von einem oder wenigen Bewirtschaftern genutzt werden, zumeist als unbefestigte Graswege. Ein behördlich geleitetes, bodenordnendes Verfahren mit dem Ziel der Anlegung eines privaten Wirtschaftsweges ist zwar möglich, es würde aber bei der Bearbeitung durch die Behörde keine Priorität genießen.

B. Eigentumsübergang und Grundbuchberichtigung beim Übergang der Straßenbaulast an einer öffentlichen Straße auf die Belegenheitskommune

Im Zusammenhang mit der den Gegenstand der Untersuchung bildenden Wirtschaftswegeproblematik ist auch auf die nachfolgend unter 1. dargelegte Fallkonstellation einzugehen, die im Gebiet der neuen Länder bei den landwirtschaftlich genutzten Grundstücken insbesondere in Stadtrandlage des öfteren eintritt.

1. Sachverhalt

Am 8. Mai 1945 befindet sich auf einem Grundstück in der Feldflur ein öffentlicher Wirtschaftsweg. Zu DDR-Zeiten vermerkt der Liegenschaftsdienst bei diesem Grundstück im Rahmen der Anlegung der Liegenschaftsblätter als Ersatz für die Grundbücher bei der Nutzungsartenangabe "Weg". Später ackert die örtliche landwirtschaftliche Produktionsgenossenschaft den Weg auf der Grundlage des *Gesetzes über die landwirtschaftlichen Produktionsgenossenschaften* um. Fortan erfolgt eine Nutzung der Fläche als Acker. Eine Berichtigung der Nutzungsangabe im Liegenschaftskataster zu DDR-Zeiten unterbleibt. Nach dem 3. Oktober 1990 ersucht die Belegenheitskommune, getragen von dem Ziel der Schaffung eines eigenen kommunalen Bestands an Grundstücken, das Grundbuchamt um Eigentumseintragung. Der Antrag ist vom Bürgermeister oder seinem Vertreter unterschrieben und mit dem Dienstsiegel versehen. Die Belegenheitskommune benennt als Grundlage für die Eigentumsumschreibung § 5 Abs. 2 VZOG und erklärt in dem Umschreibungsantrag gegenüber dem Grundbuchamt, daß ihr als neuer Trägerin der Straßenbaulast das Grundstück gehöre. Das Grundbuchamt prüft diese Angaben nicht nach und trägt die Belegenheitsgemeinde als neue Eigentümerin des Grundstücks ein, ohne den vorher eingetragenen Eigentümer anzuhören oder gemäß § 55 Abs. 1 GBO zu benachrichtigen. Betroffen als vorher eingetragener Eigentümer sind meist das Belegenheitsland oder die BVVG, der die Verwaltung der ehemals volkseigenen, landwirtschaftlich genutzten Grundstücke obliegt. Die Belegenheitsgemeinde errichtet nach der Grundbuchumschreibung auf dem Grundstück keinen öffentlichen Wirtschaftsweg, sondern verpachtet die Fläche als Acker zu Ackerpachtpreisen.

2. Der Geltungsbereich und der gesetzgeberische Zweck des § 5 Abs. 2 Sätze 2 und 3 VZOG

Zunächst soll unabhängig von dem zu beurteilenden Fall auf den Zweck der Sätze 2 und 3 des § 5 Abs. 2 VZOG eingegangen werden.

Mit dem 3. Oktober 1990 erlosch das Rechtsinstitut des Volkseigentums und der Gesetzgeber mußte festlegen, wem das ehemalige Volkseigentum künftig zustehen soll. Die Artikel 21 und 22 EV regeln diesbezüglich die Aufteilung des gesamten ehemaligen Volkseigentums auf die Gebietskörperschaften.[125] Die zur Umsetzung dieser materiellrechtlichen Eigentumszuweisungen erforderlichen Verfahrensnormen enthält hinsichtlich der Gebietskörperschaften des öffentlichen Rechts das *Vermögenszuordnungsgesetz*.[126]

Die Eintragung einer Gebietskörperschaft als neue Eigentümerin im Grundbuch erfordert grundsätzlich die Vorlage eines den Eigentumsübergang deklaratorisch oder konstitutiv feststellenden und ein Zuordnungsverfahren nach dem *Vermögenszuordnungsgesetz* abschließenden Zuordnungsbescheids gemäß §§ 2 Abs. 1 Satz 1 und § 3 Abs. 1 Satz 1 VZOG.

Bezogen auf einen Teilbereich des ehemaligen Volkseigentums, nämlich die zum 3. Oktober 1990 als öffentliche Bundesstraßen und die zu diesem Zeitpunkt als öffentliche Landes-, Kreis- oder Gemeindestraßen genutzten Bodenflächen, lockerte der Gesetzgeber die Voraussetzungen einer Grundbuchumschreibung. In diesen Fällen genügt ein an das Grundbuchamt gerichtetes Eigentumsumschreibungsersuchen des jeweiligen Trägers der Straßenbaulast mit einer sog. Eigenerklärung, d.h. mit der Erklärung der antragstellenden Gebietskörperschaft, daß ihr als neuer Trägerin der Straßenbaulast das betroffene Grundstück gehöre.

---

[125] Dazu genauer unten E. 1., auf Seite 88. Wurden Privatpersonen zu DDR-Zeiten unter Mißachtung geltenden DDR-Rechts enteignet, kann diesen aus dem *Vermögensgesetz* ein Rückgabeanspruch zustehen auf der Grundlage der Ziffer 3 der *Gemeinsamen Erklärung der Regierungen der Bundesrepublik Deutschland und der Deutschen Demokratischen Republik zur Regelung offener Vermögensfragen* vom 15. Juni 1990 (BGBl II S. 889 (S. 1237)). Diesen Übertragungsanspruch hätte diejenige Gebietskörperschaft zu erfüllen, der auf der Grundlage von Art. 21 oder 22 EV das Eigentum an dem betroffenen Vermögenswert mit dem 3. Oktober 1990 zugewachsen war.

[126] Die erste Fassung des heutigen Vermögenszuordnungsgesetzes trat am 29. März 1991 als Artikel 7 des Gesetz[es] zur Beseitigung von Hemmnissen bei der Privatisierung von Unternehmen und zur Förderung von Investitionen vom 22. März 1991 (BGBl. I S. 766 (S. 784 bis S. 786)) in Kraft.

Hinsichtlich der Bundesfernstraßen in den neuen Ländern gilt folgendes: Die im Beitrittsgebiet belegenen Autobahnen und Fernverkehrsstraßen wurden zum 3. Oktober 1990 nach Satz 1 der im *Einigungsvertrag* enthaltenen Maßgabe a) zum *Bundesfernstraßengesetz*[127] zu Bundesautobahnen und Bundesstraßen i.S.d. § 1 Abs. 2 FStrG. Nach Satz 2 der Maßgabe a) zum *Bundesfernstraßengesetz* geht zugleich die Straßenbaulast an diesen Straßen auf den Bund und in den Fällen des § 5 Abs. 2 bis 3a FStrG, d.h. bei Ortsdurchfahrten, auf die jeweiligen Gemeinden über. Als Folge des Übergangs der Straßenbaulastträgerschaft erwerben der Bund gemäß Satz 1 der Maßgabe b) zum *Bundesfernstraßengesetz* und die Gemeinden gemäß Satz 2 dieser Maßgabe das Eigentum an den Straßengrundstücken.[128] Die vereinfachte Grundbuchberichtigung, d.h. die Eigentumsumschreibung ohne Vorlage eines Zuordnungsbescheids nach § 2 Abs. 1 Satz 1 VZOG, hat ihre Grundlage in Satz 3 der Maßgabe b) zum *Bundesfernstraßengesetz*, wonach § 6 FStrG entsprechende Anwendung findet. Nach § 6 Abs. 3 FStrG kann der neue Träger der Straßenbaulast beim Grundbuchamt einen Antrag auf Berichtigung des Grundbuchs stellen. Das Ersuchen muß vom Behördenleiter oder seinem Stellvertreter unterschrieben und mit dem Amtssiegel oder dem Amtsstempel versehen sein. Zum Nachweis des Eigentums gegenüber dem Grundbuchamt genügt die in den Antrag aufzunehmende Erklärung, daß das Grundstück dem neuen Träger der Straßenbaulast zustehe. Diese für Bundesfernstraßen ab dem 3. Oktober 1990 geltenden Regelungen hat der Gesetzgeber mit dem am 25. Dezember 1993 in Kraft getretenen § 5 Abs. 2 Satz 1 VZOG[129] ausdrücklich bestätigt. Die soeben geschilderte Rechtslage bei Bundesfernstraßen enthält im Kern einen Übergang der Straßenbaulastträgerschaft zum 3. Oktober 1990, verbunden mit einem Eigentumsübergang als Annex und der Möglichkeit einer vereinfachten Grundbuchberichtigung, bei der nicht ein Zuordnungsbescheid auf der Grundlage des *Vermögenszuordnungsgesetzes* vorgelegt werden muß, sondern ein Umschreibungsersuchen des neuen Straßenbaulastträgers mit einer sog. Eigenerklärung ausreicht.

Mit den ebenfalls am 25. Dezember 1993 in Kraft getretenen Sätzen 2 und 3 des § 5 Abs. 2 VZOG erweiterte der Bundesgesetzgeber die Geltung der oben dargelegten und die Bundesfernstraßen betreffenden Grundsätze auch auf öffentliche Landes-, Kreis- und Gemeindestraßen. Die Länder, Kreise und Gemeinden können über § 5 Abs. 2 Sätze 2 und 3 VZOG in entsprechender Anwendung des § 6 Abs. 3 FStrG von der Möglichkeit der vereinfachten Grundbuchberichtigung Gebrauch machen. Voraussetzung ist nach § 5 Abs. 2 Satz 2 VZOG, daß das Eigentum an der jeweiligen öffentlichen Straße auf sie übergangen ist. Bei der Prüfung, ob ein sol-

---

[127] Die Maßgaben a) bis e) zum *Bundesfernstraßengesetz* sind in der Anlage I Kapitel XI Sachgebiet F Abschnitt III Nummer 1 des Einigungsvertrages vom 31. August 1990 (BGBl. II S. 889 (S. 1111)) enthalten.
[128] Siehe dazu *Krämer*, in: Kodal/Krämer, Straßenrecht, Kapitel 5, Rdnr. 36.1.
[129] Siehe dazu Art. 16 Nr. 8 des *Registerverfahrensbeschleunigungsgesetzes* vom 20. Dezember 1993 (BGBl. I S. 2182 (S. 2227)).

cher Eigentumsübergang als Rechtsvoraussetzung des § 5 Abs. 2 Satz 2 VZOG vorliegt, ist zu berücksichtigen, daß der Gesetzgeber mit dieser Norm eine Vereinfachung gegenüber dem normalen Zuordnungsverfahren festlegen wollte. Folglich kann ein Eigentumsübergang nach § 5 Abs. 2 Satz 2 VZOG nur ein solcher sein, der auch Voraussetzung für einen Zuordnungsbescheid auf der Grundlage des *Vermögenszuordnungsgesetzes* sein könnte. Auf der Grundlage des *Vermögenszuordnungsgesetzes* soll gemäß § 1 Abs. 1 Satz 1, 1. Alt. VZOG unter anderem festgestellt werden, wer in welchem Umfang nach den Artikeln 21 und 22 des *Einigungsvertrages* kraft Gesetzes übertragene Vermögensgegenstände erhalten hat. Das Eigentum an öffentlichen Straßen kann im Rahmen der Art. 21 und 22 EV von einer Gebietskörperschaft nur als Verwaltungsvermögen i.S.d. Art. 21 Abs. 2 EV zum 3. Oktober 1990 erworben worden sein, wenn die betreffende Bodenfläche zu diesem Zeitpunkt als öffentliche Straße der jeweiligen Gebietskörperschaft genutzt wurde. Ein Eigentumserwerb i.S.d. § 5 Abs. 2 Satz 2 VZOG eines Landes, eines Kreises oder einer Gemeinde an einer Bodenfläche liegt damit nur dann vor, wenn die betroffene Fläche zum 3. Oktober 1990 als öffentliche Landes-, Kreis- oder Gemeindestraße genutzt wurde.[130]

Die vom Gesetzgeber im 1. Halbsatz des § 5 Abs. 2 Satz 2 VZOG gewählte Formulierung erweist sich jedoch als mißverständlich. Es soll das für Bundesfernstraßen geltende vereinfachte Grundbuchberichtigungsverfahren auch hinsichtlich der Landes-, Kreis- und Gemeindestraßen für anwendbar erklärt werden. Die gewählte Formulierung, daß "der Übergang des Eigentums entsprechend der Maßgabe b) zum *Bundesfernstraßengesetz* festgestellt [wird]", ist wenig geglückt. Der Wortlaut legt nämlich die Vermutung nahe, daß ein feststellender Verwaltungsakt nach dem üblichen Verfahren des *Vermögenszuordnungsgesetzes* erlassen werden muß, der den Wechsel des Eigentums auf die das Grundstück als öffentliche Straße begehrende Gebietskörperschaft gemäß Art. 21 Abs. 2 EV feststellt. Bei der vom Gesetzgeber gewollten Grundbuchberichtigung analog § 6 Abs. 3 FStrG prüft jedoch keine Stelle die materielle Eigentumssituation, weder die für den Vollzug des *Vermögenszuordnungsgesetzes* zuständige Behörde, noch das Grundbuchamt. Der erste Formulierungsvorschlag der *Bundesregierung* für den Satz 2 des § 5 Abs. 2 VZOG, wonach "§ 6 Abs. 3 des *Bundesfernstraßengesetzes* [...] für den Übergang des Eigentums an anderen Straßen als Bundesfernstraßen nach den in § 1 genannten Vorschriften entsprechend anzuwenden [ist]", wäre verständlicher gewesen,

---

[130] Siehe zum ganzen die Begründung der *Bundesregierung* zum Entwurf des § 5 Abs. 2 VZOG (BT-Drs. 12/5553, Anlage 1, Nummer 7 (S. 39 und S. 165)), die diesbezügliche Stellungnahme des *Bundesrats* (BT-Drs. 12/5553, Anlage 2, Nummer 84 (S. 203)) und die Gegenäußerung der *Bundesregierung* (BT-Drs. 12/5553, Anlage 3, Zu Nummer 84 (S. 216)), ferner *Stellwaag*, in: Rädler/Raupach/Bezzenberger, Vermögen in der ehemaligen DDR, Band III Teil 3 B II, § 5 VZOG, Rdnr. 7-14 und *Schmitt-Habersack*, in: Kimme, Offene Vermögensfragen, Band II 33, § 5 VZOG, Rdnr. 3-5.

wenn die *Bundesregierung*, wie vom *Bundesrat* gewünscht,[131] die ein übliches Zuordnungsverfahren nach dem *Vermögenszuordnungsgesetz* als erforderlich nahelegenden Worte "nach den in § 1 genannten Vorschriften" gestrichen hätte.

3. Der Anwendungsbereich des § 12 Abs. 1 ThürStrG

Der vorliegend untersuchte Fall fällt nicht in den Anwendungsbereich des § 12 Abs. 1 ThürStrG.

Der thüringische Gesetzgeber eröffnete ab dem Inkrafttreten des *Thüringer Straßengesetzes* am 14. Mai 1993 in § 12 Abs. 1 ThürStrG die Möglichkeit einer vereinfachten Grundbuchberichtigung im Anschluß an einen Wechsel der Straßenbaulast und des Eigentums an einer Straße gemäß § 11 Abs. 1 ThürStrG. Diese Regelung entspricht dem für Bundesfernstraßen geltenden § 6 Abs. 3 FStrG. Im Gegensatz hierzu knüpfen die Sätze 2 und 3 des § 5 Abs. 2 VZOG an einen Eigentumserwerb auf der Grundlage von Art. 21 Abs. 2 EV an. Zur Erläuterung sei hier folgender Fall genannt: Eine zu DDR-Zeiten volkseigene Straße wird zum 3. Oktober 1990 als öffentliche Kreisstraße genutzt. Später erfolgt wegen einer Veränderung des Verkehrsaufkommens nur noch eine Nutzung als Gemeindestraße, und im Rahmen einer Herabstufung der Kreisstraße zur Gemeindestraße übernimmt die Belegenheitsgemeinde die Straßenbaulast für die Straße. In diesem Fall erwarb der Belegenheitskreis am 3. Oktober 1990 auf der Grundlage von Art. 21 Abs. 2 EV das Eigentum an der betroffenen Bodenfläche und gemäß § 5 Abs. 2 Sätze 2 und 3 VZOG i.V.m. einer analogen Anwendung des § 6 Abs. 3 FStrG hätte der Kreis in vereinfachter Form die Grundbuchberichtigung betreiben können. Mit der Übernahme der Straßenbaulastverpflichtung durch die Belegenheitsgemeinde erwarb diese gemäß § 11 Abs. 1 Satz 1 ThürStrG das Eigentum an der Bodenfläche und gemäß § 12 Abs. 1 ThürStrG kann nunmehr die Gemeinde eine vereinfachte Grundbuchberichtigung betreiben.[132] Hinsichtlich der in dem Beispiel genannten Bodenfläche hatte der Einigungsgesetzgeber seine Aufgabe, das ehemalige Volkseigentum neu zu verteilen, am 3. Oktober 1990 erfüllt. Die Belegenheitsgemeinde kann die vereinfachte Grundbuchberichtigung deswegen nicht auf der Grundlage von § 5 Abs. 2 Sätze 2 und 3 VZOG in Verbindung mit einer analogen Anwendung des § 6 Abs. 3 FStrG betreiben. Die tatsächliche Nutzung der Fläche nur noch zu Zwecken einer Gemeindestraße begann nämlich erst nach dem 3. Oktober 1990.

Der Belegenheitsgemeinde steht in dem oben unter 1. dargelegten Fall die Möglichkeit einer vereinfachten Grundbuchberichtigung auf der Grundlage von § 12 Abs. 1 ThürStrG nicht offen, weil die Fläche zu keinem Zeitpunkt als Gemeindestraße genutzt wurde.

---

[131] BT-Drs. 12/5553, Anlage 2, Nummer 84 (S. 203).

[132] So z.B. *Stellwaag*, in: Rädler/Raupach/Bezzenberger, Vermögen in der ehemaligen DDR, Band III Teil 3 B II, § 5 VZOG, Rdnr. 10.

4. Der mit dem gesetzlichen Junktim von Wechsel der Straßenbaulast und zivilrechtlichem Eigentum verfolgte Zweck

Da bei öffentlichen Straßen sowohl der Bundesgesetzgeber in § 6 Abs. 1 Satz 1 FStrG als auch die Landesgesetzgeber, so z.B. in § 11 Abs. 1 Satz 1 ThürStrG, und auch der Gesetzgeber bei der Regelung des künftigen Schicksals des ehemaligen Volkseigentums im *Einigungsvertrag* in den Sätzen 1 und 2 der Maßgabe b) zum *Bundesfernstraßengesetz* und im *Vermögenszuordnungsgesetz* in § 5 Abs. 2 Satz 2 an die Übernahme der Straßenbaulastträgerschaft kraft Gesetzes den Erwerb des Eigentums knüpfen, soll nachfolgend auf den mit diesem Junktim verfolgten gesetzgeberischen Zweck näher eingegangen werden.

Ein Beispiel für einen Wechsel der Straßenbaulast auf eine Kommune ist z.B. die Ausdehnung des Gebiets einer Gemeinde mit mehr als 80.000 Einwohnern in einer Richtung, aus der eine Bundesfernstraße auf die Kommune zuführt. Mit der Erweiterung des Gemeindegebiets wird die Kommune nach § 6 Abs. 2 Satz 1 FStrG für den Teil der Bundesfernstraße, der nunmehr im Gemeindegebiet liegt, zur Trägerin der Straßenbaulast. Den vorliegend zu untersuchenden Fall betreffend sind jedoch aus der Sicht des Grundbuchamtes auch in der freien Feldflur, d.h. außerhalb des bebauten Gebiets von Gemeinden, Fälle denkbar, in denen die Straßenbaulast auf die Belegenheitsgemeinde übergeht: Wenn z.B. eine aus Betonplatten errichtete und als Kreisstraße gewidmete Straße nicht mehr als Kreisstraße i.S.d. § 3 Abs. 1 Nr. 2 ThürStrG genutzt wird, sondern nur noch als Gemeindestraße i.S.d. § 3 Abs. 1 Nr. 3 ThürStrG, hat gemäß § 7 Abs. 2 ThürStrG eine Umstufung, in diesem Fall eine Abstufung, zu erfolgen mit der Konsequenz, daß gemäß § 43 Abs. 1 Satz 3 ThürStrG auch der Träger der Straßenbaulast wechselt.

Die Verklammerung von Straßenbaulast und Eigentum, d.h. die Regelung, wonach der Straßenbaulast kraft Gesetzes das Eigentum folgt, bezweckt insbesondere, dem Straßenbaulastträger stets auch diejenigen Befugnisse zu gewähren, die sich aus dem zivilrechtlichen Eigentum ergeben. Bei einer Trennung der Rechte und Pflichten des Straßeneigentümers von den Aufgaben und Befugnissen des Straßenbaulastträgers werden bei Verfügungen und Maßnahmen, die sowohl das Eigentum als auch die Straßenbaulast betreffen, die Verwaltung der Straßen und der Rechtsschutz erschwert, weil zwei verschiedene Träger von Rechten zusammenwirken müssen.[133] Zur Verdeutlichung sollen nachfolgend kurz die im Rahmen eines Straßenbaulastwechsels relevanten Eigentumsverhältnisse dargelegt werden.

---

[133] *Krämer*, in: Kodal/Krämer, Straßenrecht, Kapitel 5, Rdnr. 26.5..

a) Zum Eigentum am Straßengrundstück und zum Eigentum am Straßenkörper

Bei einer Straße ist zwischen dem Straßengrundstück und dem Straßenkörper zu unterscheiden. In der Bundesrepublik Deutschland kommen grundsätzlich die Normen des bürgerlich-rechtlichen Eigentums gemäß § 903 BGB zur Anwendung. Daneben existiert noch das Institut des öffentlichen Eigentums. Das *Bundesverwaltungsgericht*[134] umschreibt dieses Rechtsinstitut wie folgt: "Das öffentliche Eigentum begründet eine hoheitliche Sachherrschaft. Die in öffentlichem Eigentum stehenden Gegenstände sind dem Rechtsverkehr entzogen. Die Vorschriften des bürgerlichen Rechts, insbesondere über den Besitz und das Eigentum, finden keine Anwendung." Dieses Institut stammt aus dem römischen Recht und wurde insbesondere im Gebiet des französischen Rechts normiert. In den französisch-rechtlichen Teilen der Rheinprovinz blieb es als "domaine public" i.S.v. Art. 538 des Code civil erhalten. Mit Inkrafttreten des *Bürgerlichen Gesetzbuchs* wurde das öffentliche Eigentum als Rechtsinstitut nicht beseitigt. Sowohl dem Bund als auch den Ländern ist es nicht verwehrt, in Einzelfällen Gegenstände in öffentliches Eigentum zu überführen.[135] Im Landesrecht werden an mehreren Stellen Gegenstände der Privatrechtsordnung entzogen und dem öffentlichen Eigentum unterstellt:[136] Nach § 4 Abs. 1 Satz 1 HWG[137] stehen Grundflächen, die als öffentliche Wege gewidmet sind und der Freien und Hansestadt Hamburg gehören, im Eigentum der Freien und Hansestadt Hamburg. Das gleiche gilt auch nach § 4a Abs. 1 Satz 1 HWaG[138] für Hochwasserschutzanlagen, die auf Grund einer in das Wasserbuch eingetragenen Planfeststellung oder Genehmigung errichtet worden sind und der Freien und Hansestadt Hamburg gehören. In Baden-Württemberg steht nach § 4 Abs. 1 Satz 1 WG[139] das Bett eines Gewässers erster Ordnung im öffentlichen Eigentum des Landes, das eines Gewässers zweiter Ordnung innerhalb des Gemeindegebietes im öffentlichen Eigentum der Gemeinde. Das *Bundesverwaltungsgericht*[140] und das *Bundesverfassungsgericht*[141] bestätigen das Rechtsinstitut des öffentlichen Eigentums. Der thüringische Landesgesetzgeber hat darauf verzichtet, die Wege und Straßen einer öffentlichen Eigentumsordnung zu unterstellen. Damit

---

[134] *BVerwG*, Urt. v. 26. Mai 1967, DVBl 1967, 917 (919).
[135] Vgl. zum ganzen: *BVerwG*, Urt. v. 26. Mai 1967, DVBl 1967, 917 f..
[136] Vgl. dazu: *Bassenge*, in: Palandt, Kommentar zum BGB, § 903, Rdnr. 1.
[137] *Hamburgisches Wegegesetz* (HWG), zuletzt geändert durch Gesetz vom 18. Juli 2001 (GVBl. S. 251).
[138] *Hamburgisches Wassergesetz* (HWaG), zuletzt geändert durch Gesetz vom 18. Juli 2001 (GVBl S.251).
[139] *Wassergesetz für Baden-Württemberg* (WG), in der Fassung der Bekanntmachung vom 1. Januar 1999 (GBl. S. 1).
[140] Urt. v. 26. Mai 1987, DVBl. 1967, 917 (918), zu § 4 des Hamburgischen Wegegesetzes.
[141] Beschl. v. 10. März 1976, NJW 1976, 1835 (1836), zu § 4 des Hamburgischen Wegegesetzes; Urt. vom 18. Dezember 1968, NJW 1969, 309 (310), zu § 4a des Hamburgischen Wassergesetzes.

sind in Thüringen sowohl hinsichtlich des Straßenkörpers als auch hinsichtlich des Straßengrundstücks die eigentumsrechtlichen Normen des *Bürgerlichen Gesetzbuches* anwendbar.

Steht neben dem Straßenkörper auch noch das Straßengrundstück im Eigentum des Baulastträgers, handelt es sich bei dem Straßenkörper um einen wesentlichen Bestandteil i.S.d. § 94 Abs. 1 Satz 1 BGB des Straßengrundstücks. Der Straßenkörper ist in diesem Fall nicht sonderrechtsfähig. Ist der Straßenbaulastträger nicht Eigentümer des Straßengrundstücks, weil sich dieses z.B. noch in Privateigentum befindet und ein Eigentumserwerb nach § 13 Abs. 1 ThürStrG noch nicht stattgefunden hat, ist hinsichtlich des Eigentums am Straßenkörper zu unterscheiden: Hat der Straßenbaulastträger den Straßenkörper mit dem Straßengrundstück auf der Grundlage einer dinglichen Berechtigung, etwa einer Grunddienstbarkeit, verbunden, kommt § 95 Abs. 1 Satz 2 BGB zur Anwendung, weil das Straßengrundstück in Ausübung eines - dinglichen -[142] Rechts mit einem Werk, nämlich dem Straßenkörper, verbunden wurde. In diesem Fall besteht am Straßenkörper ein vom Grundeigentum getrenntes Sondereigentum, welches dem Straßenbaulastträger zusteht, weil dieser die Verbindung hergestellt hat. Wenn hingegen der Straßenbaulastträger nur schuldrechtlich zur Errichtung des Straßenkörpers ermächtigt ist, bleibt es beim Grundsatz des § 94 Abs. 1 Satz 1 BGB und der private Eigentümer des Straßengrundstücks wird auch Eigentümer des Straßenkörpers.[143]

b) Zur Grenzziehung zwischen der öffentlich-rechtlichen und der privatrechtlichen Sachherrschaft

Abschließend soll auf die Reichweite der aus den soeben dargelegten privatrechtlichen Eigentumspositionen folgenden Sachherrschaft eingegangen werden.

Sowohl das Eigentum am Straßengrundstück als auch das Eigentum am Straßenkörper werden "überlagert" oder "modifiziert" durch die im Rahmen der öffentlichen Zweckbestimmung bestehende und durch die Widmung begründete öffentliche Sachherrschaft. Öffentliche und private Sachherrschaft stehen "dualistisch" nebeneinander.[144] Bei der Überlagerung des privaten Eigentums handelt es sich um staatliche Hoheitsgewalt. Alle diesem Herrschaftsbereich zuzurechnenden Entscheidungen sind öffentlich-rechtlicher Natur. Die übrigen Entscheidungen betreffen einen dem § 903 BGB unterfallenden Herrschaftsbereich und haben deshalb privatrechtlichen Charakter.

Der Straßenkörper unterliegt vollständig der öffentlichen Sachherrschaft. Die sich aus dem zivilrechtlichen Eigentum ergebenden Befugnisse sind faktisch auf Null reduziert. Beim Straßengrundstück hingegen deckt die öffentliche Sachherrschaft nicht sämtliche Herrschaftsbereiche ab. Die Benutzung von Seitenstreifen oder

---

[142] *Heinrichs*, in: Palandt, Kommentar zum BGB, § 95, Rdnr. 5.
[143] Siehe dazu auch: *Krämer*, in: Kodal/Krämer, Straßenrecht, Kapitel 5, Rdnr. 17 f..
[144] Siehe dazu auch *Krämer*, in: Kodal/Krämer, Straßenrecht, Kapitel 5, Rn. 21.2 und Rdnr. 13.

Böschungen als Grasflächen zur Futtergewinnung oder als Streuobstflächen und die Vermietung oder Verpachtung von Restflächen neben dem Straßenkörper zu Lagerzwecken sind Beispiele, in denen die Genehmigungen bzw. Erlaubnisse ihre Rechtsgrundlage in § 903 BGB haben.[145] Auch Ansprüche im Rahmen der Unterhaltung oder bei der Wahrnehmung nachbarlicher Beziehungen können ihre Grundlage im Zivilrecht haben.[146]

Um dem Straßenbaulastträger neben der Verfügungsmacht über die der öffentlichen Sachherrschaft zugehörigen Rechtsverhältnisse zugleich auch noch diejenige über die im Zivilrecht wurzelnden Rechtsverhältnisse einzuräumen, macht es damit Sinn, kraft Gesetzes der Straßenbaulast das Eigentum folgen zu lassen. Die Geltung dieses im *Fernstraßengesetz* des Bundes und in den Straßengesetzen der Länder verankerten Grundsatzes hat der Gesetzgeber auch im Gebiet der neuen Länder bei der Aufteilung des ehemaligen Volkseigentums angeordnet, die Bundesfernstraßen betreffend in der Maßgabe b) des *Einigungsvertrags* zum *Bundesfernstraßengesetz* und die straßenwegerechtlich öffentlichen Straßen der Länder, Kreise und Kommunen betreffend in Art. 21 Abs. 2 EV.

5. Zur Rechtsposition der neu im Grundbuch als Eigentümerin eingetragenen Belegenheitskommune

Bei dem oben unter 1. dargelegten Sachverhalt liegen die Voraussetzungen eines materiellrechtlichen Eigentumserwerbs der Belegenheitsgemeinde nicht vor. Die Flächen wurden nach einer wirksamen Entwidmung zu DDR-Zeiten am 3. Oktober 1990 und auch in der Zeit danach als Acker genutzt. Damit konnte die Gemeinde weder gemäß Art. 21 Abs. 2 EV mit Beginn des 3. Oktober 1990 Eigentum an dem Grundstück erwerben, weil die Fläche nicht als kommunales Verwaltungsvermögen, speziell als in der Straßenbaulast der Gemeinde stehende öffentliche Straße, genutzt wurde, noch gemäß § 11 Abs. 1 ThürStrG, weil nach dem 3. Oktober 1990 ein in dieser Norm vorausgesetzter Übergang der Straßenbaulast von einer anderen Gebietskörperschaft auf die Belegenheitsgemeinde nicht erfolgte.

Die Belegenheitskommune erwarb somit durch die von ihr veranlaßte Grundbuchumschreibung lediglich eine "Buchberechtigung", die jedoch nach § 892 Abs. 1 Satz 1 BGB Grundlage für den gutgläubigen Erwerb eines Dritten sein kann.

Da die Eintragung der Belegenheitsgemeinde als Eigentümerin der Umsetzung einer Eigenerklärung der Belegenheitsgemeinde entweder gemäß § 5 Abs. 2 Sätze 2 und 3 VZOG i.V.m. einer analogen Anwendung des § 6 Abs. 3 Satz 3 FStrG oder gemäß § 12 Abs. 1 Satz 3 ThürStrG dienen sollte und nicht dem Vollzug eines rechtsgeschäftlichen Erwerbs der Belegenheitsgemeinde, konnte diese das Eigen-

---

[145] Weitere Beispiele siehe *Krämer*, in: Kodal/Krämer, Straßenrecht, Kapitel 5, Rdnr. 19.
[146] *Krämer*, in: Kodal/Krämer, Straßenrecht, Kapitel 5, Rn. 28.2.

tum an dem Grundstück auch nicht mit der Eintragung gutgläubig auf der Grundlage von § 892 Abs. 1 BGB erwerben.

6. Zum Grundbuchberichtigungsanspruch des vorher eingetragenen Eigentümers

In dem oben unter 1. genannten Fall stellt sich die Frage nach dem Kreis der durch die Grundbuchumschreibung in eigenen Rechten Verletzten (dazu unten a)), nach der verletzten Rechtsposition (dazu unten b)) und nach den Möglichkeiten der Beeinträchtigten, die Grundbuchberichtigung zu betreiben (dazu unten c)).

a) Der Kreis der Betroffenen

Durch die Grundbuchumschreibung erwirbt die Gemeinde ein "Buchrecht", eine "Buchberechtigung". Als durch das unrichtige Grundbuch Beeinträchtigte kommen mehrere Rechtspersonen in Betracht: Zum einen die vorher als Eigentümer eingetragenen natürlichen oder juristischen Person, zu denen auch die Gebietskörperschaften des öffentlichen Rechts gehören, und zum anderen die Gebietskörperschaften in ihrer Eigenschaft als Inhaber von Zuordnungsansprüchen, insbesondere von Restitutionsansprüchen, wenn das Grundbuch als Eigentumsangabe noch "Eigentum des Volkes" enthält.

In den zuletzt genannten Fällen verbietet der Gesetzgeber im 2. Halbsatz des § 5 Abs. 2 Satz 2 VZOG die vereinfachte Grundbuchberichtigung mit der Konsequenz, daß im Rahmen des üblichen Zuordnungsverfahrens nach dem *Vermögenszuordnungsgesetz* eine umfassende Prüfung der nach dem *Einigungsvertrag* gewollten Eigentumszuweisung zu erfolgen hat.[147] Bei der zu untersuchenden Problematik sind insbesondere Restitutionsansprüche des Belegenheitskreises oder des Belegenheitslandes für heute landwirtschaftlich genutzte Grundstücke vorstellbar. § 5 Abs. 2 Satz 2, 2. Halbsatz VZOG verbietet das vereinfachte Grundbuchberichtigungsverfahren für Grundstücke, bei denen im Rahmen des Zuordnungsrechts die Zuständigkeit der Zuordnungsstelle zur Bescheidung von Restitutionsanträgen aus § 1 Abs. 1 Satz 1 Nr. 1 VZOG folgt. Im vorliegend untersuchten Fall trifft dies für diejenigen Grundstücke zu, die auf der Grundlage der *3. Durchführungsverordnung zum Treuhandgesetz* als landwirtschaftliches Vermögen der Treuhandanstalt, mittlerweile umbenannt in Bundesanstalt für vereinigungsbedingte Sonderaufgaben, zur Verwaltung übertragen wurden.[148] Bestand für ein solches, landwirtschaftlich genutztes Grundstück ein Restitutionsanspruch, so hätte das vereinfachte Grundbuchberichtigungsverfahren nicht angewendet werden dürfen und Betroffener ist in diesen Fällen die restitutionsberechtigte Gebietskörperschaft, z.B. der Belegenheitskreis oder das Belegenheitsland.

---

[147] Siehe dazu *Schmitt-Habersack*, in: Kimme, Offene Vermögensfragen, Band II 33, § 5 VZOG, Rdnr. 5.

[148] Siehe dazu *Schmitt-Habersack/Dick*, in: Kimme, Offene Vermögensfragen, Band II 33, § 1 VZOG, Rdnr. 2, dritter und siebter Spiegelstrich.

b) Die beeinträchtigte Rechtsposition

Verletzt wäre entweder die sich aus dem zivilrechtliche Eigentum nach § 903 BGB oder aus den Artikeln 21 oder 22 EV ergebende Rechtsposition.

c) Die Möglichkeiten der Beeinträchtigten, die Grundbuchberichtigung zu betreiben

Das Interesse derjenigen, die vor der Umschreibung im Grundbuch als Eigentümer eingetragen waren, geht dahin, wieder ins Grundbuch als Eigentümer eingetragen zu werden. Wegen dem Bewilligungsgrundsatz, welcher der wichtigste Grundsatz des Grundbuchrechts darstellt,[149] ist dies nur möglich, wenn die Kommune als eingetragener Eigentümer die Umschreibung auf den vorherigen Eigentümer bewilligt oder diese Bewilligung ersetzt wird, etwa durch ein die Kommune zur Abgabe einer derartigen Erklärung verpflichtendes Urteil oder eine dahingehende einstweilige Verfügung.

Der vorher eingetragene Eigentümer ist insofern durch die Grundbuchumschreibung beeinträchtigt, als zu seinen Gunsten die Vermutungswirkung des § 891 Abs. 1 BGB[150] nicht mehr eingreift und ihm die Möglichkeit z.B. der Ersitzung des Grundstücks nach § 900 Abs. 1 Satz 1 BGB[151] nicht mehr offen steht. Zur Beseitigung dieser Beeinträchtigung gewährt § 894 BGB, wenn die formale Grundbuchlage mit der materiellen Rechtslage nicht übereinstimmt, einen Anspruch auf Abgabe einer die Eintragung des vorherigen Eigentümers bezweckenden, den formalen Anforderungen der Grundbuchordnung genügenden Erklärung, d.h. einer Berichtigungsbewilligung gemäß § 13 Abs. 1 GBO. Der vorher eingetragene Eigentümer kann zur Sicherung seines materiellen Eigentumsrechts im Grundbuch einen Widerspruch nach § 899 Abs. 1 BGB eintragen lassen, etwa auf Grund einer dahingehenden einstweiligen Verfügung nach §§ 935, 938 Abs. 1 ZPO i.V.m. § 899 Abs. 2 BGB.

Neben § 894 BGB ergibt sich für die Beeinträchtigten ein inhaltsgleicher Anspruch aus dem Bereicherungsrecht: Die Kommune erlangte "etwas", nämlich die Buchposition eines Eigentümers. Sie hat das Erlangte ohne Rechtsgrund, ohne causa, inne, weil ein Eigentumswechsel auf materieller Ebene nach § 11 Abs. 1 Satz 1 ThürStrG nicht erfolgte. Erlangt hat die Kommune diese Bereicherung nicht durch Leistung des vorher eingetragenen Eigentümers, etwa durch eine dingliche Übereignung des vorherigen Eigentümers auf der Grundlage einer entsprechenden schuldrechtlichen Verpflichtung, sondern "in sonstiger Weise". Die Kommune

---

[149] *Baur/Stürner*, Sachenrecht, § 18, Rdnr. 28.

[150] Nach § 891 Abs. 1 BGB wird, wenn für jemand im Grundbuch ein Recht eingetragen ist, vermutet, daß ihm das Recht zustehe.

[151] Nach § 900 Abs. 1 Satz 1 BGB erwirbt derjenige, der dreißig Jahre als Eigentümer eines Grundstücks im Grundbuch eingetragen ist, ohne daß er das Eigentum erlangt hat, das Eigentum an dem Grundstück, wenn er während dieser Zeit das Grundstück im Eigenbesitze gehabt hat.

stellte beim Grundbuchamt einen Umschreibungsantrag, z.B. nach § 12 Abs. 1 Satz 1 ThürStrG in Verbindung mit einer Erklärung nach § 12 Abs. 1 Satz 3 ThürStrG, daß ihr das Eigentum an dem betroffenen Vermögenswert zustehe. Als Rechtsfolge ergibt sich bei der Eingriffskondiktion nach § 812 Abs. 1 Satz 1, 2. Alt. BGB ein Anspruch auf Herausgabe des Erlangten. Herauszugeben ist die Buchposition. Wegen des Antragsgrundsatzes im Grundbuchrecht ist die Herausgabe einer Buchposition wiederum nur durch Abgabe einer entsprechenden Bewilligungserklärung nach § 13 GBO möglich. Da dieser Konditionsanspruch ebenso wie der Grundbuchberichtigungsanspruch aus § 894 BGB einen Anspruch auf Herausgabe der Buchposition gewährt, ist er neben dem Anspruch aus § 894 BGB praktisch bedeutungslos.[152]

7. Ergebnis

Es bleibt festzuhalten, daß in dem oben unter 1. geschilderten Fall die Kommune zwar in einem vereinfachten Grundbuchberichtigungsverfahren ihre Eintragung als Eigentümerin im Grundbuch bewirken kann, für den vorher eingetragenen Eigentümer jedoch Möglichkeiten bestehen, den Erwerb dieser Buchposition durch die Gemeinde wieder rückgängig zu machen.

C. Die Möglichkeit der Kommunen, auf der Grundlage von § 8 Abs. 1 Satz 1 Ziffer a) VZOG über volkseigenes Vermögen in der Rechtsträgerschaft eines ehemaligen Rats einer Gemeinde oder Stadt zu verfügen

Das *Vermögenszuordnungsgesetz* gewährt den Kommunen in § 8 Abs. 1 Satz 1 Ziffer a) eine Möglichkeit, über laut Grundbuch in Volkseigentum stehende Grundstücke zu verfügen: "Zur Verfügung über Grundstücke [...], die im Grundbuch oder Bestandsblatt noch als Eigentum des Volkes eingetragen sind, sind unabhängig von der Richtigkeit dieser Eintragung befugt: a) die Gemeinden, Städte [und ...], wenn sie selbst oder ihre Organe [...] im Zeitpunkt der Verfügung als Rechtsträger des betroffenen Grundstücks [...] eingetragen sind, [...]."

Die im Gebiet der neuen Länder vom Bundesgesetzgeber geschaffenen Verfügungsbefugnisse beziehen sich zumeist auf Immobilien, die laut Grundbuch in Eigentum des Volkes stehen. Bei fast jeder größeren, mit dem Erwerb von Grundstücken verbundenen Investition in den neuen Ländern ist der Investor nicht nur auf die Mitwirkung betroffener Privateigentümer angewiesen, sondern auch auf die Möglichkeit des Erwerbs von laut Grundbuch volkseigenen Immobilien. Die angestrebte Schaffung "blühender Landschaften" wäre ohne die gesetzlichen Verfügungsbefugnisse über ehemaliges Volkseigentum damit nicht möglich.

Objekt des zu Verfügungen ermächtigenden § 8 Abs. 1 Satz 1 VZOG sind Grundstücke, die laut Grundbuch im "Eigentum des Volkes" stehen. Deshalb soll zu-

---

[152] *Baur/Stürner*, Sachenrecht, § 18, Rdnr. 32 f..

nächst auf diesen in Deutschland nur im Bereich der ehemaligen Deutschen Demokratischen Republik anzutreffenden Begriff des "Volkseigentums" eingegangen werden.

1. Zum Institut des "Volkseigentums"

Im Rechtssystem der Bundesrepublik handelt es sich bei Eigentum des Staates um Privateigentum des Staates, d.h. um zivilrechtliches Eigentum nach § 903 BGB, welches dem Bund oder den Ländern als Gebietskörperschaften und damit als juristischen Personen zusteht. Ausnahmen bilden hierbei nur die wenigen Fälle des sog. öffentlichen Eigentums.[153]

Das Rechtsinstitut des Volkseigentums wurde in Deutschland nach dem 8. Mai 1945 im Gebiet der sowjetisch besetzten Zone eingeführt. Der politische Hintergrund bei der Schaffung dieses Rechtsinstituts ist in dem Ziel der Vergesellschaftung aller Produktionsmittel, d.h. auch von Grund und Boden, zu sehen.[154] In Rußland verkörperte das "Volkseigentum" ein tragendes Element des marxistisch-leninistischen Staatsaufbaus. Dem entsprechend war in der Deutschen Demokratischen Republik Träger oder Inhaber des Eigentumsrechts unmittelbar das Staatsvolk in seiner Gesamtheit, Volkseigentum war "gesamtgesellschaftliches Eigentum"[155], d.h. "Eigentum des gesamten Volkes"[156]. Eigentümer des gesamtgesellschaftlichen Volkseigentums sei das gesamte Volk gewesen, das durch den sozialistischen Staat seine Eigentümerrechte wahrgenommen habe.[157] Trotzdem wurde als Rechtssubjekt des Volkseigentums "der sozialistische Staat" angesehen mit der - nicht unbedingt logischen - Begründung, er sei der Repräsentant der sozialistischen Gesellschaft.[158] *Mampel*[159] führt zunächst aus, daß die Gesellschaft insgesamt Subjekt des gesamtgesellschaftlichen Volkseigentums i.S.d. Art. 10 Abs. 1 Satz 1 Verfassung DDR sei; da der sozialistische Staat jedoch gemäß Art. 12 Abs. 2 Satz 1 Verfassung DDR die Nutzung des Volkseigentums zu gewährleisten habe, stehe ihm die oberste Verfügungsgewalt über das Volkseigentum zu mit der Konsequenz, daß das Volkseigentum damit zum Staatseigentum werde. Der *Bundesgerichtshof*[160] und

---

[153] Siehe zu den Ausnahmen oben B. 4. a), auf Seite 38.

[154] *Kiethe*, in: Rechtshandbuch Vermögen und Investitionen in der ehemaligen DDR, Band I SystDarst II, Rdnr. 79 und 82 f..

[155] So Ministerium der Justiz (Hrsg.): Kommentar zum Zivilgesetzbuch der DDR vom 19. Juni 2000 und zum Einführungsgesetz zum Zivilgesetzbuch der DDR vom 19. Juni 2000, 1985, § 18, Rdnr. 2.

[156] *Klinkert/Oehler/Rohde*, Eigentumsrecht Nutzung von Grundstücken und Gebäuden zum Wohnen und zur Erholung, 1979, S. 18.

[157] Siehe *Sorgenicht/Weichelt/Riemann/Semler* (Hrsg.): Verfassung der Deutschen Demokratischen Republik, Band 1, 1969, Artikel 10, Ziffer 2.

[158] Siehe dazu *Horn*, Das Zivil- und Wirtschaftsrecht im neuen Bundesgebiet, § 11, Rdnr. 3.

[159] *Mampel*, Die sozialistische Verfassung der Deutschen Demokratischen Republik, Art. 10, Rdnr. 13..

[160] Urteil vom 9. Februar 1995, WM 1995, 990 ff. (991).

Bassenge[161] vertreten die Auffassung, daß der sozialistische Staat ausschließlicher Inhaber des Volkseigentums war.

Das Volkseigentum bildete eine von mehreren in der Deutschen Demokratischen Republik bestehenden unterschiedlichen Gattungen von Eigentum.[162] Da das Volkseigentum die wichtigste Eigentumsart im sozialistischen Staat darstellte, genoß es mehrere Privilegierungen:[163] Volkseigentum konnte z.B. nicht verpfändet, gepfändet oder belastet werden nach § 20 Abs. 3 Satz 2 ZGB, ein gutgläubiger Erwerb volkseigener Grundstücke von einem Nichtberechtigten war nicht möglich nach § 8 Abs. 1 Satz 3 GDO, ebensowenig die Ersitzung beweglichen Volkseigentums nach § 32 Abs. 2 Satz 2 ZGB.

2. Zur Entstehung von Volkseigentum an landwirtschaftlich genutzten Grundstücken in Thüringen

Bei der den Gegenstand der Untersuchung bildenden Problematik der Wiederanlegung eines Wirtschaftswegenetzes ist das Vorhandensein von landwirtschaftlicher Nutzfläche, die als Tauschland für die zur Errichtung des Wegenetzes benötigte landwirtschaftliche Nutzfläche dienen kann, von großer Bedeutung. Neben den wenigen Möglichkeiten der Einbringung von nicht in Volkseigentum stehenden Flächen als Tauschland lohnt sich die Prüfung, ob auf die ca. 800.000 ha landwirtschaftlich genutzten, in den neuen Ländern gelegenen und laut Grundbuch in Volkseigentum stehenden Grundstücke zur Lösung der den Gegenstand der Untersuchung bildenden Problematik zugegriffen werden könnte. Deshalb soll nachfolgend auf die historischen Wurzeln der heute in thüringischen Grundbüchern als volkseigen ausgewiesenen und landwirtschaftlich genutzten Flächen näher eingegangen werden.

---

[161] *Ders.*, in: Palandt, Kommentar zum Bürgerlichen Gesetzbuch, Art. 233 EGBGB, § 2, Rdnr. 4.

[162] Die sozialistische Verfassung der Deutschen Demokratischen Republik und das Zivilgesetzbuch unterschieden beim *sozialistischen Eigentum* die Unterarten des *Volkseigentums*, des *Eigentums sozialistischer Genossenschaften* und des *Eigentums gesellschaftlicher Organisationen* (Art. 10 Abs. 1 Verfassung DDR und §§ 17 bis 21 ZGB). Daneben gab es *das persönliche Eigentum*, das den sozialen und kulturellen Bedürfnissen der Bürger diente (§§ 22 bis 24 ZGB) und das *Privateigentum*, dem z.B. das Eigentum an Grundstücken, die nicht dem Wohnen oder der Erholung der Bürger dienten, zugerechnet wurde. Zum Institut des Privateigentums in der DDR siehe oben Erster Teil, 3. Kapitel, F., Fn. 39, auf Seite 7 (Seite 9).

[163] Siehe dazu *Mampel*, Die sozialistische Verfassung der Deutschen Demokratischen Republik, Art. 10, Rdnr. 8 f.

Diese Vermögenswerte stammen im wesentlichen entweder aus der Bodenreform (dazu unten a)) oder aus der Enteignung der ehemaligen Fürstenhäuser (dazu unten b)).

a) Die Bodenreform-Enteignungen

Die sog. "demokratische Bodenreform" wurde in der sowjetisch besetzten Zone aufgrund von Vorschriften durchgeführt, welche die von der sowjetischen Besatzungsmacht eingesetzten Landes- und Provinzialverwaltungen im September 1945 mit im wesentlichen gleichem Inhalt erlassen hatten.[164]

Grundlage für die Bodenreform in Thüringen war das *Gesetz über die Bodenreform im Lande Thüringen* vom 10. September 1945[165]. Das agrarstrukturelle Ziel der Bodenreform lag in der Zuteilung von landwirtschaftlicher Nutzfläche an landlose oder landarme Bauern, darunter auch an diejenigen Bauern, die aus anderen Staaten in das Gebiet der sowjetisch besetzten Zone umgesiedelt waren.[166]

Nach Artikel I Absätze 2 bis 4 des Gesetzes wurde zu diesem Zweck Grundbesitz enteignet, und zwar derjenige von Kriegsverbrechern und Kriegsschuldigen, von Naziführern, aktiven Verfechtern der Nazipartei und führenden Persönlichkeiten des Hitlerstaates und von sog. Großgrundbesitzern, d.h. von Bauern, die Eigentümer von mehr als 100 ha landwirtschaftlicher Nutzfläche waren.

Zur Durchführung der Landverteilung im Rahmen der Bodenreform bildete man aus dem enteigneten Grundbesitz nach Artikel I Ziffer 1 des Gesetzes über die Bodenreform den sog. "Bodenfonds" als rechtlich verselbständigte Vermögensmasse, dessen Verwaltung zunächst den auf Gemeinde-, Kreis- und Landesebene bestehenden Bodenreformkommissionen oblag[167] und später den Räten der Bezirke und Kreise.[168]

Auch bei dem im Eigentum des Landes Thüringen stehenden landwirtschaftlichen Grundbesitz erfolgte auf der Grundlage von Artikel II Abs. 4 des *Gesetzes über die Bodenreform im Lande Thüringen* vom 10. September 1945 eine Einbeziehung in den Bodenfonds der Bodenreform, sofern die Flächen nicht für andere Zwecke be-

---

[164] So das *Bundesverfassungsgericht* in einem Urteil vom 23. April 1991, E 84, 90 (96); weitere Ausführungen des Gerichts zur Bodenreform auf den Seiten 96 bis 100 dieses Urteils. Siehe zur Bodenreform auch *Zimmermann*, in: Rechtshandbuch Vermögen und Investitionen in der ehemaligen DDR, Band II B 115, Einf AusglLeistG, Rdnr. 33 bis 45.
[165] RegBl. I S. 13 (abgedruckt in: Fieberg/Reichenbach, Enteignung und Offene Vermögensfragen in der ehemaligen DDR, Band I, Nr. 2.10.1 und in: Rechtshandbuch Vermögen und Investitionen in der ehemaligen DDR, Band IV Dok I 29).
[166] Vgl. dazu die Präambel des Gesetzes.
[167] *Schmitt-Habersack*, in: Kimme, Offene Vermögensfragen, Band II 31, Art. 21 EV, Rdnr. 38.
[168] Siehe dazu die Anordnung über die Übertragung der Aufgaben der Kommissionen zur Durchführung der Bodenreform auf die Räte der Bezirke und Kreise vom 4. August 1954 (Zentralblatt 1954, S. 400).

nötigt wurden, z.B. zum Betreiben einer staatlichen Lehr- und Versuchsanstalt. Das Land Thüringen war im Mai 1920 als Einheitsstaat entstanden:[169] Mit Wirkung zum 1. Mai 1920 wurden die sieben Länder Sachsen-Weimar-Eisenach, Sachsen-Meiningen, Reuß, Sachsen-Altenburg, Sachsen-Gotha ohne das Gebiet von Coburg, Schwarzburg-Rudolstadt und Schwarzburg-Sondershausen durch ein Reichsgesetz[170] "zu einem Lande Thüringen" vereinigt. Der Landtag von Thüringen beschloß am 11. März 1921 die *Verfassung des Landes Thüringen*[171] und erklärt in § 1 der Verfassung das Land Thüringen zum Freistaat.[172] Nach § 67 dieser Verfassung betrachtete sich das Land Thüringen als Rechtsnachfolger der sieben ehemaligen thüringischen Freistaaten, hinsichtlich des Staatsvermögens aber nur unter dem Vorbehalt einer abschließenden Vermögensauseinandersetzung zwischen den ehemaligen thüringischen Freistaaten und dem Land Thüringen. Die Verfassung vom 11. März 1921 sah in § 63 vor, daß die ehemaligen thüringischen Freistaaten für eine Übergangszeit als "Gebiete" Kommunalverbände höherer Ordnung mit dem Recht der Selbstverwaltung bilden. In § 1 des *Gesetzes über die Vermögensauseinandersetzung des Landes Thüringen mit den ehemaligen thüringischen Freistaaten* vom 29. März 1923[173] regelte der Landtag von Thüringen, daß die sieben ehemaligen thüringischen Freistaaten vom 1. April 1923 an aufhören, als Kommunalverbände zu bestehen und gleichzeitig das Recht der Selbstverwaltung verlieren. Nach § 2 dieses Gesetzes ging mit demselben Zeitpunkt das Vermögen dieser ehemaligen Staaten als Ganzes mit allen Rechten und Pflichten auf das Land Thüringen über.

Schietsch[174] führt aus, der Bodenreformbodenfonds sei seinem Wesen nach "ein der Gesellschaft als Ganzes zustehender Fonds", über den diese entsprechend den gesellschaftlichen Erfordernissen verfügen könne. Das *Bundesverwaltungsgericht*[175] sieht das Ziel der Bodenreform in einer Vergesellschaftung des Eigentums und bewertet die Vermögensmasse "Bodenfonds" als eine Vorform des zu diesem Zeitpunkt zwar rechtlich noch nicht ausgeformten, aber sich bereits abzeichnenden eigentumsrechtlichen Gegenmodells des "Volkseigentums".

Bei folgenden Grundsätzen handelt es sich um Eckpunkte des für Bodenreformland geltenden Normenkomplexes: Die Bauern erwarben zwar an dem ihnen zugeteilten Land zivilrechtliches Eigentum[176], sie waren jedoch zur Bewirtschaftung des Lan-

---

[169] Siehe dazu z.B. *Wagner*, ThürVBl 1999, 133 (136).
[170] *Gesetz betreffend das Land Thüringen* vom 30. April 1920 (RGBl. S. 841), § 1.
[171] Gesetzsammlung für Thüringen, S. 57 (abgedruckt z.B. auch bei: *Rosenthal*, JöR 1921, 366 (378 ff.).
[172] *Gröschner*, ThürVBl 1997, 25 (26).
[173] Gesetzsammlung für Thüringen, S. 199.
[174] *Schietsch*, in: Rohde, Bodenrecht, 1976, S. 367.
[175] BVerwG, Urt. v. 30. November 1995, E 100, 62 (68 f.) - Hoppegarten.
[176] Dahingehende Regelungen enthielt z.B. das Gesetz über die Eintragung der durch das Gesetz über die Bodenreform vom 10. Dezember 1945 an die Bauern aufgeteilten Ländereien in das

des verpflichtet[177] und zur unbeschränkten Verfügung über das Land nicht befugt[178]. Damit hatten die Neubauern an Grund und Boden allenfalls formal eine Eigentumsposition inne, der Sache nach handelte es sich lediglich um ein Nutzungsrecht.[179]

Wenn ein Bodenreformnehmer ein Grundstück an den Bodenfonds zurückgab, hatte die zuständige Stelle das Grundstück einem neuen Bodenreformnehmer zuzuweisen. Auf der Grundlage von § 9 Abs. 4 LPG-G 1959 konnte Bodenreformland zwecks Vergesellschaftung der Produktion in Eigentum des Volkes und Rechtsträgerschaft einer Landwirtschaftlichen Produktionsgenossenschaft überführt werden.[180] Der Übergang eines Grundstücks aus dem Bodenfonds in Volkseigentum im formellen Sinn bedurfte mehrerer Verwaltungsentscheidungen: Erst nach dem Ausscheiden aus dem Bodenfonds, der Überführung in Volkseigentum

---

Grundbuch vom 23. März 1946, RegBl. I S. 149 (abgedruckt in: Fieberg/Reichenbach (Hrsg.), Enteignung und Offene Vermögensfragen in der ehemaligen DDR, Band I, Ziffer 2.10.1.3): Nach der Präambel dieses Gesetzes erhielten die Bauern das Land "zum persönlichen Eigentum" und nach Artikel I des Gesetzes wurden sie "Eigentümer der Grundstücke".

[177] Den Wechsel des eine Bodenreformwirtschaft bewirtschaftenden Eigentümers nannte man im DDR-Recht "Besitzwechsel". Anhaltspunkte für das mit Bodenreformland verbundene Bewirtschaftungsgebot ergaben sich aus der *Verordnung über die Auseinandersetzung bei Besitzwechsel von Bauernwirtschaften aus der Bodenreform vom 21. Juni 1951*, GBl. DDR S. 629 (abgedruckt in: Schönfelder II, Gliederungsnummer 23 b). Nach § 1 dieser Verordnung konnte eine Neubauernwirtschaft "wegen Krankheit, Tod oder Alter" in den Bodenfonds zurückgegeben werden. In der Präambel dieser Verordnung wird jedoch ausgeführt, daß die Rückgabe einer Neubauernwirtschaft "aus persönlichen Interessen", wozu wohl auch der Fall des Wegfallens des Interesses an einer weiteren Bewirtschaftung gehören dürfte, dem Volke gegenüber nicht zu verantworten sei, da die Regierung der Deutschen Demokratischen Republik laufend Maßnahmen treffe, ihren Bauern bei der Überwindung wirtschaftlicher Schwierigkeiten zu helfen.

[178] Nach der Präambel der in der vorherigen Fußnote zitierten Verordnung war eine Veräußerung der übernommenen Neubauernwirtschaften nicht gestattet. Schon das *Gesetz über die Bodenreform in Thüringen vom 10. September 1945* (s.o.) enthielt in Artikel VI Abs. 1 Satz 1 die Regelung, daß die auf Grund dieses Gesetzes geschaffenen Wirtschaften weder ganz noch teilweise geteilt, verpachtet oder verpfändet werden konnten. Die Bodenreformnehmer erwarben somit kein frei verfügbares "Volleigentum", sondern nur ein mit einem Bewirtschaftungsgebot und einem Veräußerungsverbot belastetes Eigentum, das man als "Arbeitseigentum" bezeichnen kann. Nach Artikel IV Abs. 1 des *Gesetzes über die Eintragung der durch das Gesetz über die Bodenreform vom 10. Dezember 1945 an die Bauern aufgeteilten Ländereien in das Grundbuch* vom 23. März 1946 (s.o.) war in den Abteilungen II der für die Bodenreformnehmer angelegten Grundbücher der sog. "Bodenreformsperrvermerk" einzutragen mit dem Wortlaut: "Dieses Grundstück darf weder als Ganzes noch zum Teil verkauft oder verpfändet werden.".

[179] So *Kiethe*, in: Rechtshandbuch Vermögen und Investitionen in der ehemaligen DDR, Band I SystDarst II, Rdnr. 88.

[180] Siehe dazu *Schietsch*, in: Rohde, Bodenrecht, 1976, S. 368.

und der Übertragung an einen Rechtsträger zur Verwaltung konnte das Volkseigentum im Grundbuch verlautbart werden.[181]

b) Die Enteignung der ehemaligen Fürstenhäuser

Neben dem Zugriff auf das Eigentum von Landwirten und des Landes Thüringen entstand das Volkseigentum an landwirtschaftlichen Flächen auch durch die Enteignung landwirtschaftlichen Besitzes der im Gebiet des heutigen Freistaats Thüringen ehemals ansässigen Fürstenhäuser.

Der Landtag von Thüringen beschloß mit Artikel 1 Abs. 1 des *Gesetzes über die Enteignung der ehemaligen Fürstenhäuser im Lande Thüringen* vom 11. Dezember 1948[182]: "Das gesamte im Lande Thüringen gelegene unbewegliche und bewegliche Vermögen der ehemaligen Fürsten und ihrer Familienangehörigen wird entschädigungslos enteignet und damit Eigentum des Volkes.". Gemäß Artikel III Absatz 1 galt das Gesetz rückwirkend ab dem 8. Mai 1945 und nach Artikel III Abs. 3 blieben unberührt die seit dem 8. Mai 1945 rechtswirksam durchgeführten Enteignungen von Vermögen der ehemaligen Fürsten und ihrer Familienangehörigen, womit wohl die auf der Grundlage des *Gesetzes über die Bodenreform im Lande Thüringen* vom 10. September 1945 vorgenommenen und ehemaliges Fürstenvermögen betreffenden Enteignungen gemeint sein dürften. Die landwirtschaftlichen Flächen der ehemaligen Fürstenhäuser in Thüringen gelangten damit durch Enteignung auf der Grundlage des o.g. Gesetzes in Volkseigentum.

3. Zum Institut der "Rechtsträgerschaft"

Da in § 8 Abs. 1 Satz 1 Ziffer a) VZOG auf der Tatbestandsseite die Grundbuchangaben zur Rechtsträgerschaft von Bedeutung sind, soll nachfolgend kurz auf die Funktion des Instituts der "Rechtsträgerschaft" im Rahmen der sozialistischen Verwaltung des DDR-Staates eingegangen werden.

a) Die Bedeutung des Begriffs der "Rechtsträgerschaft" im bundesdeutschen Recht

Der Begriff des "Rechtsträgers" stammt aus dem bürgerlichen Recht. Rechtsträger meint ein Rechtssubjekt, dem Rechte, d.h. von der Rechtsordnung geschützte Rechtspositionen, "zustehen" oder "zugeordnet sind", ein Rechtssubjekt, das Rechte "inne hat". Jedes sich aus dem Bürgerlichen Gesetzbuch ergebende Recht, z.B. das Eigentum an einem Grundstück, ist grundsätzlich einem Rechtssubjekt

---

[181] So der *Bundesgerichtshof* in einem Urteil vom 26. November 1999, VZR 34/99, in dem das Gericht auf Seite 7 auf die Rundverfügung Nr. 28/52 des Justizministeriums der DDR, Amtliches Nachrichtenblatt des Ministeriums der Justiz der DDR, 1952, S. 42, verweist.

[182] RegBl. I S. 115 (abgedruckt in: *Fieberg/Reichenbach*, Enteignung und Offene Vermögensfragen in der DDR, Band I, Nr. 2.10.5).

"als Rechtsträger" zugeordnet.[183] In dem eben beschriebenen Sinn wird der Begriff des Rechtsträgers z.b. im *Rechtsträger-Abwicklungsgesetz*[184] verwendet: Nach § 1 Abs. 1 Rechtsträger-Abwicklungsgesetz sind "die in der Anlage 1 aufgeführten Körperschaften, Anstalten und Stiftungen des öffentlichen Rechts (öffentliche Rechtsträger)" aufgelöst,[185] nach § 2 Satz 1 Rechtsträger-Abwicklungsgesetz werden die öffentlichen Rechtsträger, "soweit sie Aktivvermögen besitzen", nach diesem Gesetz abgewickelt und nach § 4 Abs. 1, 1. Halbsatz Rechtsträger-Abwicklungsgesetz hat der sog. Abwickler "das Vermögen des öffentlichen Rechtsträgers" ordnungsgemäß zu verwalten, die laufenden Geschäfte zu beenden, die Forderungen einzuziehen und, soweit erforderlich, das Vermögen in Geld umzusetzen sowie die Gläubiger zu befriedigen.

b) Die Bedeutung des Instituts der "Rechtsträgerschaft" in der Rechtsordnung der Deutschen Demokratischen Republik

In der Deutschen Demokratischen Republik entwickelte sich die Rechtsträgerschaft zu einem die Verwaltungsorganisation des Staates prägenden Rechtsinstitut. Den Rechtsträgern oblag die Verwaltung von einem anderen, nämlich dem Staatsvolk, gehörenden Vermögensgegenständen.[186] Sie waren nicht selbst Inhaber von Eigentumsrechten, sondern lediglich befugt, für den Sacheigentümer, d.h. für den Staat oder das Volk, z.B. die Beseitigung oder Unterlassung von Störungen zu verlangen.[187] Das *Bundesverwaltungsgericht*[188] führt aus, die Rechtsträgerschaft an einem Grundstück habe keine eigentümerähnliche Verfügungsbefugnis vermittelt, sondern nur eine Art "Verwaltungskompetenz" zu dem Zweck, im staatlichen Interesse die effektive Nutzung von Grund und Boden sicherzustellen.[189] Die Rechtsträger von Volkseigentum waren nach § 19 Abs. 1 Satz 1 ZGB zum Besitz und zur Nutzung berechtigt. Ferner konnten sie auf der Grundlage von § 19 Abs. 1 Satz 2 ZGB im Rahmen der Rechtsvorschriften über das ihnen anvertraute Volkseigentum verfügen. Für derartige Verfügungen bestanden jedoch enge Grenzen.

---

[183] *Hübner*, Allgemeiner Teil des Bürgerlichen Gesetzbuches, Rdnr. 125; und *Larenz/Wolf*, Allgemeiner Teil des Bürgerlichen Rechts, § 14, Rdnr. 26.

[184] *Gesetz zur Regelung der Rechtsverhältnisse nicht mehr bestehender öffentlicher Rechtsträger* (Rechtsträger-Abwicklungsgesetz) vom 6. September 1965 (BGBl. I S. 1065), zuletzt geändert durch Gesetz vom 19. Dezember 1985 (BGBl. I S. 2460).

[185] Die aufgelösten Behörden, Zentralen, Stellen, Verbände, Abteilungen, Räte, Bünde, Fonds, Gemeinschaften und Kassen werden in der Anlage 1 nach den zuständigen Ministerien gegliedert aufgeführt.

[186] *Schmidt-Räntsch*, Eigentumszuordnung, Rechtsträgerschaft und Nutzungsrechte an Grundstücken, S. 7; *Kiethe*, in: Rechtshandbuch Vermögen und Investitionen in der ehemaligen DDR, Band I SystDarst II, Rdnr. 84.

[187] So *Lange*, DtZ 1991, 329 (333).

[188] BVerwG, Urt. v. 15. Dezember 1994, E 97, 240 (245), unter Verweis auf BVerwG, Urt. v. 13. Oktober 1994, E 97, 31 (36).

[189] Siehe dazu auch *Busche*, in: Rechtshandbuch Vermögen und Investitionen in der ehemaligen DDR, Band II B 200, Vor § 1 TreuhG, Rdnr. 8, m.w.N..

Nach § 20 Abs. 3 Satz 2 ZGB durfte Volkseigentum weder verpfändet, gepfändet noch belastet werden und nach § 20 Abs. 3 Satz 1 ZGB war die Übertragung von Sachen, die zu den Grundlagen der wirtschaftlichen Tätigkeit der Betriebe gehörten, unzulässig.

c) Unterschiede hinsichtlich des Eigentums am Staatsvermögen und seiner Verwaltung zwischen den Rechtssystemen der Bundesrepublik Deutschland und der Deutschen Demokratischen Republik

In der Bundesrepublik als Bürgerlichem Rechtsstaat kontinentaleuropäischer Prägung steht das Vermögen des Staates, d.h. das des Bundes und das der Länder, im Eigentum der Gebietskörperschaften "Bund" oder "Land" in deren Eigenschaft als juristische Personen. Die Verwaltung obliegt den Exekutivorganen, d.h. der jeweiligen Regierung und ihren Behörden. Die konkrete Zuständigkeit für die Verwaltung der einzelnen Vermögenswerte ergibt sich aus Vertretungsanordnungen.[190] Hinsichtlich der Staatsgewalt ist in der Bundesrepublik das Volk zwar Inhaber derselben nach Art. 20 Abs. 2 GG, die Ausübung erfolgt jedoch nach Art. 20 Abs. 2, 2. Halbsatz GG "durch besondere Organe der Gesetzgebung der vollziehenden Gewalt und der Rechtsprechung" und damit nicht unmittelbar durch das Staatsvolk, sondern mediatisiert.[191]

Ziel des sozialistischen Gesellschaftssystems der Deutschen Demokratischen Republik hingegen war die Ausübung der Staatsgewalt unmittelbar durch das Volk, durch verschiedene Räte. Wenn schon die Staatsgewalt unmittelbar durch das Volk ausgeübt wurde, dann sollte auch das Volk selbst Eigentümer des Staatsvermögens sein.[192] Das Staatsvermögen stand deshalb als Eigentum unmittelbar der Gesamtheit aller Mitglieder des Staatsvolkes zu. Da z.B. die volkseigenen landwirtschaftlichen Grundstücke aber aus praktischen Gründen nicht durch das gesamte Staatsvolk verwaltet werden konnten, bedurfte es hierfür "kundiger Stellen",[193] das wa-

---

[190] So liegt z.B. im Freistaat Thüringen die Zuständigkeit für die Verwaltung der dem Freistaat gehörenden und landwirtschaftlich genutzten Grundstücke beim Minister für Landwirtschaft, Naturschutz und Umwelt gemäß Ziffer 3 der *Konzeption zur Verwaltung und Verwertung des landwirtschaftlichen staatlichen Grundbesitzes*, bekanntgemacht im ThürStAnz Nr. 10/1995, S. 327. Ergänzend hat der *Minister der Finanzen* das Thüringer Ministerium für Landwirtschaft, Naturschutz und Umwelt in einer *Ermächtigung der Ressortverwaltungen - § 64 Abs. 1 der Landeshaushaltsordnung -*, veröffentlicht im ThürStAnz Nr. 13/1991, S. 216, ermächtigt, domänen- und forstfiskalische Grundstücke, die land- oder forstwirtschaftlich genutzt werden und deren Nutzungsart auch künftig bestehen bleibt, bis zu einem Wert von 300.000 DM in eigener Verantwortung zu veräußern und diese Befugnis - ganz oder teilweise - auf Landesoberbehörden oder Landesmittelbehörden zu übertragen.

[191] *Dreier*, in: Dreier (Hrsg.): Kommentar zum Grundgesetz, Band II, Art. 20, Rdnr. 104.

[192] *Schmidt-Räntsch*, Eigentumszuordnung, Rechtsträgerschaft und Nutzungsrechte an Grundstücken, S. 9; *Artzt*, NJ 1952, 170 ff, (171).

[193] *Schmidt-Räntsch*, Eigentumszuordnung, Rechtsträgerschaft und Nutzungsrechte an Grundstücken, S. 9.

ren die Rechtsträger des Volkseigentums. Rechtsträger volkseigener Grundstücke konnten nach § 2 Abs. 1 RTAO sein:

"a) volkseigene Betriebe und Kombinate, Vereinigungen Volkseigener Betriebe sowie andere Organe und Einrichtungen der volkseigenen Wirtschaft

b) staatliche Organe und staatliche Einrichtungen

c) sozialistische Genossenschaften und gesellschaftliche Organisationen sowie die ihnen unterstehenden Betriebe und Einrichtungen, entsprechend den besonderen Festlegungen des Ministers der Finanzen [...]".

Die Rechtsträger mußten nach § 2 Abs. 2 RTAO juristische Personen sein, Behörden in ihrer Eigenschaft als Organe von Gebietskörperschaften konnten damit nicht als Rechtsträger eingesetzt werden. Aus diesem Grund hatte z.B. das Justizministerium nach § 20 Abs. 1 Satz 1 des Statuts des Ministeriums der Justiz vom 25. März 1976[194] den Status einer juristischen Person.

Der Rat einer Gemeinde war "Organ der sozialistischen Staatsgewalt"[195] und damit staatliches Organ i.S.d. § 2 Abs. 1 Ziffer b) RTAO. Der Status der Räte der Gemeinden als juristische Personen ergab sich aus § 81 Satz 1 des Gesetzes über die örtlichen Volksvertretungen in der Deutschen Demokratischen Republik vom 4. Juli 1985.[196]

d) Die Kriterien bei der Auswahl des Rechtsträgers und der "Zuständigkeitsbereich" der Räte der Gemeinden als Rechtsträger

Konkrete Regelungen dahingehend, bei welcher Nutzungsart eines volkseigenen Grundstücks welcher Rechtsträger einzusetzen war, enthielt die Rechtsträgeranordnung nicht. In § 2 Abs. 3 RTAO ist lediglich allgemein die Verantwortlichkeit der Rechtsträger volkseigener Grundstücke "für die volkswirtschaftlich effektive Nutzung" der ihnen übertragenen volkseigenen Grundstücke verankert und nach § 14 Abs. 1 Satz 1 RTAO war die sog. Ersteinsetzung eines Rechtsträgers mit der Zielsetzung vorzunehmen, das in Volkseigentum übergegangene Grundstück "einer planmäßigen, auf hohen volkswirtschaftlichen Effekt ausgerichteten Nutzung" zuzuführen. Die Ersteinsetzung bedurfte nach § 14 Abs. 1 Satz 3 RTAO der Zustimmung des vorgesehenen Rechtsträgers, soweit dieser das volkseigene Grundstück nicht ganz oder überwiegend nutzte. Konnte die Ersteinsetzung eines Rechtsträgers nach § 14 Abs. 1 RTAO nicht erfolgen, so war nach § 14 Abs. 2 RTAO der Rat der Gemeinde, auf dessen Territorium das volkseigene Grundstück lag, als Rechtsträger einzusetzen. In Fällen des sog. Rechtsträgerwechsels konnte nach § 13 Abs. 1 Satz 2 RTAO der Rat der Belegenheitsgemeinde als Rechtsträger

---

[194] GBl. DDR I, S. 185.
[195] So § 1 Satz 3 des Gesetzes über die örtlichen Volksvertretungen in der Deutschen Demokratischen Republik vom 4. Juli 1985 (GBl. DDR I S. 213).
[196] GBl. DDR I S. 213.

eingesetzt werden, wenn das Grundstück vom bisherigen Rechtsträger nicht mehr in vollem Umfang oder überwiegend zur Durchführung seiner Planaufgaben benötigt wurde.

Aus den soeben genannten Regelungen kann man wohl folgende materielle Kriterien für die Auswahl des bei einem volkseigenen Grundstück - erstmals oder bei einem Wechsel - einzusetzenden Rechtsträgers ableiten:[197] Zunächst war das Grundstück in die Rechtsträgerschaft derjenigen juristischen Person zu übertragen, die es nach dem einschlägigen staatlichen Plan nutzte, nachrangig an diejenige juristische Person, die es nach dem einschlägigen Plan zur Erfüllung ihres Plansolls brauchte und letztrangig an den Rat der Belegenheitsgemeinde. Die aus § 14 Abs. 2 RTAO folgende Verpflichtung, den Rat der Belegenheitsgemeinde als Rechtsträger einzusetzen, wenn nach dem oben gesagten keine juristische Person ermittelt werden kann, die das Grundstück nach dem staatlichen Plan nutzt oder braucht, stellt *Schmidt-Räntsch*[198] unter eine zusätzliche Voraussetzung: Aus dem in § 14 Abs. 1 Satz 1 RTAO enthaltenen Gebot der planmäßigen, auf hohen volkswirtschaftlichen Effekt ausgerichteten Nutzung leitet er ab, daß der Rat der Belegenheitsgemeinde nur eingesetzt werden mußte, wenn dies zur Verwaltung des Grundstücks geboten war; dies sei in zahlreichen Fällen verneint worden.

4. Die Aussagen des *Einigungsvertrags* zum Volkseigentum und zur Rechtsträgerschaft

Mit dem Wirksamwerden des Beitritts der fünf neuen Länder, d.h. mit dem 3. Oktober 1990, finden ab diesem Zeitpunkt auf alle nach DDR-Recht bestehenden Gattungen von Eigentum an Sachen einheitlich die Vorschriften des Bürgerlichen Gesetzbuches, d.h. die §§ 903 bis 1011,[199] Anwendung nach Art. 233 § 2 Abs. 1 EGBGB, sofern nicht Art. 233 EGBGB Sondervorschriften enthält. Bei allen in Volkseigentum stehenden Sachen erloschen damit die mit dem Volkseigentum verbundenen Privilegierungen[200] und das Rechtsinstitut des Volkseigentums ging unter.

Das Institut der Rechtsträgerschaft hatte mit dem Wegfall des Volkseigentums keine rechtliche Funktion mehr und ging als Verfügungsrecht über Volkseigentum

---

[197] So *Schmidt-Räntsch*, Eigentumszuordnung, Rechtsträgerschaft und Nutzungsrechte an Grundstücken, S. 12.
[198] *Schmidt-Räntsch*, Eigentumszuordnung, Rechtsträgerschaft und Nutzungsrechte an Grundstücken, S. 12.
[199] *Rauscher*, in: Staudinger, Kommentar zum BGB, Art 233 EGBGB, § 2, Rdnr. 27, m.w.N..
[200] Einige Privilegierungen, z.B. das Belastungsverbot nach § 20 Abs. 3 Satz 2 ZGB oder der Ausschluß des gutgläubigen Erwerbs nach § 8 Abs. 1 Satz 3 GDO, waren schon zum 1. Juli 1990 weggefallen durch *Gesetz zur Änderung und Ergänzung des Zivilgesetzbuches der DDR (1. Zivilrechtsänderungsgesetz)* vom 28. Juni 1990 (GBl DDR I S. 524).

mit diesem unter.[201] Das *Bundesverwaltungsgericht* führt in einem Urteil vom 18. März 1993 aus, daß das Institut der Rechtsträgerschaft seit dem Inkrafttreten des Einigungsvertrags "entfallen sei".[202]

Nach der Überführung des Volkseigentums in den Eigentumsbegriff des Bürgerlichen Gesetzbuches stellte sich die Frage, wem das Eigentum an den Sachen, die ehemals in Volkseigentum standen, zustehen soll und wer darüber verfügungsberechtigt sein soll. Nach der Auffassung des Gesetzgebers seien diese Fragen jedoch nicht im Rahmen der Regelungen des Einigungsvertrags zum Zivilrecht zu klären, sondern Sache der besonderen Regelungen über die Aufteilung des öffentlichen Vermögens in der Deutschen Demokratischen Republik.[203] Zur Klarstellung wurde deshalb in Art. 233 § 2 Abs. 2 EGBGB folgender Gesetzgebungsauftrag[204] aufgenommen: "Wem bisheriges Volkseigentum zufällt oder wer die Verfügungsgewalt über bisheriges Volkseigentum erlangt, richtet sich nach den besonderen Vorschriften über die Abwicklung des Volkseigentums"[205]. Einige bedeutende Regelungen zur Aufteilung des Volkseigentums sind aber dennoch im Einigungsvertrag enthalten, nämlich in den Artikeln 21 und 22. Die wichtigste Verfügungsermächtigung, nämlich der heutige § 8 VZOG, trat mit dem 29. März 1991[206] als § 6 VZOG in Kraft.

5. Die sich aus § 8 VZOG für die Kommunen ergebenden Möglichkeiten, bei der Erstellung eines neuen Wirtschaftswegenetzes mitzuwirken

a) Zweck dieser Verfügungsbefugnis

Bei dem ehemaligen staatlichen Vermögen der Deutschen Demokratischen Republik ist im Grundbuch als Eigentumsangabe vermerkt: "Eigentum des Volkes". Soll über diese Grundstücke verfügt werden, so kann dem Grundbuchamt gegenüber die sich aus dem Eigentum ergebende Verfügungsbefugnis über das Grundstück nur durch Vorlage eines Zuordnungsbescheides nachgewiesen werden.[207] Zuordnungsansprüche können sich für Privatpersonen aus § 3 Abs. 1 VermG ergeben und für die Gebietskörperschaften aus den Art. 21 und 22 EV i.V.m. § 11 Abs. 1 Satz 1

---

[201] So *Schmidt-Räntsch*, Eigentumszuordnung, Rechtsträgerschaft und Nutzungsrechte an Grundstücken, S. 19.

[202] BVerwGE 92, 215 (217).

[203] So die *Bundesregierung* in den Erläuterungen vom 10. September 1990 zu den Anlagen des Einigungsvertrages vom 31. August 1990 (BT-Drucks. 11/7817, S. 40).

[204] So *Lange*, DtZ 1991, 329.

[205] Diese bei Erlaß des *Einigungsvertrages* in dessen Anlage I Kapitel III Sachgebiet B Abschnitt II Nr. 1 als Absatz 2 des Art. 233 § 2 EGBGB verankerte Regelung (BGBl. II von 1990 S. 889 (S. 945)) findet sich heute als Art. 233 § 2 Abs. 2 Satz 4 EGBGB.

[206] Siehe Artikel 7 des Gesetz[es] zur Beseitigung von Hemmnissen bei der Privatisierung von Unternehmen und zur Förderung von Investitionen vom 22. März 1991 (BGBl. I S. 766 (S. 786)).

[207] Siehe dazu die Begründung der *Bundesregierung* zum Entwurf des Registerverfahrensbeschleunigungsgesetzes: BT-Drs. 12/5553, S. 166 f..

VZOG. Um wegen der unbestimmten Dauer dieser Zuordnungsverfahren Investitionen nicht zu verzögern, hat der Gesetzgeber mit § 8 VZOG eine gesetzliche Verfügungsbefugnis eingerichtet.[208]

b) Voraussetzungen einer Verfügungsbefugnis der Belegenheitskommune

Die Verfügungsbefugnis der Belegenheitskommune hat auf der Tatbestandsseite einen "grundbuchklaren Anknüpfungspunkt"[209] und lediglich zur Voraussetzung, daß das Grundstück laut Grundbuch im Eigentum des Volkes steht und das Grundbuch als Rechtsträger entweder die Belegenheitskommune selbst oder "ihr Organ" als Rechtsträger ausweist, wobei im letzteren Fall die Eintragung "Rat der Gemeinde ..." gemeint ist.[210] Maßgebend ist der Inhalt des Grundbuchs oder des - gerade bei Volkseigentum meist nur vorhandenen - Bestandsblatts des Liegenschaftsdienstes. Die Verfügungsbefugnis der Belegenheitskommune hängt nicht davon ab, ob das Volkseigentum und die Rechtsträgerschaft nach materiellem DDR-Recht wirksam begründet wurden.[211]

Die Verfügungsbefugnis der Belegenheitskommune hat nicht zur Voraussetzung, daß es sich bei dem Grundstück um Verwaltungsvermögen der Belegenheitskommune i.S.v. Art. 21 Abs. 2 EV handelt oder um Restitutionsvermögen der Belegenheitsgemeinde i.S.v. Art. 21 Abs. 3, 1. Halbsatz EV bzw. i.S.v. Art. 22 Abs. 1 Satz 7 i.V.m. Art. 21 Abs. 3, 1. Halbsatz EV.[212]

Es sei noch darauf hingewiesen, daß der Gesetzgeber mit § 8 VZOG nicht die mit dem Einigungsvertrag vorgenommenen Eigentumszuweisungen ändern wollte.[213] Nach § 8 Abs. 2 Satz 1 VZOG bleiben die Verfügungsbefugnis des Eigentümers sowie generell die Rechte Dritter unberührt. Kraft Gesetzes kann z.B. eine Gebietskörperschaft auf der Grundlage von Art. 21 Abs. 3, 1. Halbsatz EV mit dem 3. Oktober 1990 Eigentümerin eines von ihr als Verwaltungsvermögen genutzten Grundstücks geworden sein; der feststellende Zuordnungsbescheid auf der Grund-

---

[208] Siehe dazu BT-Drs. 12/5553, S. 167.
[209] BT-Drs. 12/5553, S. 167.
[210] So im Bericht des *Rechtsausschusses* zu dem Entwurf des Registerverfahrensbeschleunigungsgesetzes: BT-Drs. 12/449, S. 18 (Zu § 4b - neu - VZOG), *Leitschuh/Lange*, in: Rädler/Raupach/Bezzenberger, Vermögen in der ehemaligen DDR, Band III Teil 3 B II, § 8 VZGO, Rdnr. 3 und BT-Drucks. 12/5553, S. 167.
[211] *Schmidt-Räntsch/Hiestand*, in: Rechtshandbuch Vermögen und Investitionen in der ehemaligen DDR, Band II, § 8 VZOG, Rdnr. 4 und 31 und *Böhringer*, OV spezial 1997, 263 (266).
[212] *Leitschuh/Lange*, in: Rädler/Raupach/Bezzenberger, Vermögen in der ehemaligen DDR, Band III Teil 3 B II, § 8 VZOG, Rdnr. 9.
[213] BT-Drs. 12/449, S. 18 (Zu § 4b - neu - VZOG) und *Dick*, in: Kimme, Offene Vermögensfragen, Band II 33, § 8 VZOG, Rdnrn. 5 und 17.

lage von § 2 Abs. 1 Satz 1 VZOG ergeht dann mit Wirkung ex tunc und wirkt nur deklaratorisch, nicht konstitutiv.[214]

Bei der Erstellung eines neuen Wirtschaftswegenetzes erweist sich die in § 8 Abs. 1 Satz 1 Ziffer a) VZOG der Belegenheitsgemeinde eingeräumte Verfügungsmacht damit als Möglichkeit, schnell den sich bei der Anlegung eines neuen Wirtschaftswegs ergebenden Flächenbedarf zu decken.

c) Umfang der Verfügungsbefugnis

Der Begriff der Verfügungsbefugnis in § 8 Abs. 1 VZOG ist weit auszulegen, er umfaßt neben Verfügungen im Rechtssinn - wie etwa die Übertragung des Eigentums oder die Begründung, Bestellung und Übertragung von dinglichen Rechten an Grundstücken - die schuldrechtlichen Verträge, die den genannten Verfügungen zugrunde liegen und schließt darüber hinaus auch die Vermietung und Verpachtung ein.[215]

Die Belegenheitskommune weiß in der Regel nicht, ob hinsichtlich des betroffenen Grundstücks eine zuordnungsberechtigte Privatperson oder Gebietskörperschaft existiert. Bei Verfügungen auf der Grundlage von § 8 VZOG handelt sie nicht als Vertreter oder Bevollmächtigter, sondern in Ausübung einer gesetzlichen Verfügungsermächtigung, d.h. in eigenem Namen und im eigenen Interesse.[216]

Die Belegenheitskommune ist damit auch berechtigt, auf der Grundlage von § 8 Abs. 1 Satz 1 Nr. a) VZOG ehemals volkseigenes Land, bei dem sie selbst oder ihr ehemaliger Rat der Gemeinde als Rechtsträger eingetragen ist, zum Zwecke der Wiederherstellung eines Wirtschaftswegenetzes zur Verfügung zu stellen.

Handelt es sich bei dem Flurstück, für das der Gemeinde nach § 8 VZOG die Verfügungsbefugnis zusteht, um ein ehemaliges Wegeflurstück, das eine Landwirtschaftliche Produktionsgenossenschaft umgeackert hat und auf dem heute wieder ein Wirtschaftsweg angelegt werden soll, so kann die Gemeinde die Fläche auf sich selbst übereignen, den geplanten Weg anlegen und diesen z.B. als sonstige öffentliche Straße i.S.d. § 3 Abs. 1 Nr. 4 ThürStrG widmen, beschränkt auf den land- und forstwirtschaftlichen Verkehr.

Wenn das Flurstück, für das im Grundbuch die Eigentumsangabe "Eigentum des Volkes" bei Rechtsträgerschaft des Rats der Gemeinde ausgewiesen ist, heute als Ackerfläche genutzt wird und die heutige Wirtschaftssituation einen neuen Wirt-

---

[214] *Schmitt-Habersack/Dick*, in: Kimme, Offene Vermögensfragen, Band II 33, § 2 VZOG, Rdnr. 18.
[215] *Bundesgerichtshof*, Urt. v. 17. Mai 1995, ZOV 1995, 361 f. (362); *Schmidt-Räntsch/Hiestand*, in: Rechtshandbuch Vermögen und Investitionen in der ehemaligen DDR, Band II B 170, § 8 VZOG, Rdnr. 6.
[216] *Schmidt-Räntsch/Hiestand*, in: Rechtshandbuch Vermögen und Investitionen in der ehemaligen DDR, Band II, § 8 VZOG, Rdnr. 5.

schaftsweg nicht auf dieser Fläche erfordert, sondern auf in der Nähe gelegenen Parzellen, so könnte die zuständige Flurneuordnungsbehörde gemäß § 53 Abs. 3 LwAnpG ein bodenordnendes Verfahren durchführen, das in der Verfügungsbefugnis der Gemeinde stehende Grundstück dabei einbeziehen und die Eigentumsverhältnisse neu ordnen mit dem Ziel, den benötigten Wirtschaftsweg auszuweisen. Die Gemeinde wäre dabei in der Lage, das für den Weg benötigte Land auf der Grundlage von § 8 Abs. 1 Ziffer a) VZOG zur Verfügung zu stellen. Bei einem freiwilligen Landtausch kann sie das in ihrer Verfügungsbefugnis stehende Grundstück bei der Tauschvereinbarung gemäß § 54 Abs. 2 LwAnpG zur Verfügung stellen, bei einem Bodenordnungsverfahren besteht die Möglichkeit, diese Bereitschaft im Rahmen der Anhörung über die Abfindungswünsche nach § 57 FlurbG i.V.m. §§ 56 und 63 Abs. 2 LwAnpG zu erklären.

Es ist festzustellen, daß § 8 Abs. 1 Satz 1 Ziffer a) VZOG die Belegenheitskommune in die Lage versetzt, Flächen, die bei der Anlegung eines Wirtschaftsweges benötigt werden, zur Verfügung zu stellen.

d) Das Verhältnis zu Zuordnungsansprüchen nach dem *Vermögensgesetz*

Im Rahmen von gesetzlichen Verfügungsbefugnissen ergibt sich stets die Frage nach dem Verhältnis zu Rechten Dritter. Jede dem Verkehrsinteresse oder dem Investitionsinteresse dienende Verfügungsbefugnis steht naturgemäß im Spannungsverhältnis zum Beharrungsinteresse der Inhaber von Rechten an der den Gegenstand der Verfügung bildenden Sache.

In den neuen Ländern sind hier insbesondere die sich aus dem *Vermögensgesetz* ergebenden Ansprüche der Privatpersonen von Bedeutung (dazu sogleich) und die Zuordnungsansprüche von Gebietskörperschaften nach dem *Vermögenszuordnungsgesetz* (dazu unten e)).

Sollte für ein dem Geltungsbereich des § 8 Abs. 1 Satz 1 Ziffer a) VZOG unterfallendes Grundstück ein Rückübertragungsanspruch nach § 3 Abs. 1 Satz 1 VermG angemeldet worden sein, ist die Belegenheitskommune nach § 3 Abs. 3 Satz 1 VermG verpflichtet, den Abschluß dinglicher Rechtsgeschäfte oder die Eingehung langfristiger vertraglicher Verpflichtungen ohne Zustimmung des nach dem *Vermögensgesetz* Berechtigten zu unterlassen.[217] Ein weiterer Schutz derjenigen, die Ansprüche nach dem *Vermögensgesetz* gestellt haben, ergibt sich daraus, daß der Grundbuchbeamte die Grundbuchumschreibung wegen § 1 Abs. 1 Satz 1 GVO nur bei Vorliegen der sog. Grundstücksverkehrsgenehmigung vornimmt. Diese ist nur zu erteilen, wenn nach § 1 Abs. 2 Satz 1 Nr. 1 GVO ein Rückübertragungsantrag auf der Grundlage des *Vermögensgesetzes* nicht angemeldet, bestandskräftig abgewiesen oder zurückgenommen wurde oder wenn nach § 1 Abs. 2 Satz 1 Nr. 2 GVO der Anmelder zustimmt. Die Ansprüche nach § 3 Abs. 1 Satz 1 VermG werden

---

[217] Zu den Ausnahmen siehe § 3 Abs. 3 Sätze 2 und 3 VermG.

damit im Rahmen der auf der Grundlage von § 8 Abs. 1 VZOG eröffneten Verfügungsmöglichkeit in der Regel nicht beeinträchtigt.[218]

Die Bescheidung von Ansprüchen nach § 3 Abs.1 VermG kann viel Zeit beanspruchen. Eine reibungslose Abwicklung der Verfügung der Belegenheitskommune im Grundbuchamt dürfte damit nur in den Fällen möglich sein, bei denen bis zur Ausschlußfrist des § 30a Abs. 1 Satz 1 VermG, d.h. bis zum 31. Dezember 1992 kein Antrag auf Rückgabe gemäß § 30 Abs. 1 Satz 1 VermG gestellt wurde. Sollte ein Rückübertragungsantrag gestellt worden sein, bleibt der Kommune die Möglichkeit, zur Beschleunigung bei der für die Erteilung der Grundstücksverkehrsgenehmigung nach § 8 Satz 1[219] GVO zuständigen Stelle, d.h. beim Landratsamt oder bei der Stadtverwaltung, Grundbuchunterlagen vorzulegen, die es dieser Stelle ermöglichen, die Grundstücksverkehrsgenehmigung auf der Grundlage von § 1 Abs. 2 Satz 2 GVO zu erteilen, weil der Antrag nach § 30 Abs. 1 VermG offensichtlich unbegründet erscheint.

e) Das Verhältnis zu Zuordnungsansprüchen nach dem *Vermögenszuordnungsgesetz*

Bei der Beurteilung des Verhältnisses von Verfügungen auf der Grundlage von § 8 Abs. 1 Satz 1 Ziffer a) VZOG zu Zuordnungsansprüchen von Gebietskörperschaften[220] auf der Grundlage des *Vermögenszuordnungsgesetzes* stehen sich im untersuchungsgegenständlichen Fall folgende Interessen gegenüber: Auf der einen Seite will die Belegenheitsgemeinde in einem von der Flurneuordnungsbehörde geleite-

---

[218] Dem umfassenden Schutz der Ansprüche nach dem *Vermögensgesetz* bei Verfügungen auf der Grundlage von § 8 VZOG entspricht ein ebenso weit reichender Schutz bei feststellenden Bescheiden der Zuordnungsbehörden auf der Grundlage des *Vermögenszuordnungsgesetzes*: Nach § 7 Abs. 1 Satz 1 VZOG bleibt das *Vermögensgesetz* unberührt und gemäß § 2 Abs. 1 Satz 5 VZOG ergehen die Bescheide auf der Grundlage des *Vermögenszuordnungsgesetzes* vorbehaltlich des Eigentums und sonstiger privater Rechte Dritter, siehe dazu: *Bundesverwaltungsgericht*, Urt. v. 27. Juli 1995, in: *Kimme/Pée/Schmidt-Räntsch*, Rechtsprechungssammlung, Band VII, § 2 VZOG, 1/95, S. 3.

[219] Der Fall, daß die Zuständigkeit gemäß § 8 Satz 2 GVO beim Präsidenten der Treuhandanstalt - bzw. gemäß § 1 TreuhUmbenV ab dem 1. Januar 1995 beim Präsidenten der BvS - liegt, weil die THA/BvS zur Verfügung über das Grundstück befugt ist, kann bei der den Gegenstand der Untersuchung bildenden Fallkonstellation nicht eintreten, weil in den zu untersuchenden Fällen nicht die THA/BvS gemäß § 8 Abs. 1 Satz 1 Ziffer c) VZGO zur Verfügung befugt ist, sondern die Belegenheitskommune gemäß § 8 Abs. 1 Satz 1 Ziffer a) VZGO.

[220] Zuordnungsansprüche von Gebietskörperschaften nach Art. 21 Abs. 3, 1. Halbsatz EV und nach Art. 22 Abs. 1 Satz 7 i.V.m. Art. 21 Abs. 3, 1. Halbsatz EV fallen gemäß § 1 Abs. 4 Satz 1 VZOG in den Anwendungsbereich des *Vermögenszuordnungsgesetzes*. Die sonstigen, sich aus § 1 Abs. 1, 2 und 4 VZOG ergebenden Anwendungsfälle des *Vermögenszuordnungsgesetzes* (siehe dazu: *Schmitt-Habersack/Dick*, in: Kimme, Offene Vermögensfragen, Band II 33, § 1 VZOG, Rdnrn. 2 und 5) sollen außer Betracht bleiben, da bei landwirtschaftlichen Nutzflächen wahrscheinlich nur das Land oder die Kreise als Inhaber von Ansprüchen auf der Grundlage des *Vermögenszuordnungsgesetzes* in Betracht kommen.

ten bodenordnenden Verfahren über § 8 Abs. 1 Satz 1 Ziffer a) VZOG ein landwirtschaftliches Grundstück als Tauschland zur Verfügung stellen und auf der anderen Seite möchten der Belegenheitskreis oder das Belegenheitsland, wenn einer von beiden am 8. Mai 1945 Eigentümer dieses Grundstücks war und ihm ein Restitutionsanspruch nach Art. 21 Abs. 3, 1. Halbsatz EV zusteht, diese Verfügung verhindern, weil als Folge der Verfügung der auf Naturalrestitution des Grundstücks gerichtete Restitutionsanspruch unterginge und an seine Stelle als Surrogat ein auf Auskehr des Erlöses, mindestens jedoch des Verkehrswerts, gerichteter Geldzahlungsanspruch träte.[221]

Zunächst ist darauf hinzuweisen, daß im Rahmen der Erteilung einer Grundstücksverkehrsgenehmigung i.S.d. § 1 Abs. 1 Satz 1 GVO nur zu prüfen ist, ob Privatpersonen innerhalb der Ausschlußfrist des § 30a Abs. 1 Satz 1 VermG Ansprüche nach dem *Vermögensgesetz* geltend gemacht haben, nicht aber auch, ob Gebietskörperschaften Ansprüche nach dem *Vermögenszuordnungsgesetz* erhoben haben.[222] Die Prüfung der Voraussetzungen einer Grundstücksverkehrsgenehmigung stellt damit keine Sperre zugunsten der Inhaber von Restitutionsanprüchen nach dem *Vermögenszuordnungsgesetz* dar.

Bei den zuletzt genannten Restitutionsansprüchen der Gebietskörperschaften ist auf die Rechtslage vor dem Inkrafttreten des *Registerverfahrensbeschleunigungsgesetzes*[223] am 25. Dezember 1993 (dazu unten aa) und bb)), die diesbezüglichen Heilungsvorschriften des *Wohnraummodernisierungssicherungsgesetzes*[224] (dazu unten cc)) und auf die Rechtslage ab dem 25. Dezember 1993 einzugehen (dazu unten dd)).

---

[221] Mit dem *Registerverfahrensbeschleunigungsgesetz* (BGBl. 1999 I S. 2182 (S. 2229 f.) stellte der Gesetzgeber in der ab dem 25. Dezember 1993 geltenden Fassung des *Vermögenszuordnungsgesetzes* klar: Verfügungen auf der Grundlage von § 8 Abs. 1 VZOG sind nur zulässig, wenn eine sog. erlaubte Maßnahme i.S.d. § 12 Abs. 1 VZOG durchgeführt wird. Die Realisierung einer solchen erlaubten Maßnahme durch eine entsprechende Verfügung hat beim Restitutionsanspruch einer Gebietskörperschaft für das betroffene Grundstück zur Konsequenz, daß dieser Anspruch auf der Primärebene erlischt gemäß § 11 Abs. 1 Satz 3 Nr. 4 VZOG und als Surrogat auf der Sekundärebene ein Anspruch auf Erlösauskehr, mindestens auf Auskehr des Verkehrswerts, entsteht gemäß § 13 Abs. 2 Sätze 1 und 2 VZOG und § 8 Abs. 4 Satz 2, 2. Halbsatz VZOG.
[222] So in der Begründung der *Bundesregierung* zum Entwurf eines Registerverfahrensbeschleunigungsgesetzes, BT-Drs. 12/5553, S. 172.
[223] Gesetz vom 20. Dezember 1993, BGBl. I S. 2182.
[224] Gesetz vom 17. Juli 1997, BGBl. I S. 1823.

aa) Verfügungen auf der Grundlage von § 8 Abs. 1 Satz 1 Ziffer a) VZOG vor dem 25. Dezember 1993

Mit dem in das *Vermögenszuordnungsgesetz* durch Artikel 16 Ziffer 10 des *Registerverfahrensbeschleunigungsgesetzes* vom 20. Dezember 1993[225] eingefügten § 12 installierte der Gesetzgeber zur Sicherung möglicher Ansprüche auf der Grundlage des *Vermögenszuordnungsgesetzes* eine Beschränkung der sich aus § 8 Abs. 1 VZOG ergebenden Verfügungsbefugnisse (dazu unten dd)).

Bis zum 25. Dezember 1993 konnte eine Verfügung auf der Grundlage von § 8 Abs. 1 Satz 1 Ziffer a) VZOG unter den dort genannten Voraussetzungen erfolgen; im Grundbuch mußte lediglich das den Gegenstand der Verfügung bildende Grundstück als Eigentum des Volkes unter Rechtsträgerschaft der Belegenheitskommune ausgewiesen sein. Die Gemeinde konnte - ausgenommen die unten unter bb) geschilderte Fallkonstellation - bei dieser Grundbuchlage verfügen und die Frage nach möglichen Zuordnungsansprüchen anderer Gebietskörperschaften auf der Grundlage des *Vermögenszuordnungsgesetzes* dahingestellt sein lassen. Nach § 8 Abs. 4 Satz 1 VZOG war die Gemeinde jedoch verpflichtet, das Grundstück sowie das Entgelt dem Innenministerium des betroffenen Landes mitzuteilen.

Aus § 8 Abs. 4 Satz 2 VZOG ergab sich für die Belegenheitsgemeinde die Verpflichtung, zeitgleich zu der Verfügung einen Zuordnungsantrag nach § 1 Abs. 6 VZOG zu stellen. In diesem Verfahren beantragte die Kommune hinsichtlich des Grundstücks, über das sie verfügt hatte, festzustellen, ob ein nach dem *Vermögenszuordnungsgesetz* Berechtigter existierte, z.B. wegen einer Nutzung als Verwaltungsvermögen oder wegen einem Restitutionsanspruch nach Art. 21 Abs. 3, 1. Halbsatz EV. In diesem Verfahren mußten nach § 2 Abs. 1 Satz 1 VZOG alle neben dem Antragsteller sonst in Betracht kommenden Berechtigten angehört werden.[226] Dem Kreis der nach dem *Vermögenszuordnungsgesetz* potentiell Zuordnungsberechtigten unterfielen nach § 1 Abs. 1 Satz 1 VZOG die Körperschaften des öffentlichen Rechts, die Treuhandkapitalgesellschaften und die Wohnungsgenossenschaften.[227] Da bei der Erstellung eines Wirtschaftswegenetzes Bedarf an landwirtschaftlichen Flächen als Tauschland besteht, dürfte es ausgereicht haben, in solchen Verfahren das Land und den Belegenheitskreis als potentielle Zuordnungsberechtigte zu hören. Den Erlös, mindestens aber den Wert des Vermögensgegenstandes, hatte die verfügende Kommune gemäß § 8 Abs. 4 Satz 2, 2. Halbsatz VZOG dem aus dem unanfechtbaren Zuordnungsbescheid hervorgehenden Berechtigten auszukehren.

---

[225] BGBl. I S. 2182 (S. 2229 f.).

[226] Die Anhörung erfolgt über § 2 Abs. 5 Satz 1 VZOG, der hinsichtlich des bei Zuordnungsverfahren auf der Grundlage des *Vermögenszuordnungsgesetzes* anzuwendenden Verwaltungsverfahrens auf das Verwaltungsverfahrensgesetz des Bundes verweist, nach § 28 VwVfG.

[227] So das *Bundesverwaltungsgericht* in einem Urteil vom 27. Juli 1995, in: Kimme/Pée/Schmidt-Räntsch, Rechtsprechungssammlung, Band VII, § 2 VZOG 1/95, S. 3.

Es ist damit festzustellen, daß sich aus dem geschriebenen Recht bei Verfügungen auf der Grundlage von § 8 Abs. 1 Satz 1 Ziffer a) VZOG aus der möglichen Existenz von Zuordnungsansprüchen auf der Grundlage des *Vermögenszuordnungsgesetzes* - ausgenommen die nachfolgend unter bb) untersuchte Fallkonstellation - keine Beschränkungen ergaben. Eine derartige Verfügung der Belegenheitskommune ist für eine andere, nach dem *Vermögenszuordnungsgesetz* restitutionsberechtigte Gebietskörperschaft bindend und an die Stelle des Grundstücks tritt als Surrogat der erzielte Erlös.

bb) Verfügungen auf der Grundlage von § 8 Abs. 1 Satz 1 Ziffer a) VZOG vor dem 25. Dezember 1993 über Verwaltungsvermögen einer anderen Gebietskörperschaft und das Gebot des bundesfreundlichen Verhaltens

Der Bundesgesetzgeber räumte - dem Grundgedanken des Bürgerlichen Gesetzbuchs folgend - mit den im Einigungsvertrag enthaltenen oder auf ihn zurückgehenden gesetzlichen Verfügungsbefugnissen über ehemaliges Volkseigentum dem Verkehrs- und Investitionsinteresse den Vorrang ein gegenüber dem Beharrungsinteresse der betroffenen Inhaber von Rechten an den Gegenständen der Verfügung. Hat eine Belegenheitsgemeinde bei der Errichtung eines neuen Wirtschaftswegs auf der Grundlage von § 8 Abs. 1 Satz 1 Ziffer a) VZOG Flächen als Tauschland zur Verfügung gestellt, für die eine andere Gebietskörperschaft bei der nach § 1 Abs. 1 Satz 1 VZOG zuständigen Stelle berechtigte Restitutionsanträge gestellt hatte, ist davon auszugehen, daß die restitutionsberechtigte Gebietskörperschaft hiervon irgendwann Kenntnis erlangen wird. Die Verfügung der Gemeinde bindet die re-stitutionsberechtigte Gebietskörperschaft dann jedoch und es stellt sich nur noch die Frage nach der Höhe des von der Kommune auszukehrenden Erlöses. Schwierigkeiten ergeben sich in diesen Fällen insbesondere dann, wenn die Kommune unter Verkehrswert verfügte.

Einzugehen ist auf den Fall, daß eine Kommune auf der Grundlage von § 8 Abs. 1 Satz 1 Ziffer a) VZOG landwirtschaftliche Flächen als Tauschland zur Verfügung stellt und dabei über Verwaltungsvermögen einer anderen Gebietskörperschaft verfügt. Insbesondere das Land kann am 3. Oktober 1990 Eigentümer von landwirtschaftlich genutzten Flächen geworden sein wegen einer Nutzung derselben als Verwaltungsvermögen des Landes.[228] Die Flächen könnten z.B. zu einem staatlichen Lehr- und Versuchsgut gehört haben, das als Forschungseinrichtung einer

---

[228] Die als Verwaltungsvermögen des Landes genutzten Flächen gelangten auf der Grundlage des Art. 21 Abs. 2 EV mit Wirksamwerden des Beitritts in das Eigentum des Landes. Ein das Eigentum des Landes auf der Grundlage des *Vermögenszuordnungsgesetzes* feststellender Zuordnungsbescheid wirkt deswegen nur deklaratorisch und nicht konstitutiv. näher dazu unten E. 3., auf Seite 89.

Universität angeschlossen war. Solche Flächen sind als Verwaltungsvermögen des Landes gemäß Art. 21 Abs. 2 EV einzustufen.[229]

(1) Kenntnis der Kommune

Zunächst soll auf die Fälle eingegangen werden, in denen die Belegenheitskommune von der Nutzung der Flächen als Verwaltungsvermögen einer anderen Gebietskörperschaft im Zeitpunkt der Verfügung Kenntnis hatte. Bei dieser Fallkonstellation ergibt sich die Frage, ob die Belegenheitskommune verpflichtet ist, vor ihrer Verfügung die andere Gebietskörperschaft zu informieren. Bei einer derartigen Verpflichtung handelte es sich um eine Beschränkung der sich aus § 8 Abs. 1 Satz 1 Ziffer a) VZOG ergebenden Verfügungsbefugnis. Rechtliche Grundlage dieser Beschränkung könnten die ungeschriebenen Grundsätze bundestreuen Verhaltens sein. Einzugehen ist dabei zunächst auf den Kreis der unmittelbar durch das Gebot des bundesfreundlichen Verhaltens verpflichteten Rechtspersonen (dazu unten (a)), auf den Inhalt der sich im Rahmen des § 8 VZOG aus diesem Gebot ergebenden Verpflichtung (dazu unten (b)) und auf die Gründe für eine Einbeziehung auch der Kommunen in den Kreis der Verpflichteten (dazu unten (c)).

(a) Der Bund und die Länder als Verpflichtete

Bei dem Grundsatz des bundesfreundlichen Verhaltens handelt es sich um einen ungeschriebenen Verfassungsgrundsatz, der dem bundesstaatlichen Prinzip entspringt.[230] Nach dem in Art. 20 Abs. 1 GG verankerten Bundesstaatsprinzip üben die Länder eigene, vom Bund nicht abgeleitete originäre Staatsgewalt aus und kommt ihnen eigene Staatsqualität zu. Die staatlichen Funktionen werden zwischen Bund und Ländern durch die bundesstaatliche Kompetenzordnung aufgeteilt. Hinsichtlich der dem Bund und den einzelnen Ländern zustehenden Kompetenzen ergeben sich durch das Gebot des bundesfreundlichen Verhaltens insofern Beschränkungen, als der Bund und die Länder verpflichtet sind, bei der Wahrnehmung ihrer Kompetenzen die gebotene und ihnen zumutbare Rücksicht zu nehmen auf "das Gesamtinteresse des Bundesstaates"[231], auf "das gesamtstaatliche Gemeinwohl"[232] oder, wie *Herzog* formuliert, auf "das ganze, viel umfassendere Gemeinwesen"[233]. Berechtigte und Verpflichtete in diesen Rechtsverhältnissen sind die Glieder des Bundesstaats. Das Gebot des bundesfreundlichen Verhaltens ist damit vom Bund gegenüber den Ländern, von den Ländern gegenüber dem Bund und, was im Rah-

---

[229] So *Schmitt/Habersack*, in: Kimme, Offene Vermögensfragen, Band II 31, Art. 21, Rdnr. 11.
[230] BVerfG, Urt. v. 8. Februar 1977, E 43, 291 (348).
[231] BVerfG, Urt. v. 22. Mai 1990, E 81, 310 (337).
[232] *Isensee*, in: Handbuch des Staatsrechts der Bundesrepublik Deutschland, Band IV § 98, Rdnr. 154.
[233] *Ders.*, in: Maunz/Dürig, Kommentar zum Grundgesetz, Band II, Art. 20, IV. Die Verfassungsentscheidung für den Bundesstaat, Rdnr. 64.

men des § 8 VZOG von geringerer Relevanz sein dürfte[234], auch von den Ländern untereinander zu beachten.

(b) Die im Rahmen der dem Bund und den Ländern in § 8 Abs. 1 VZOG eingeräumten Verfügungsbefugnisse zu beachtenden Beschränkungen

Die Pflicht zu bundesfreundlichem Verhalten hat akzessorischen Charakter.[235] Für sich allein kann dieses Prinzip keine Handlungs-, Unterlassungs- oder Duldungspflichten des Bundes oder eines Landes begründen. Nur innerhalb eines anderweitig begründeten gesetzlichen oder vertraglichen Rechtsverhältnisses oder einer anderweitig gesetzlich begründeten selbständigen Rechtspflicht kann die Regel vom bundesfreundlichen Verhalten Bedeutung gewinnen, indem sie diese anderen Rechte oder Pflichten moderiert, variiert oder durch unentwickelte Nebenpflichten ergänzt.[236] Über das Gebot des bundesfreundlichen Verhaltens kann nicht nur zu den im Verfassungsrecht, sondern auch zu den anderweitig, z.B. im Verwaltungsrecht, begründeten Rechtspositionen oder Kompetenzen eine beschränkende Verpflichtung hinzutreten.[237]

Bei § 8 VZOG handelt es sich um eine einfachgesetzliche Norm, mit der nicht ein Verfassungsgebot umgesetzt wird, sondern die im *Einigungsvertrag* vereinbarte Verpflichtung des Gesetzgebers, zu regeln, wer die Verfügungsbefugnis über das ehemalige Volkseigentum innehat. Im bundesstaatlichen Kompetenzgefüge stehen sich dabei folgende Rechtspositionen gegenüber: Einerseits ergeben sich für den Bund aus § 8 Abs. 1 Satz 1 Ziffer d) VZOG und für das Belegenheitsland aus § 8 Abs. 1 Satz 1 Ziffer b) VZOG Befugnisse zur Verfügung über im Grundbuch noch als Volkseigentum eingetragene Grundstücke, andererseits können dem Belegenheitsland oder dem Bund an genau diesen Grundstücken Restitutionsansprüche nach Art. 21 Abs. 3, 1. Halbsatz EV wegen einer Nutzung als Verwaltungsvermögen des Belegenheitslandes oder des Bundes zustehen.

Das Gebot des bundesfreundlichen Verhaltens wirkt im Kern als Kompetenzausübungsschranke.[238] Ein bestimmter Gebrauch der Kompetenzen ist unzulässig, es

---

[234] Verpflichtungen von Ländern untereinander sind im Rahmen des § 8 VZOG, speziell bei der Ausübung der sich aus § 8 Abs. 1 Satz 1 Ziffer b) VZOG ergebenden Kompetenzen, eher unwahrscheinlich, weil davon auszugehen ist, daß die von einem Land als Verwaltungsvermögen genutzten landwirtschaftlichen Flächen nicht in einem benachbarten Land liegen, welches dann gemäß § 8 Abs. 1 Satz 1 Ziffer b) VZOG zur Verfügung über diese Flächen befugt wäre oder zumindest befugt sein könnte.

[235] *Isensee*, in: Handbuch des Staatsrechts der Bundesrepublik Deutschland, Band IV § 98, Rdnr. 157.

[236] *BVerfG*, Urt. v. 7. April 1976, E 42, 103 (117); BVerfG, Urt. v. 11. Juli 1961, E 13, 54 (75).

[237] *BVerfG*, Urt. v. 7. April 1976, E 42, 103 (117 f.).

[238] *Stern*, Staatsrecht, Band I, S. 703; *BVerfG*, Urt. v. 30. Januar 1973, E 34, 216 (232); *BVerfG*, Urt. v. 15. November 1971, E 32, 199 (218, 238).

muß vielmehr in bestimmter Weise vorgegangen werden.[239] Inhaltlich verbietet das Gebot des bundesfreundlichen Verhaltens den Gliedern des Bundesstaates, die ihnen eingeräumten Befugnisse mißbräuchlich in Anspruch zu nehmen.[240] Die elementaren Interessen und die Belange der anderen Glieder des Bundesstaats dürfen nicht schwerwiegend beeinträchtigt oder in unvertretbarer Weise geschädigt werden.[241] Von eingeräumten Kompetenzen darf dann nicht ausschließlich nach eigenen Interessen Gebrauch gemacht werden, wenn dadurch ein anderes Glied des Bundesstaates Schaden nehmen würde.[242] Wendet man diese vom *Bundesverfassungsgericht* entwickelten Grundsätze auf die in § 8 Abs. 1 VZOG verankerten Verfügungsbefugnisse von Bund und Ländern an, so liegt der Schluß nahe, den Bund bei der Ausübung seiner Kompetenzen gemäß § 8 Abs. 1 Satz 1 Ziffer d) VZOG und die Länder bei der Ausübung ihrer Kompetenzen gemäß § 8 Abs. 1 Satz 1 Ziffer b) VZOG in den Fällen, in denen die zur Verfügung über ein Grundstück entschlossene Gebietskörperschaft Kenntnis von einer Restitutionsberechtigung eines anderen Gliedes des Bundesstaats hinsichtlich des den Gegenstand der Verfügung bildenden Grundstücks wegen einer Nutzung als Verwaltungsvermögen hat, als verpflichtet anzusehen, die betroffene Gebietskörperschaft vorab über die geplante Verfügung zu unterrichten. Bei einer Abwägung der sich gegenüberstehenden Belange überwiegt das Interesse der restitutionsberechtigten Gebietskörperschaft an einer weiteren Nutzung ihres Verwaltungsvermögens das Interesse einer Förderung von Investitionen durch § 8 Abs. 1 VZOG.

Bemüht sich nach einer entsprechenden Information die betroffene Gebietskörperschaft um eine Zuordnung des Vermögensgegenstandes durch den Oberfinanzpräsidenten der Oberfinanzdirektion Berlin[243], hat dies nach der hier vertretenen Auffassung für den Investor zur Konsequenz, daß sein Vorhaben nur dann noch realisiert werden kann, wenn die restitutionsberechtigte Gebietskörperschaft durch Gesetz, aufgrund eines Gesetzes oder durch z.B. Selbstbindung der Verwaltung[244] verpflichtet ist, das gewünschte Grundstück zur Verfügung zu stellen oder aus einem anderen Grund bei der restitutionsberechtigten Gebietskörperschaft die Bereitschaft besteht, das Projekt zu unterstützen.

---

[239] *BVerfG*, Beschl. v. 11. April 1967, E 21, 312 (326).
[240] *BVerfG*, Urt. v. 24. Juli 1962, E 14, 197 (215).
[241] *BVerfG*, Urt. v. 30. Januar 1973, E 34, 216 (232); *BVerfG*, Urt. v. 26. Juli 1972, E 34, 9 (44).
[242] *BVerfG*, Urt. v. 8. Februar 1977, EuGRZ 1977, 66 (83).
[243] Die Zuständigkeiten des Präsidenten der Bundesanstalt für vereinigungsbedingte Sonderaufgaben nach dem *Vermögenszuordnungsgesetz* wurden mit Wirkung ab dem 1. Juli 1999 auf den Oberfinanzpräsidenten der Oberfinanzdirektion Berlin übertragen gemäß § 1 ZOZÜV.
[244] Siehe dazu z.B. die Konzeption des Freistaats Thüringen zur Verwaltung und Verwertung seines landwirtschaftlichen Grundbesitzes, unten 3. Kapitel, auf der Seite 102.

(c) Zur Anwendbarkeit der den Bund und die Länder treffenden Beschränkungen auch auf die Kommunen

Nachfolgend soll untersucht werden, ob die für den Bund und die Länder geltenden Beschränkungen ihrer sich aus § 8 Abs. 1 Satz 1 Ziffern b) und d) VZOG ergebenden Befugnisse auch für die Kommunen gelten, wenn diese von der sich aus § 8 Abs. 1 Satz 1 Ziffer a) VZOG ergebenden Verfügungsbefugnis Gebrauch machen. Gegenstand der kommunalen Verfügung kann Verwaltungsvermögen des Bundes, des Belegenheitslandes oder des benachbarten Landes sein. Der zuletzt genannte Fall liegt z.B. dann vor, wenn eine Kommune über landwirtschaftliche Flächen verfügt, die im Eigentum des Nachbarlandes stehen und von diesem als Verwaltungsvermögen, z.b. beim Betreiben einer staatlichen Lehr- und Versuchsanstalt, genutzt werden.

Die Gemeinden gehören wohl nicht zum Kreis der durch das Gebot des bundesfreundlichen Verhaltens verpflichteten juristischen Personen. Das *Bundesverfassungsgericht* leitet das Gebot des bundesfreundlichen Verhaltens aus dem Bundesstaatsprinzip[245] ab. Das Gericht hätte dieses Gebot auch aus dem allgemeinen Rechtsgedanken des Verbots der mißbräuchlichen Ausübung eines bestehenden Rechts, der z.B. in § 242 BGB verankert ist, ableiten können. Nach Herzog[246] hat demgegenüber die Herleitung des Bundestreueprinzips aus dem Grundgedanken des Bundesstaatsprinzips den Vorzug der größeren Nähe zum Verfassungstext und den Vorteil größerer Plastizität. Bei dem bundesstaatlichen Staatsaufbau des *Grundgesetzes* handelt es sich um einen zweistufigen Aufbau, bestehend aus Bund und Ländern,[247] und nicht um einen dreistufigen Aufbau, bestehend aus Bund, Ländern und Gemeinden.[248] Die Gemeinden, und auch die Kreise, sind als Selbstverwaltungsinstitutionen zwar Gebietskörperschaften und damit juristische Personen, sie verfügen aber nicht über eigene Staatsqualität.[249] Damit gehören die Gemeinden nicht zu den durch das Bundestreueprinzip verpflichteten Gliedern des Bundesstaates.[250] Nur bei dieser restriktiven Abgrenzung des Anwendungsbereichs kann der vom *Bundesverfassungsgericht* gewählten Verankerung des Bundestreuegebots im Bundesstaatsprinzip Rechnung getragen und verhindert werden, daß das Bundestreuegebot auf eine nicht mehr zu begrenzende Zahl von verpflichteten Hoheitsträgern Anwendung findet.[251]

---

[245] *BVerfG*, Urt. v. 21. Mai 1952, E 1, 299 (315); *BVerfG*, Urt. v. 28. Februar 1961, E 12, 205 (254); *BVerfG*, Urt, v. 26. Juli 1972, E 34, 9 (20); *BVerfG*, Urt. v. 8. Februar 1977, E 43, 291 (348).

[246] *Ders.* in: Maunz/Dürig, Kommentar zum Grundgesetz, Band II, Art. 20 IV. Die Verfassungsentscheidung für den Bundesstaat, Rdnr. 63.

[247] *BVerfG*, Urt. v. 11. Juli 1961, E 13, 54 (77 f.); *Stern*, Staatsrecht, Band I, S. 651.

[248] *Maunz*, in: Maunz/Dürig, Kommentar zum Grundgesetz, Band III, Art. 28, Rdnr. 79.

[249] *Stern*, Staatsrecht, Band I, S. 407.

[250] So z.B. *Bauer*, Die Bundestreue, S. 301, mit weiteren Nachweisen in FN 268.

[251] Vgl. dazu *Bauer*, Die Bundestreue, S. 300.

*Meßerschmidt*²⁵² begründet die Anwendbarkeit der Bundestreueverpflichtung auch bei Gemeinden mit dem Umstand, daß die Kommunen als landesunmittelbare Körperschaften "Teile" oder "Glieder" der Länder seien. Mit dieser Inkorporierung der Kommunen bei den Ländern ist jedoch noch nicht das o.g. Erfordernis der eigenen Staatlichkeit erfüllt. Mit der gleichen Begründung kann auch die sehr weitgehende Entscheidung des *Bundesverwaltungsgerichts* aus dem Jahr 1989 abgelehnt werden. In diesem Fall stritten die Deutsche Bundespost und eine Gemeinde darum, ob die Post zum Einsatz von Elektrofahrzeugen auf einer von der Gemeinde zur "autofreien Ferieninsel" erklärten ostfriesischen Insel verpflichtet werden kann. Das *Bundesverwaltungsgericht* dehnte in dieser Entscheidung den Anwendungsbereich des Bundestreuegebots auf alle staatlichen Organe und Hoheitsträger aus.²⁵³ Wegen der Gefahr einer unkontrollierbaren Ausuferung des Anwendungsbereichs des Bundestreuegebots wird diese Entscheidung des *Bundesverwaltungsgerichts* überwiegend abgelehnt.²⁵⁴ Das *Oberverwaltungsgericht Koblenz* geht jedoch in einem Urteil vom 17. November 1987 auch davon aus, daß die Kommunen dem Bundestreuegebot verpflichtet sind.²⁵⁵ Das Gericht begründet diese Rechtsauffassung nicht und führt nur aus, daß eine Gemeinde wegen des Grundsatzes des bundes- und länderfreundlichen Verhaltens nicht im Rahmen von bilateralen oder multilateralen Städtepartnerschaften durch Stellungnahmen zu verteidigungspolitischen Fragen ihre Zuständigkeiten überschreiten oder sich durch Beteiligung an solchen Stellungnahmen auf internationaler Ebene in die gemäß Art. 32 Abs. 1 GG dem Bund vorbehaltenen auswärtigen Beziehungen der Bundesrepublik Deutschland einmischen dürfe. Den Aussagen des Gerichts zur Anwendbarkeit des Bundestreuegebots kann man insofern weniger Bedeutung zumessen, als die bundesweite Abrüstung einschließlich der Abschaffung von Atomwaffen nicht von einer örtlichen Gemeinschaft eigenverantwortlich und selbständig bewältigt werden kann und somit das beabsichtigte Verhalten der Gemeinde schon nicht zu den Angelegenheiten der örtlichen Gemeinschaft gehörte mit der Konsequenz, daß die Entscheidung des Gerichts nicht auf die Anwendbarkeit des Bundestreuegebots gestützt werden muß.²⁵⁶

Mit § 12 VZOG installierte der Bundesgesetzgeber ab dem 25. Dezember 1995 Beschränkungen der sich aus § 8 Abs. 1 VZOG ergebenden Verfügungsbefugnisse zugunsten der nach Art. 21 Abs. 3, 1. Halbsatz und Art. 22 Abs. 1 Satz 7 EV restitutionsberechtigten Gebietskörperschaften. Die Begründung der Bundesregierung zum Gesetzentwurf des § 12 VZOG hilft bei der Frage, ob auch die Kommunen dem Bundestreuegebot unterliegen, nicht weiter. Die Bundesregierung führt hier lediglich aus: "Man wird wohl aus den Grundsätzen bundestreuen Verhaltens ab-

---

[252] *Ders.*: Die Verwaltung 23 (1990), 425 ff. (438 bis 441).
[253] *BVerwG*, Urt. v. 28. Juli 1989, DVBl 1990, 46 (47).
[254] *Bauer*, Die Bundestreue, S. 297, Rdnr. 233.
[255] DVBl 1988, 796 (797 und 798).
[256] Darauf weist z.B. *Bauer* in: Die Bundestreue, S. 302, FN 273, hin.

leiten müssen, daß Restitutionsansprüche bei der Vornahme von Verfügungen über den restitutionsbelasteten Gegenstand zumindest zu berücksichtigen sind. Damit ist allerdings noch nicht gesagt, welche Pflichten sich hieraus für den konkreten Einzelfall ergeben, wann eine Verfügung über den Vermögenswert zulässig und wann sie nicht mehr zulässig ist."[257] Von der Anwendbarkeit des Bundestreuegebots als Beschränkung der sich aus § 8 Abs. 1 Satz 1 Ziffern a) bis d) VZOG ergebenden Kompetenzen geht der Gesetzgeber offensichtlich aus, ausdrücklich stellt er jedoch nicht fest, daß auch die Kommunen dem Bundestreuegebot unterliegen.

Geht man davon aus, daß die Gemeinden nicht zum Kreis der durch das Bundestreuegebot Verpflichteten gehören, verbleibt noch die Möglichkeit, ein Bund, Länder und auch Kommunen berechtigendes und verpflichtendes Rücksichtnahmegebot an einem anderen Ort zu verankern oder verankert zu sehen.[258] Hier bieten sich zunächst die anderen Grundsätze an, aus denen das *Bundesverfassungsgericht* das Bundestreuegebot auch hätte ableiten können, d.h. insbesondere der allgemeine Rechtsgedanke des Verbots mißbräuchlicher oder willkürlicher Ausübung eines bestehenden Rechts. Vorrangig sollte jedoch der direkt für die Kommunen geltende Normenkomplex unter dem Gesichtspunkt untersucht werden, ob er Normen enthält, die auf die Geltung eines den ganzen kommunalen Verwaltungskomplex umfassenden, inhaltlich dem Bundestreuegebot entsprechenden Rücksichtnahmegebots schließen lassen. *Stern*[259] benennt in diesem Zusammenhang Art. 28 Abs. 2 GG, da diese spezifische verfassungsrechtliche Schutznorm tragfähig genug sei, eine auch die Gemeinden einbeziehende Generalnorm der Rücksichtnahmepflichten hervorzubringen. Ergiebig ist jedoch auch die nachfolgend dargelegte Suche im Bereich der die Kommune im sachlichen Zusammenhang mit § 8 Abs. 1 VZOG berechtigenden und verpflichtenden Normen, speziell ein Blick auf Art. 22 Abs. 3 EV und § 12 VZOG.

Mit der hier zu untersuchenden Beschränkung der sich für die Kommune aus § 8 Abs. 1 Satz 1 Ziffer a) VZOG ergebenden Verfügungsbefugnis sollen die Rechte der nach Art. 21 Abs. 3, 1. Halbsatz und Art. 22 Abs. 1 Satz 7 i.V.m. Art. 21 Abs. 3, 1. Halbsatz VZOG restitutionsberechtigten Gebietskörperschaften geschützt werden. Bei Streitigkeiten über das Bestehen von Restitutionsansprüchen haben diese Gebietskörperschaften, zu denen neben dem Bund, den Ländern und den Kreisen auch die Gemeinden gehören, sich gegenseitig Auskunft zu geben und Akteneinsicht zu gewähren: Art. 22 Abs. 3 EV verpflichte sie, sich untereinander Auskunft über und Einsicht in Grundbücher, Grundakten und sonstige Vorgänge zu gewähren, die Hinweise zu Vermögenswerten enthalten, deren rechtliche und tatsächliche Zuordnung zwischen den Gebietskörperschaften ungeklärt oder strittig ist. Im Zuordnungsverfahren auf der Grundlage des *Vermögenszuordnungsgesetzes*

---

[257] BT-Drs. 12/5553, S. 172.
[258] So *Bauer*, Die Bundestreue, S. 302.
[259] *Stern*, Staatsrecht I, S. 418 f..

gilt der Amtsermittlungsgrundsatz gemäß § 2 Abs. 5 Satz 1, 1. Halbsatz VZOG i.V.m. §§ 24 und 26 VwVfG. Nach § 26 Abs. 2 Satz 1 VwVfG "sollen" die Beteiligten bei der Ermittlung des Sachverhalts mitwirken. Art. 22 Abs. 3 EV geht über diese Regelung hinaus, indem die Beteiligten verpflichtet werden, bei Verlangen die für die Zuordnungsstelle wichtigen Informationen mitzuteilen. Daneben konkretisiert der Gesetzgeber mit Art. 22 Abs. 3 EV die in Art. 35 Abs. 1 GG verankerte Verpflichtung der Bundes- und Landesbehörden zur Leistung gegenseitiger Amtshilfe. Insbesondere die in § 5 Abs. 1 Nr. 4 VwVfG enthaltene Verpflichtung von Behörden, die von einer um Amtshilfe ersuchenden Behörde benötigten Urkunden und sonstigen Beweismittel herauszugeben, wird durch Art. 22 Abs. 3 EV konkretisiert auf die Situation einer Restitutionsanträge stellenden Gebietskörperschaft, der u.a. die Beweislast für ihre Eigentümerschaft zum 8. Mai 1945 obliegt.[260]

Eine weitere, nur die Gebietskörperschaften betreffende Sonderregelung findet sich in dem ab dem 25. Dezember 1995 geltenden § 12 VZOG. Die eine Verfügung auf der Grundlage von § 8 Abs. 1 VZOG beabsichtigende Körperschaft hat im Verhältnis zu Ansprüchen Privater nach dem *Vermögensgesetz* lediglich zu prüfen, ob Ansprüche angemeldet wurden.[261] Im Verhältnis zu Ansprüchen von Gebietskörperschaften nach dem *Vermögenszuordnungsgesetz* hingegen hat sie die beabsichtigte Verfügung anzuzeigen und eine Wartefrist zu beachten gemäß § 12 Abs. 2 Satz 1 VZOG. In der amtlichen Begründung zu § 12 VZOG wird ausgeführt: "Das Abstellen [erg.: im Verhältnis zu Ansprüchen von Gebietskörperschaften auf der Grundlage des *Vermögenszuordnungsgesetzes*] auf eine Anmeldung [erg.: wie im Verhältnis zu Ansprüchen von Privatpersonen auf der Grundlage des *Vermögensgesetzes*] erscheint im Verhältnis der öffentlichen Körperschaften zueinander nicht angemessen und auch wenig effektiv. Öffentliche Körperschaften werden nicht in eigenem Interesse, sondern im Interesse aller Bürger tätig, für die sie ihre öffentlichen Aufgaben wahrnehmen.".[262]

Art. 22 Abs. 3 EV und § 12 VZOG können als spezielle Ausprägungen einer generellen Verpflichtung der restitutionsberechtigten Gebietskörperschaften zu gegenseitiger Rücksichtnahme angesehen werden. Aus dieser generellen Verpflichtung zur gegenseitigen Rücksichtnahme wiederum läßt sich im Rahmen des § 8 Abs. 1 VZOG eine einschränkende Verpflichtung ableiten, nämlich die, sich bei Kenntnis von der Nutzung des den Gegenstand der Verfügung bildenden Grundstücks als Verwaltungsvermögen einer anderen Gebietskörperschaft der Verfügung zu enthalten. Für diese Ableitung sprechen zwei Gründe: Zum einen decken sich der

---

[260] Siehe dazu *Schmidt/Leitschuh*, in: Rechtshandbuch Vermögen und Investitionen in der ehemaligen DDR, Band II B 20, Art. 22 EV, Rdnr. 18, wobei in dieser Kommentierung versehentlich auf "Art. 33 GG" und nicht auf "Art. 35 GG" verwiesen wird.
[261] Siehe dazu § 1 Abs. 2 Satz 1 Nr. 1 GVO.
[262] BT-Drs. 12/5553, S. 172.

Kreis der Restitutionsberechtigten nach dem *Vermögenszuordnungsgesetz* und der Verfügungsbefugten nach § 8 Abs. 1 Satz 1 Ziffern a) bis d) VZOG, d.h. als Berechtigte kommen jeweils der Bund, die Länder, die Kreise und die Kommunen in Betracht, und zum anderen dient die o.g. Beschränkung der aus § 8 Abs. 1 VZOG folgenden Befugnisse ebenso wie die Regelung des Art. 22 Abs. 3 EV dem Schutz der Restitutionsansprüche von Gebietskörperschaften.

Als Zwischenergebnis bleibt damit folgendes festzuhalten: Vor dem 25. Dezember 1993 dürfen Verfügungen auf der Grundlage von § 8 Abs. 1 Satz 1 Ziffern a) bis d) VZOG nicht getätigt werden, wenn die eine Verfügung beabsichtigende Stelle Kenntnis davon hat, daß der Verfügungsgegenstand als Verwaltungsvermögen einer nach § 11 Abs. 1 Satz 1 VZOG restitutionsberechtigten Gebietskörperschaft genutzt wird. Diese Verpflichtung findet ihre Grundlage im Verhältnis des Bundes zu den Ländern oder der Länder untereinander im Bundestreuegebot und im Verhältnis einer Kommune zum Bund oder zu einem Land in einer die nach § 11 Abs. 1 Satz 1 VZOG restitutionsberechtigten Gebietskörperschaften treffenden besonderen Rücksichtnahmepflicht.

An dieser Stelle sei noch auf die auch und gerade im Rahmen der Beschränkung der Rechte aus § 8 Abs. 1 VZOG bestehende Verlockung hingewiesen, die Kommunen in den Rechten- und Pflichtenkreis des Bundestreuegebots einzubeziehen. Das Bundestreuegebot beschränkt die Befugnisse des Bundes aus § 8 Abs. 1 Satz 1 Ziffer d) VZOG und die Befugnisse der Länder aus § 8 Abs. 1 Ziffer b) VZOG. Ein sachlicher Grund, die Befugnisse der Kommunen aus § 8 Abs. 1 Satz 1 Ziffer a) VZOG nicht den gleichen Beschränkungen zu unterwerfen, ist nicht ersichtlich. Auch wenn damit der Zwang zur Bejahung eines auch die Kommunen berechtigenden und verpflichtenden Rücksichtnahmegebots besonders groß ist, sollte dennoch die vom *Bundesverfassungsgericht* gewählte Herleitung des Bundestreueprinzips aus dem Bundesstaatsprinzip nicht vorschnell und ohne Not aufgegeben werden.

Schmidt-Räntsch/Hiestand[263] weisen darauf hin, daß sich bei der Nutzung eines Grundstücks als Verwaltungsvermögen einer Körperschaft eine Verfügung nach § 8 Abs. 1 VZOG verbiete, da diese Körperschaft zur Nutzung im Rahmen des Widmungszwecks verpflichtet sei. Allein an den Umstand der Widmung oder der Kenntnis hierüber kann jedoch eine über den Wortlaut des § 8 Abs. 1 VZOG hinausgehende Beschränkung dieser Verfügungsbefugnis nicht geknüpft werden. *Schmidt-Räntsch/Hiestand*[264] begründen die Beschränkung aber auch mit dem "Grundsatz der Bundes- bzw. Verwaltungstreue".

---

[263] *Schmidt-Räntsch/Hiestand*, in: Rechtshandbuch Vermögen und Investitionen in der ehemaligen DDR, Band II B 170, § 8 VZOG, Rdnr. 48.

[264] *Schmidt-Räntsch/Hiestand*, in: Rechtshandbuch Vermögen und Investitionen in der ehemaligen DDR, Band II B 170, § 8 VZOG, Rdnr. 38 und 48.

Das *Bundesfinanzministerium*[265] führt ohne nähere Erläuterungen aus, daß sich bei Grundstücken, "die für Verwaltungsaufgaben benötigt werden", "aus der Natur der Sache" eine Verfügung auf der Grundlage des § 8 Abs. 1 VZOG verbiete.

(2) Ermittlungspflicht der Kommune i.S.d. § 12 VZOG auf der Grundlage des Gebots des bundesfreundlichen Verhaltens auch schon vor dem 25. Dezember 1993?

Hat die eine Verfügung auf der Grundlage des § 8 Abs. 1 VZOG beabsichtigende Stelle keine Kenntnis von einer Nutzung des Verfügungsgegenstandes als Verwaltungsvermögen einer nach § 11 Abs. 1 Satz 1 VZOG restitutionsberechtigten Gebietskörperschaft, wird man Ermittlungspflichten hinsichtlich des Bestehens von Restitutionsansprüchen wohl verneinen müssen: Einerseits bezweckt der Gesetzgeber mit § 8 Abs. 1 VZOG, eine Störung der Investitionstätigkeit zu verhindern,[266] und andererseits besteht für die Restitutionsantragssteller z.B. die Möglichkeit, sich von der Zuordnungsstelle gemäß § 15 Abs. 1 VZOG vorläufig in den Besitz des Vermögenswerts, für den er einen Zuordnungsantrag nach dem *Vermögenszuordnungsgesetz* gestellt hat, einweisen zu lassen und auf diesem Wege der Gefahr einer Verfügung durch eine andere Gebietskörperschaft zu begegnen.

cc) Zu den Heilungsvorschriften des *Wohnraummodernisierungssicherungsgesetzes*

Mit dem am 24. Juli 1997[267] in Kraft getretenen *Wohnraummodernisierungssicherungsgesetz* vom 17. Juli 1997 verankerte der Gesetzgeber mit den neu in den Absatz 2 des Art. 233 § 2 EGBGB eingefügten Sätzen 1 bis 3 Heilungsvorschriften für einige Fälle von Verfügungen, die den Anforderungen der zur Verfügung ermächtigenden Norm nicht entsprachen und damit ohne Verfügungsbefugnis erfolgt waren. Den Gegenstand der Untersuchung oben unter bb) betreffend könnte sich aus Art. 233 § 2 Abs. 2 Satz 1, 2. Alternative EGBGB eine unwiderlegliche Vermutung für das Vorhandensein der Verfügungsbefugnis in Fällen einer Verfügung auf der Grundlage von § 8 VZOG in der Zeit vor dem 25. Dezember 1993 ergeben. Diese in Satz 1 des Art. 233 § 2 Abs. 2 EGBGB enthaltene Heilungsvorschrift kommt jedoch wegen der in Satz 3 des Art. 233 § 2 Abs. 2 EGBGB enthaltenen Beschränkung der Reichweite der Heilung gemäß Satz 1 nicht zur Anwendung.

---

[265] Hinweise des *Bundesministeriums der Finanzen* zur Verfügungsbefugnis der Länder, Gemeinden, Städte und Landkreise gem. § 6 Vermögenszuordnungsgesetz, in: Infodienst Kommunal Nr. 27 vom 14. Juni 1991, abgedruckt in: Rechtshandbuch Vermögen und Investitionen in der ehemaligen DDR, Band IV D 170.2.

[266] Vgl. die Begründung der *Bundesregierung* zum Entwurf eines Registerverfahrensbeschleunigungsgesetzes, BT-Drs. 12/5553, S. 167.

[267] BGBl. 1997 I S. 1823 (S. 1831).

Die Suche nach dem Anwendungsbereich des im siebten Jahr nach der Wiedervereinigung eingefügten Satzes 3 des Art. 233 § 2 Abs. 2 EGBGB erweist sich als mühsam. Das *Bundesverwaltungsgericht* kommt in einem Urteil vom 19. November 1998[268] nach einer "sinnstiftenden" Auslegung zu dem Ergebnis, daß der Gesetzgeber "allem Anschein nach" wohl "Anlaß zur Annahme" folgenden Inhalts des von ihm neu geschaffenen Satzes 3 hatte: Wurde auf der Grundlage des § 8 VZOG unter Überschreitung der Grenzen der Verfügungsbefugnis über ein Grundstück verfügt, an dem mit der *Dritten Durchführungsverordnung zum Treuhandgesetz* Eigentum und Besitz der Treuhandanstalt, mittlerweile umbenannt in Bundesanstalt für vereinigungsbedingte Sonderaufgaben, übertragen worden war mit der Verpflichtung zur Privatisierung, greifen die Heilungsvorschriften des Satzes 1 nicht. Auf die für den vorliegend untersuchten Fall nicht relevanten anderen Alternativen des Satzes 3 soll hier nicht näher eingegangen werden. Damit unterfällt die oben unter bb) dargelegte Grenze der Reichweite der auf § 8 VZOG gestützten Verfügungsbefugnis nicht ab dem 24. Juli 1997 den in Art. 233 § 2 Abs. 2 Satz 1 EGBGB enthaltenen Heilungsvorschriften.

Der Wortlaut des Art. 233 Abs. 2 Satz 3 EGBGB legt das Erfordernis von Verbotstatbeständen nahe. Weder § 68 ZGB noch die Zweite, Dritte und die Vierte Durchführungsverordnung zum Treuhandgesetz enthalten jedoch solche. Auf der Grundlage der im vorliegenden Fall relevanten *Dritten Durchführungsverordnung zum Treuhandgesetz* hat lediglich die Privatisierungsstelle Eigentum und Besitz an dem landwirtschaftlich genutzten ehemaligen Volkseigentum inne, verbunden mit einer Privatisierungsverpflichtung. Auch § 68 ZGB stellt keinen Verbotstatbestand dar, sondern knüpft lediglich die Rechtsfolge der Nichtigkeit an den Verstoß gegen einen, woanders verankerten, Verbotstatbestand. Einen Verbotstatbestand enthielt z.B. der mit Gesetz vom 28. Juni 1990[269] aufgehobene § 20 ZGB. Dessen Absatz 3 Satz 2 lautete: "Volkseigentum darf weder verpfändet, gepfändet noch belastet werden.". Das *Bundesverwaltungsgericht* kommt zu dem Ergebnis, daß der Gesetzgeber in Art. 233 Abs. 2 Satz 3 EGBGB einen Verbotstatbestand nicht voraussetzen wollte, entgegen dem Wortlaut dieser Vorschrift.[270]

In Satz 3 des Art. 233 § 2 Abs. 2 EGBGB sieht das *Bundesverwaltungsgericht* vier Fälle verankert. Zum einen über § 68 ZGB Verstöße gegen woanders normierte und die Verfügung über Volkseigentum einschränkende Verbote, zum anderen die Fälle der Verfügung über Grundstücke, die in den Anwendungsbereich der Zweiten, Dritten und der Vierten Durchführungsverordnung zum Treuhandgesetz fallen. *Böhringer,*[271] *Säcker*[272] und *Schnabel*[273] werten wohl die genannten drei Durchfüh-

---

[268] ZOV 1999, 217 (219).
[269] GBl. DDR I S. 524.
[270] Urt. v. 19. November 1999, ZOV 1999, 217 (219).
[271] Ders., OV spezial 1997, 263 (264, III, letzter Absatz).
[272] Ders. in: Münchener Kommentar, Band 11, Art. 233 § 2 EGBGB, FN 13.
[273] Ders., VIZ 1998, 113 (116).

rungsverordnungen als Verbotsnormen und erschließen diese Fälle dann "über" oder "in Verbindung mit" § 68 Abs. 1 Nummer 1 ZGB. Den vorliegend untersuchten Fall betreffend erweist sich die zuletzt genannte Sichtweise als nachteilig. Verfügungen auf der Grundlage von § 8 VZOG über Vermögen, welches dem Anwendungsbereich der *Dritten Durchführungsverordnung zum Treuhandgesetz* unterfällt, sind nur ab dem 29. März 1991,[274] dem Inkrafttreten des § 6 VZOG als Vorgängervorschrift zu § 8 VZOG, möglich. Schon mit dem 3. Oktober 1990 jedoch war § 68 ZGB außer Kraft getreten. Zur Lösung dieses Problems könnte man eine analoge Anwendung des § 134 BGB erwägen. Die Auslegung des *Bundesverwaltungsgerichts* führt demgegenüber gar nicht erst zu diesem Problem.

Mit den Heilungstatbeständen in Satz 1 des Art. 233 § 2 Abs. 2 EGBGB will der Gesetzgeber insbesondere die Fälle erfassen, in denen die Inhaber selbständigen Gebäudeeigentums auf der Grundlage des am 19. März 1990 in Kraft getretenen sog. Modrow-Gesetzes[275] den volkseigenen Grund und Boden hinzuerwarben.[276] In den Fällen des Satzes 3 erachtete der Gesetzgeber eine Heilung der nicht gegebenen Verfügungsbefugnis als nicht angebracht. Die Gefahr des Vorliegens von unlauteren Machenschaften beim Erwerb von Grundstücken aus dem Bestand des Volkseigentums erschien zu groß.[277] In dem vorliegend untersuchten Sachzusammenhang beträfe dies z.B. insbesondere landwirtschaftlich genutzte und unbebaute Grundstücke in Ortsrandlage.

dd) Verfügungen auf der Grundlage von § 8 Abs. 1 Satz 1 Ziffer a) VZOG ab dem 25. Dezember 1993

Nachfolgend soll untersucht werden, ob die Verfügung einer Kommune auf der Grundlage von § 8 Abs. 1 Satz 1 Ziffer a) VZOG über ein landwirtschaftlich genutztes Grundstück mit dem Ziel, diese Fläche zur Erstellung eines Wirtschaftsweges zur Verfügung zu stellen, den in § 12 VZOG normierten und ab dem 25. Dezember 1993 geltenden Anforderungen genügt.

(1) Regelungszweck des § 12 VZOG

Mit § 12 VZOG regelt der Gesetzgeber zum einen den Pflichtenkreis des gemäß § 8 Abs. 1 VZOG Verfügungsberechtigten gegenüber den Restitutionsberechtigten auf der Grundlage des *Vermögenszuordnungsgesetzes* und zum anderen die Grenze, ab der das Restitutionsinteresse gegenüber dem Investitionsinteresse zurücktreten muß. Beabsichtigt eine Kommune die Verfügung über ein in ihrem Gemeindegebiet belegenes Grundstück auf der Grundlage des § 8 Abs. 1 Satz 1 Ziffer a) VZOG, so könnte dem Belegenheitskreis oder dem Belegenheitsland hinsicht-

---

[274] BGBl. 1991 I S. 766 (S. 786, 789).
[275] Gesetz über den Verkauf volkseigener Gebäude vom 7. März 1990 (GBl. DDR I S. 157).
[276] Siehe dazu *Böhringer*, OV spezial 1997, 263 (264).
[277] BVerwG, Urt. v. 19. November 1998, ZOV 1999, 217 (219).

lich des Grundstücks ein Restitutionsanspruch nach Art. 21 Abs. 3, 1. Halbsatz EV oder nach Art. 22 Abs. 1 Satz 7 i.V.m. Art. 22 Abs. 3, 1. Halbsatz EV zustehen.

Nach § 12 Abs. 1 Satz 1 VZOG darf die gemäß § 8 Abs. 1 VZOG verfügungsbefugte Stelle die Verfügung nur vornehmen, wenn sie der Durchführung einer sog. "erlaubten Maßnahme" dient. In Anlehnung an § 3 Abs. 1 InVorG werden die erlaubten Maßnahmen in § 12 Abs. 1 Satz 2 VZOG abschließend aufgeführt. Die zur Verfügung entschlossene Stelle muß die Maßnahme gemäß § 12 Abs. 2 VZOG anzeigen und eine Wartefrist von vier Wochen[278] einhalten. In dieser Zeit kann eine nach dem *Vermögenszuordnungsgesetz* restitutionsberechtigte Gebietskörperschaft prüfen, ob sie bei der Zuordnungsstelle einen Antrag auf Untersagung der Maßnahme stellen will gemäß § 12 Abs. 3 Satz 1 VZOG. Der Antrag kann entweder mit der Behauptung, daß keine erlaubte Maßnahme vorliege, begründet werden oder mit der glaubhaften Darlegung, daß der Vermögensgegenstand für eine beschlossene und unmittelbare Verwaltungsaufgabe dringend erforderlich sei. Stellt die restitutionsberechtigte Stelle innerhalb der o.g. Ausschlußfrist keinen Antrag auf Untersagung der Maßnahme, kann diese durchgeführt werden mit der Konsequenz, daß sich der Naturalrestitutionsanspruch nach § 11 Abs. 1 Satz 1 VZOG in einen Erlösauskehranspruch nach § 13 Abs. 2 VZOG umwandelt. Aus § 12 Abs. 1 Satz 1 und Abs. 2 Satz 1 VZOG ergibt sich bei Verfügungen auf der Grundlage von § 8 Abs. 1 VZOG ein schuldrechtliches Verfügungsverbot. Verfügt eine der in § 8 Abs. 1 VZOG genannten Stellen unter Mißachtung der Anforderungen des § 12 VZOG, bleibt die Verfügung wirksam, d.h. die verfügende Stelle "kann mehr als sie darf"[279], möglicherweise entstehen jedoch Schadensersatzansprüche.[280]

(2) Zur erlaubten Maßnahme der "erforderlichen Infrastrukturmaßnahme" gemäß § 12 Abs. 1 Satz 1 Nummer 1 c) VZOG

Die erlaubten Maßnahmen gemäß § 12 Abs. 1 Satz 2 Ziffer 1 Nummern a) bis c) VZOG entsprechen im Großen und Ganzen den besonderen Investitionszwecken gemäß § 3 Abs. 1 Satz 1 Nummern 1 bis 3 InVorG.[281]

Gegenstand der Untersuchung bildet der Fall, daß eine Kommune über § 8 Abs. 1 Ziffer a) VZOG ein Grundstück zwecks Anlegung eines in einer Gemarkung noch benötigten Wirtschaftswegs zur Verfügung stellen will. Dieses Vorhaben kann insbesondere aus den beiden nachfolgend dargelegten Erwägungen als "erforderliche Infrastrukturmaßnahme" i.S.d. § 12 Abs. 1 Satz 2 Nr. 1 Ziffer c, 1. Alt. VZOG qualifiziert werden.

---

[278] In der amtlichen Begründung war eine Wartefrist von einem Monat vorgesehen, so BT-Drs. 12/5553, S. 173.
[279] *Schmidt-Räntsch/Hiestand*, in: Rechtshandbuch Vermögen und Investitionen in der ehemaligen DDR, Band II B 170, § 12 VZOG, Rdnr. 4.
[280] BT-Drs. 12/5553, S. 172.
[281] BT-Drs. 12/5553, S. 172.

Unter Bezugnahme auf die Rechtslage bei § 3 InVorG muß die Infrastrukturmaßnahme einen konkreten Bezug zu bestimmten Investitionen oder Investitionsvorhaben nicht aufweisen.[282] Es reicht aus, wenn die Infrastrukturmaßnahme "schlechthin" für Investitionen erforderlich ist.[283] Konkrete, durch die Infrastrukturmaßnahme bedingte investive Einzelvorhaben müssen im Zeitpunkt der Verfügung noch nicht feststehen, sondern lediglich zu erwarten sein.[284] Geht man davon aus, daß der Wirtschaftsweg benötigt wird, weil nach der Wende in einer Gemeinde die landwirtschaftlichen Nutzflächen nicht mehr nur noch von der Rechtsnachfolgerin der örtlichen Landwirtschaftlichen Produktionsgenossenschaft bewirtschaftet werden, sondern nunmehr auch von einigen Wiedereinrichtern oder Neueinrichtern, so kann unterstellt werden, daß sich wegen dem neuen Wirtschaftsweg die Produktionsbedingungen zumindest der Wieder- und der Neueinrichter verbessern und damit ein günstigeres Klima für Investitionen bei diesen Betrieben entsteht.

Darüber hinaus ergibt sich bei den von Bund und Ländern gemeinsam im Rahmen einer der sog. Gemeinschaftsaufgaben gemäß Art. 91 a Abs. 1 Nr. 2 und 3 GG geförderten Maßnahmen zur Verbesserung der wirtschaftsnahen Infrastruktur aus dieser Förderung regelmäßig ein gewichtiger Anhaltspunkt dafür, daß Infrastrukturmaßnahmen i.S.d. § 3 Abs. 1 Satz 1 Nr. 3 InVorG vorliegen.[285] Das Gesetz über die Gemeinschaftsaufgabe "Verbesserung der Agrarstruktur und des Küstenschutzes"[286] benennt in § 1 die zur Verbesserung der Agrarstruktur und des Küstenschutzes als Gemeinschaftsaufgaben i.S.d. Artikels 91 a Abs. 1 Nummer 3 GG wahrgenommenen Maßnahmen und führt dabei unter Ziffer 4 "kulturbautechnische Maßnahmen" auf. Gemäß § 4 Abs. 1 GAK-Gesetz ist für die Erfüllung der Gemeinschaftsaufgabe ein gemeinsamer Rahmenplan aufzustellen. Der am 7. April 2000 beschlossene Rahmenplan der Gemeinschaftsaufgabe "Verbesserung der Agrarstruktur und des Küstenschutzes" für den Zeitraum 2000 bis 2003[287] enthält

---

[282] So *Frantzen* zu § 3 InVorG, in: Kimme, Offene Vermögensfragen, Band II 21, § 3 InVorG, Rdnr. 28.

[283] So in der Begründung der *Bundesregierung* zum Entwurf eines zweiten Vermögensrechtsänderungsgesetzes, mit dem als Artikel 5 das Investitionsvorranggesetz neu erlassen wurde, BT-Drs. 12/2480, S. 65.

[284] So in den *Empfehlungen des Bundesjustizministeriums zur Anwendung des Investitionsvorranggesetzes für Immobilien* vom 1. September 1992, berichtigt am 20. November 1992 (abgedruckt in: Rechtshandbuch Vermögen und Investitionen in der ehemaligen DDR, Band III D 130.3) unter Teil 2. V. 3. a) dd) (Rdnr. 57 auf Seite 36).

[285] So in den *Empfehlungen des Bundesjustizministeriums zur Anwendung des Investitionsvorranggesetzes für Immobilien* vom 1. September 1992, berichtigt am 20. November 1992 (abgedruckt in: Rechtshandbuch Vermögen und Investitionen in der ehemaligen DDR, Band III D 130.3) unter Teil 2. V. 3. a) dd) (Rdnr. 57 auf Seite 36). Hierauf verweist auch *Frantzen*, in: Kimme, Offene Vermögensfragen, Band II 21, § 3 InVorG, Rdnr. 30.

[286] GAK-Gesetz, zuletzt geändert durch Gesetz vom 8. August 1997 (BGBl. I S. 2027).

[287] BT-Drs. 14/3498, S. 15 ff..

auch "Grundsätze für die Förderung der Flurbereinigung und des ländlichen Wegebaus".[288] Auf der Grundlage von Ziffer 2.2 der Regelungen zum ländlichen Wegebau kann dabei zur nachhaltigen Entwicklung und Verbesserung der mit der Landwirtschaft verbundenen Infrastruktur der Neubau landwirtschaftlicher Wege gefördert werden.[289] Dieser Umstand einer finanziellen Förderung des ländlichen Wirtschaftswegebaus durch Bund und Länder vermag die Einstufung des Anlegens der zur ordnungsgemäßen Bewirtschaftung landwirtschaftlicher Nutzflächen durch die ortsansässigen Betriebe benötigten Wirtschaftswege als Infrastrukturmaßnahme i.S.d. § 3 Abs. 1 Satz 1 Nr. 3 InVorG und damit auch als "erforderliche Infrastrukturmaßnahme" i.S.d. § 12 Abs. 1 Satz 1 Nr. 1 c) VZOG zu tragen.

(3) Zu den Anforderungen des Verhältnismäßigkeitsgrundsatzes

Die erlaubten Maßnahmen nach § 12 VZOG müssen über § 12 Abs. 1 Satz 2 Nummer 2 VZOG ebenso wie die Investitionen nach § 3 InVorG über § 3 Abs. 1 Satz 2 InVorG dem Verhältnismäßigkeitsgebot genügen. Die Geltung des Verhältnismäßigkeitsgebots im Rahmen des § 3 InVorG[290] wird insbesondere damit begründet, daß durch § 3 InVorG in Rechte Dritter, nämlich in Rückübertragungsansprüche nach § 3 VermG, eingegriffen werden kann.[291]

Die Grundsätze der Verhältnismäßigkeit verpflichten die Verwaltung in drei Stufen.[292] Zunächst darf die Verwaltung bei der Erfüllung ihrer Aufgaben unter mehreren möglichen Maßnahmen nur diejenige treffen, die geeignet ist, den angestrebten Zweck zu erreichen (Geeignetheit). Ferner soll die Maßnahme möglichst wenig Nachteile im Gefolge haben, d.h. es sind weniger belastende Alternativlösungen zu prüfen (Erforderlichkeit). Schließlich hat eine danach zulässige Maßnahme dann zu unterbleiben, wenn die mit ihr verbundenen Nachteile insgesamt die Vorteile überwiegen, wenn ein vernünftiges Verhältnis zwischen Anlaß, Zweck und Aus-

---

[288] Im vorherigen *Rahmenplan der Gemeinschaftsaufgabe "Verbesserung der Agrarstruktur und des Küstenschutzes" für den Zeitraum 1999 bis 2002* war die Förderung des Neubaus von ländlichen Wegen zur besseren Erschließung landwirtschaftlicher Nutzflächen bei den "Grundsätzen für die Förderung wasserwirtschaftlicher und kulturbautechnischer Maßnahmen enthalten (BT-Drs. 14/1634 vom 16. September 1999, S. 53, Ziffern 2.1.4.2 und 2.2.6).

[289] BT-Drs. 14/3498, S. 22.

[290] Vgl. dazu: *Frantzen*, in: Kimme, Offene Vermögensfragen, Band II 21, § 3 InVorG, Rdnr. 31 und Zenneck, in: Rädler/Raupach/Bezzenberger, Vermögen in der ehemaligen DDR, Band II Teil 3 A III, § 3 InVorG, Rdnr. 35, jeweils verweisend auf: KreisG Dresden, Beschl. v. 23. März 1992, ZOV 1992, 410 (412). In der Begründung der Bundesregierung zum Entwurf eines Investitionsvorranggesetzes wird bei § 3 InVorG darauf hingewiesen, daß im Gegensatz zur bisherigen Regelung auf das Erfordernis der Dringlichkeit der Investition verzichtet werden könne, da Investitionen im allgemeinen in den neuen Ländern die Vermutung der Dringlichkeit für sich hätten, und daß vielmehr bei der Neuregelung die Schwerpunkte auf die Verhältnismäßigkeitsklauseln zu legen seien, BT-Drucks. 12/2480, S. 65.

[291] *Fieberg/Reichenbach*, NJW 1991, 1977 (1982).

[292] Vgl. dazu *Wolff/Bachof/Stober*, Verwaltungsrecht I, § 30 Rdnr. 8.

maß der Regelung nicht besteht (Verhältnismäßigkeit im engeren Sinne, Angemessenheit).

(a) Zur Geeignetheit

Im Rahmen der Geeignetheitsprüfung ist die tatsächliche und rechtliche Realisierbarkeit des Investitionsvorhabens zu untersuchen. Eine Prüfung auf Schlüssigkeit und Plausibilität reicht aus.[293] In der Regel kann die zuständige Stelle, sofern keine anderweitigen Anhaltspunkte vorliegen, von der Genehmigungsfähigkeit des Vorhabens ausgehen und sich darauf beschränken, nur in Zweifelsfällen z.B. die zuständige Genehmigungsbehörde um Auskunft oder Stellungnahme zur öffentlich-rechtlichen Genehmigungsfähigkeit des Vorhabens zu bitten.[294] Im Rahmen des § 3 InVorG läßt sich dieser Verzicht auf eine detaillierte Prüfung damit begründen, daß die übergangenen Zuordnungsansprüche Privater auf der Grundlage des *Vermögensgesetzes* dadurch ausreichend geschützt sind, daß bei ausbleibender Vorhabenrealisierung die Übertragung an den Investor auf Antrag des übergangenen Berechtigten nach dem *Vermögensgesetz* rückabgewickelt werden muß.[295] Im Rahmen des § 12 VZOG, d.h. im Verhältnis zu den Restitutionsansprüchen der Gebietskörperschaften auf der Grundlage des *Vermögenszuordnungsgesetzes*, fehlt ein solcher, den Investor belastender Realisierungsvorbehalt. Der Grund für diese Ungleichbehandlung liegt wohl in der generellen Erwägung des Gesetzgebers, die Gebietskörperschaften mit dem jeweiligen Verwaltungsvermögen auszustatten und ihnen darüber hinaus nur "auch noch" Finanzvermögen, das sich am 8. Mai 1948 in ihrem Eigentum befand und dann entschädigungslos in Volkseigentum überführt wurde, zu übertragen. Dieser Grundentscheidung folgend hat der Gesetzgeber mit dem *Vermögensgesetz* das Interesse Privater an der Wiedererlangung ihres Altbesitzes stärker geschützt als mit dem *Vermögenszuordnungsgesetz* das Interesse der Gebietskörperschaften an der Wiedererlangung ihres heute als Finanzvermögen genutzten Altvermögens. Wenn der Gesetzgeber in § 12 VZOG die Möglichkeit der Rückabwicklung der Verfügung wegen fehlender Realisierung der Investition

---

[293] *Zenneck*, in: Rädler/Raupach/Bezzenberger, Vermögen in der ehemaligen DDR, Band II Teil 3 A III, § 3 InVorG, Rdnr. 37.

[294] *Frantzen*, in: Kimme, Offene Vermögensfragen, Band II 21, § 3 InVorG, Rdnr. 33 f..

[295] So *Frantzen*, in: Kimme, Offene Vermögensfragen, Band II 21, § 3 InVorG, Rdnr. 33. Nach § 8 Abs. 2 Satz 1 Ziffer a) InVorG ist eine Frist für die Durchführung der zugesagten Maßnahme zu bestimmen und nach § 8 Abs. 2 Satz 1 Ziffer c) InVorG muß der Vertrag mit dem Investor eine Verpflichtung zur Rückübertragung des Grundstücks im Falle des Widerrufs des Investitionsvorrangbescheids enthalten; der Investitionsvorrangbescheid wiederum ist gemäß § 15 Abs. 1 Satz 1 InVorG zu widerrufen, wenn das Vorhaben auf dem Grundstück nicht innerhalb der festgesetzten Frist durchgeführt wurde. Das *Bundesverwaltungsgericht* führt in einem Beschluß vom 21. Oktober 1998 (ThürVBl 1999, 87) aus, daß der durch eine dinglich wirksame Verfügung über das Eigentum an einem restitutionsbelasteten Grundstück gemäß § 3 Abs. 4 Sätze 2 und 3 VermG untergegangene Rückübertragungsanspruch einer Privatperson auf der Grundlage des *Vermögensgesetzes* wieder auflebe, wenn der dem Erwerb zugrundeliegende Investitionsvorrangbescheid bestandskräftig aufgehoben worden sei.

nicht vorsieht, liegt darin wohl wieder eine "beabsichtigte Benachteiligung" der Gebietskörperschaften gegenüber den Privatpersonen.

Trotz des Fehlens einer solchen Rückabwicklungsmöglichkeit ist jedoch den Gebietskörperschaften im Rahmen der Geeignetheitsprüfung bei § 12 VZOG ebenso wie den Privatpersonen im Rahmen der Geeignetheitsprüfung bei § 3 InVorG eine sich auf die Schlüssigkeit beschränkende Prüfung zumutbar, jedenfalls in dem den Untersuchungsgegenstand bildenden Fall. Wenn eine Kommune zur Errichtung eines Wirtschaftsweges ein landwirtschaftlich genutztes Grundstück als Tauschland zur Verfügung stellen will, dann läßt sich dieses Vorhaben der Errichtung eines neuen Wirtschaftsweges wohl nur im Rahmen eines behördlich geleiteten Planungsverfahrens realisieren, d.h. entweder als freiwilliger Landtausch i.S.d. § 54 LwAnpG oder als Bodenordnungsverfahren i.S.d. § 56 LwAnpG. Hier bietet sich ein unterstützendes Tätigwerden der mit der Durchführung des Verfahrens betrauten Flurneuordnungsbehörde an. Hat nach Anzeige der Kommune fristgerecht ein Restitutionsberechtigter einen Antrag auf Untersagung der Maßnahme gestellt gemäß § 12 Abs. 3 Satz 1 VZOG und prüft die für die Restitution zuständige Stelle, ob die Maßnahme nach § 12 Abs. 1 VZOG zulässig ist, erscheint es von großem Vorteil, wenn die Flurneuordnungsbehörde der Zuordnungsstelle gegenüber bestätigt, daß diese Fläche als Tauschland im Rahmen eines behördliche geleiteten Landentwicklungsverfahrens benötigt wird. Die Zuordnungsstelle kann die Geeignetheit der Maßnahme daraufhin in der Regel wohl bejahen.

(b) Zur Erforderlichkeit

Bei der geplanten Maßnahme muß es sich ferner um diejenige Realisierungsvariante handeln, bei der die Restitutionsansprüche nach dem *Vermögenszuordnungsgesetz* am geringsten beeinträchtigt werden.

Zunächst darf von dem Grundstück nur die zur Realisierung des Vorhabens benötigte Fläche in Anspruch genommen werden.[296] Die Einhaltung dieser Voraussetzung soll unterstellt werden.

Als problematisch erweist sich vorher jedoch die Frage, ob der Restitutionsanspruch der Gebietskörperschaft nur dann gegenüber der geplanten Investition zurücktreten muß, wenn nachgewiesen ist, daß Alternativgrundstücke nicht zur Verfügung stehen. Zum einen könnte die Gemeinde über eigene, nicht restitutionsbelastete Grundstücke verfügen und zum anderen besteht die Möglichkeit, daß Privatpersonen zur Bereitstellung eigenen Landes bereit sind.

Im Rahmen des § 3 InVorG ist die Frage nach dem Vorhandensein eventueller Ersatz- oder Ausweichstandorte ohne Belang. Nach *Frantzen*[297] und *Keil*[298] ist die für

---

[296] Siehe die Begründung der *Bundesregierung* zum Entwurf eines Registerverfahrensbeschleunigungsgesetzes, BT-Drs. 12/5553, S. 173.
[297] *Ders.* in: Kimme, Offene Vermögensfragen, Band II 21, § 3 InVorG, Rdnr. 37a.

die Entscheidung über die Zulässigkeit des Vorhabens zuständige Behörde an die Standortwahl des Vorhabenträgers gebunden. *Uechtritz*[299] weist in seiner Kommentierung zum § 3 InVorG darauf hin, daß - wohl nur in Ausnahmefällen - die Erforderlichkeit der Inanspruchnahme des Grundstücks "fehlen könne", wenn der Verfügungsberechtigte über gleich geeignete Grundstücke verfüge und der Investor die Möglichkeit habe, diese ohne Zeitverzögerung zu gleichen Konditionen zu erwerben. Auch das *Bundesjustizministerium*[300] schreibt in seinen Empfehlungen zur Anwendung des *Investitionsvorranggesetzes*, daß es an der Erforderlichkeit des Grundstücks "fehlen könne", wenn das in Aussicht genommene Vorhaben auf einem anderen anmeldefreien Grundstück des gegenwärtig Verfügungsberechtigten ebensogut und ohne Einschränkungen verwirklicht werden könne. Als Beispiel nennt das *Bundesjustizministerium*: Soll das Vorhaben z.B. Altanlagen mit einbeziehen, könne nicht eingewandt werden, daß man auch eine komplett neue Anlage errichten könnte. Solche Umstände brauchten bei dem Investitionsvorrangbescheid nur dann berücksichtigt zu werden, wenn hierfür gewichtige tatsächliche Anhaltspunkte vorlägen. Diese Anhaltspunkte erläutert das *Bundesjustizministerium* jedoch nicht näher. Sowohl *Uechtritz*[301] als auch das *Bundesjustizministerium*[302] betonen, daß es in diesem Zusammenhang nicht darum gehe, die Entscheidung des Investors hinsichtlich des Standorts seiner Investition durch die Entscheidung einer anderen Stelle zu ersetzen. Maßstab sei die Planung des Investors.

Im Rahmen des § 12 VZOG hingegen vertritt *Kuchar*[303] die Auffassung, daß bei der in § 12 Abs. 1 Satz 2 Nummer 2 geforderten Erforderlichkeit der Inanspruchnahme des Vermögenswerts "gegebenenfalls" auch zu prüfen ist, ob der Zweck auch auf einem Alternativgrundstück erreichbar ist. Bei seinen Ausführungen zur Unzulässigkeit der Maßnahme im Zusammenhang des § 12 Abs. 3 Satz 1, 1. Alternative VZOG führt *Kuchar*[304] aus, daß die Zuordnungsbehörde in bindender Entscheidung die beabsichtigte Maßnahme zu untersagen habe, wenn möglicherweise das Vorhaben auch ohne die Inanspruchnahme des betroffenen Vermögensgegenstandes realisierbar sei.

Zu unterscheiden sind bei § 12 VZOG wohl zwei Fallgruppen, und zwar hinsichtlich der marktwirtschaftlichen Rahmenbedingungen der beabsichtigten Investition:

---

[298] *Ders.*, VIZ 1995, 578 (579).

[299] *Ders.* in: Rechtshandbuch Vermögen und Investitionen in der ehemaligen DDR, Band II B 130, § 3 InVorG, Rdnr. 61.

[300] *Empfehlungen des Bundesjustizministeriums zur Anwendung des Investitionsvorranggesetzes für Immobilien* vom 1. September 1992, Infodienst Kommunal Nr. 52 vom 25. September 1992, berichtigt Infodienst Kommunal Nr. 61 vom 20. November 1992, abgedruckt in: Rechtshandbuch Vermögen und Investitionen in der ehemaligen DDR, Band III D 130.3, Rdnr. 59, 4. Absatz.

[301] a.a.O., Rdnr. 64.

[302] a.a.O., Rdnr. 59, 4. Absatz.

[303] *Ders.* in: Kimme, Offene Vermögensfragen, Band II 33, § 12 VZOG, Rdnr. 22.

[304] *Ders.* in: Kimme, Offene Vermögensfragen, Band II 33, § 12 VZOG, Rdnr. 54.

Zur einen Gruppe sollen die Fälle gehören, in denen der Investor das volle Risiko der Erzielung von Gewinnen trägt und die Investition, z.B. in einen Hotelbetrieb oder in einen Gewerbebetrieb auch nur bei Gewinnerzielung auf Dauer erfolgreich sein kann. Zur anderen Gruppe zählen dann alle übrigen Investitionen, bei denen der Investor nicht unter dem Druck steht, sich in der sozialen Marktwirtschaft behaupten zu müssen. Bei dem untersuchungsgegenständlichen Fall der Errichtung eines Wirtschaftsweges, der zur Schaffung klarer Verantwortungsbereiche für die Straßenbaulast und die Verkehrssicherungspflicht in das Eigentum der Gemeinde übergehen sollte, unterliegt die Gemeinde als "Investor" ganz sicher nicht einem unternehmerischen Erfolgsdruck.

In den zuerst genannten Fällen, bei denen der Investor auf finanziellen Erfolg angewiesen ist, erscheint es geboten, die Rückübertragungsinteressen der Alteigentümer bei § 3 InvVorG und auch bei § 12 VZOG dem Investitionsinteresse ohne Prüfung alternativer Realisierungsstandorte unterzuordnen. Die Grenze, ab wann die Investition nicht mehr auch auf einem Alternativgrundstück getätigt werden kann, ist derart schwer zu bestimmen, daß der vom Gesetzgeber sowohl bei § 3 InvVorG als auch bei § 12 VZOG verfolgte Zweck, beschleunigt Investitionen zu ermöglichen, ganz sicher leer liefe. Darüber hinaus hängt von der Standortwahl in diesen Fällen auch das vom Investor zu tragende Erfolgsrisiko ab.

Bei der o.g. zweiten Fallgruppe hingegen, zu der auch der hier zu untersuchende Fall der Bereitstellung von Tauschland für die Errichtung eines Wegenetzes gehört, gibt es kein unternehmerisches Risiko, das maßgeblich von der Standortwahl abhängig wäre. Hier stehen sich vielmehr folgende Interessen gegenüber: Auf der einen Seite ist die restitutionsberechtigte Gebietskörperschaft, d.h. entweder der Belegenheitskreis oder das Belegenheitsland, daran interessiert, daß ihr landwirtschaftlich und nicht als Verwaltungsvermögen genutzter Liegenschaftsvorrat "geschont" und nicht vorschnell geschmälert wird. So weist z.B. *Kuchar*[305] darauf hin, daß nach dem *Einigungsvertrag* den neuen Ländern - ähnlich wie in den alten Ländern - nicht ausschließlich für Verwaltungszwecke fest gebundene Liegenschaften zu übertragen seien, sondern auch "freie" Liegenschaften aus dem Volumen ihres Alteigentums, um ihnen eine ihren Aufgaben entsprechende Liegenschaftspolitik zu ermöglichen. Denn dem Grunde nach sei anerkannt, daß die kommunale Grundaufgabe der Stadt- und Gemeindeentwicklung allein mit den hoheitlichen Mitteln der Bebauungsplanung, Landschaftsplanung und einzelnen Zulassungs- und Genehmigungsverfahren nicht erfüllt werden könne. Um erfolgreich zu sein, müsse sie durch eine entsprechende Liegenschaftsvorratsplanung flankiert werden, die sich auf verfügbares Grundvermögen stützt. Ergänzend oder zumindest klarstellend sind hier auch noch die Kreise und die Länder zu benennen als Gebietskörperschaften, denen ebenfalls die hoheitliche Aufgabe der Landentwicklung obliegt und die dabei ebenfalls Bedarf für einen flankierenden eigenen

---

[305] *Ders.* in: Kimme, Offene Vermögensfragen, Band II 33, § 12 VZOG, Rdnr. 7.

Flächenvorrat haben. Die restitutionsberechtigte Gebietskörperschaft ist damit daran interessiert, ihr Restitutionsgrundstück nur zur Verfügung zu stellen, wenn vorher geprüft wurde, ob andere, als Tauschland ebenfalls geeignete, Flächen existieren. Auf der anderen Seite verfolgt die Kommune das Ziel, den von den örtlichen Landwirten benötigten öffentlichen Wirtschaftsweg möglichst schnell zu errichten. Die Sorge einer Gemeinde um die Anlegung von objektiv benötigten öffentlichen Wirtschaftswegen gehört zu den Verwaltungsaufgaben der Gemeinde. Bei der Suche nach Tauschland für den Landwirt, auf dessen Flächen der Weg errichtet werden soll, handelt es sich um eine Art "situationsgebundenes" Problem. Die Tauschflächen können nicht in beliebiger Entfernung liegen, sie müssen, für den Landwirt zumutbar, in der Nähe zu den von ihm bewirtschafteten Schlägen liegen.

Da im Rahmen des § 12 VZOG, vergleichbar zur Situation des § 3 InVorG, in Rechte Dritter eingegriffen wird, speziell in Restitutionsansprüche von Gebietskörperschaften, ist der Verhältnismäßigkeitsgrundsatz zu beachten bei der Frage, ob der Restitutionsanspruch der Gebietskörperschaften nur dann gegenüber dem Investitionsinteresse zurücktreten muß, wenn vorher nach anderen Flächen gesucht wurde. Eine Abwägung führt wohl zu dem Ergebnis, daß das Interesse der Gebietskörperschaft an einer Schonung ihres Liegenschaftsfonds überwiegt und die zur Verfügung auf der Grundlage von § 8 Abs. 1 Satz 1 Ziffer a) VZOG entschlossene Gemeinde deshalb vorher prüfen muß, ob entweder in ihrem eigenen Flächenbestand geeignetes Tauschland existiert oder Privateigentümer zum Verkauf von als Tauschland geeigneten Flächen bereit sind.

Maßgebliche Bedeutung kommt hierbei folgenden Umständen zu: Zum einen trägt die Gemeinde als "Investorin" bei der Errichtung eines objektiv benötigten öffentlichen Wirtschaftswegs kein unternehmerisches Erfolgsrisiko, sie kann sich deswegen nicht darauf berufen, von ihrer Standortentscheidung hänge der dringend benötigte finanzielle Erfolg der Investition ab. Zum anderen erfüllt die Gemeinde mit der Errichtung eines benötigten öffentlichen Wirtschaftsweges eine kommunale Verwaltungsaufgabe. Es kann dem Kreis und dem Land als Gebietskörperschaften, die über einen eigenen Flächenvorrat verfügen und mit diesem Finanzvermögen eigene Ziele der Landentwicklung verfolgen möchten, nicht zugemutet werden, für die Erfüllung von Verwaltungsaufgaben einer anderen Gebietskörperschaft, hier einer Gemeinde, Flächen zur Verfügung zu stellen, ohne vorherige Prüfung, ob die andere Gebietskörperschaft oder Privatpersonen geeignetes Tauschland zur Verfügung stellen könnten. Andernfalls würden die Kreise und das Land ihr unbewegliches Finanzvermögen nicht im eigenen Interesse vorhalten, sondern zur freien Verfügung einer anderen Gebietskörperschaft, nämlich der jeweiligen Belegenheitsgemeinde. Schließlich soll nicht unerwähnt bleiben, daß gerade die Befragung der Privatpersonen, in deren Eigentum sich geeignetes Tauschland befindet, den Interessen der Bevölkerung entgegenkäme: Landwirtschaftliche Grundstücke stehen zunehmend nicht mehr im Eigentum älterer Personen, die zu Grund und Boden häufig noch einen engeren Bezug haben, sondern im Eigentum der - man könnte formulieren - "Erbengeneration", mit einer ausgeprägten Verkaufsbereitschaft.[306] Geltend machen könnte die restitutionsberechtigte Gebietskörperschaft ihre Forderung eines Nachweises, daß Alternativgrundstücke nicht zur Verfügung stehen, im Rahmen der vom Gesetzgeber vorgeschriebenen frühzeitigen Kontaktaufnahme der Beteiligten. Nach § 12 Abs. 2 Satz 3 VZOG hat die Zuordnungsstelle auf ein Einvernehmen mit den zu Beteiligenden frühzeitig hinzuwirken.

Die Gemeinde könnte das Ansinnen der restitutionsberechtigten Gebietskörperschaft ablehnen und zur Begründung folgende Punkte vortragen: Zum einen enthält der Wortlaut der Absätze 1 und 2 des § 12 VZOG keine Verpflichtung zur Prüfung von Alternativgrundstücken. Zum anderen ergibt sich aus der Begründung der *Bundesregierung*[307] zum Entwurf des § 12 Abs. 3 Satz 1, 2. Alternative VZOG, wonach die Zuordnungsstelle bei nach § 12 Abs. 1 VZOG zulässigen erlaubten Maßnahmen diese zu untersagen hat, wenn die restitutionsberechtigte Gebietskörperschaft glaubhaft darlegt, daß der Vermögensgegenstand für eine beschlossene und unmittelbare Verwaltungsaufgabe dringend erforderlich ist, daß dieses sog. Restitutionsgläubigervorrecht nicht greift, wenn die restitutionsberechtigte Körperschaft nur geltend macht, sie benötige das zurückzugebende Grundstück als Vorratsland. Beide Argumente können wie folgt entkräftet werden: Aus dem besonderen Rechtsverhältnis, in dem Gebietskörperschaften untereinander stehen,[308] ergibt sich für diese die Verpflichtung, von gesetzlich eingeräumten Kompetenzen nur in einer Art und Weise Gebrauch zu machen, bei der die Interessen der jeweils anderen Gebietskörperschaften nicht unverhältnismäßig beeinträchtigt werden. Aus den o.g. Gründen ist in dem hier zu untersuchenden Fall der Zugriff einer Gemeinde auf Flächen, für die dem Kreis oder dem Land eine Restitutionsberechtigung zusteht, ohne vorherige Prüfung auf Alternativgrundstücke ein unverhältnismäßiger Eingriff in das Interesse des Kreises oder des Landes an einer Schonung ihres Grundstücksbestands. Die sich aus dem besonderen Rechtsverhältnis zwischen Gebietskörperschaften ergebenden Pflichten sind denjenigen Pflichten vergleichbar, die aus dem Gebot zu bundesfreundlichem Verhalten abgeleitet werden und die an diesem Rechtsverhältnis beteiligten Gebietskörperschaften treffen. In beiden Fällen werden gesetzliche Kompetenzen mit einschränkenden Pflichten überlagert.

Abschließend ist im Rahmen der Erforderlichkeit noch zu prüfen, ob in die Rechte der Gebietskörperschaften als Restitutionsberechtigte dadurch weniger eingegriffen werden kann, daß anstelle der Bereitstellung des Grundstücks gegen Geldentschä-

---

[306] Aus der Sicht der *Flurneuordnungsämter* erfreulicherweise konnte der immense Flächenbedarf im Rahmen der Verkehrsprojekte Deutsche Einheit durch Flächenkäufe nahezu vollständig gedeckt werden.
[307] BT-Drs. 12/5553, S. 174.
[308] Siehe dazu oben bb) (1) (c), auf Seite 64.

digung lediglich die Bestellung einer Dienstbarkeit oder die Verpachtung erfolgt. Entscheidend kommt es darauf an, ob die geplante Investition normalerweise nur auf gepachtetem oder durch eine Grunddienstbarkeit bereitgestelltem Land durchgeführt wird.[309] Im Rahmen der Flurneuordnung werden bei einem freiwilligen Landtausch nach § 54 LwAnpG und bei einem Bodenordnungsverfahren nach § 56 LwAnpG üblicherweise die für den "Projektträger" benötigten Flächen über § 63 Abs. 2 LwAnpG durch Landverzichtserklärungen nach § 52 FlurbG beschafft. Wegen der Komplexität der Planungen der Flurneuordnungsbehörde und dem Umstand, daß die sog. "eingebrachten" Grundstücke im Rahmen der Bodenneuordnung regelmäßig untergehen, erweist sich ein Eigentumsübergang bei den Tauschflächen als dringend nötig.

(c) Zur Angemessenheit

Der Grundsatz der Angemessenheit verlangt, daß die Folgen einer Maßnahme in einem vernünftigen Verhältnis zu deren Zweck stehen; so kann z.B. nicht ein großer Altbau an einem Marktplatz für eine Reinigungsannahmestelle, die wenige Arbeitsplätze schafft, verwendet werden, sehr wohl aber für eine Bankfiliale, die viele Arbeitsplätze schafft.[310] Wenn in einer Gemeinde bei der Errichtung eines Wirtschaftsweges landwirtschaftliche, in der Gemeinde belegene Flächen zur Verfügung gestellt werden sollen, stehen Mittel und Zweck keineswegs in einem untragbaren Mißverhältnis.

(4) Zwischenergebnis

Es ist somit festzustellen, daß der Gesetzgeber mit dem ab 25. Dezember 1995 geltenden § 12 VZOG weiterhin die Möglichkeit schafft, den Restitutionsanspruch einer Gebietskörperschaft nach § 11 Nr. 1 Satz 1 VZOG zugunsten der Bereitstellung von Land zur Errichtung eines Wirtschaftswegenetzes durch eine Kommune nach § 8 Abs. 1 Satz 1 Ziffer a) VZOG zu überwinden. Die restitutionsberechtigte Gebietskörperschaft kann jedoch den Nachweis nicht vorhandener Ersatzgrundstücke verlangen.

f) Umfang der Verfügungsbefugnis

Der Begriff der Verfügungsbefugnis in § 8 Abs. 1 VZOG ist weit auszulegen. Er umfaßt neben Verfügungen im Rechtssinn - wie Übertragung des Eigentums, Begründung, Bestellung und Übertragung von dinglichen Rechten an Grundstücken - den Abschluß der schuldrechtlichen Verträge, die den genannten Verfügungen zugrunde liegen, und schließt auch die Vermietung und Verpachtung ein.[311]

---

[309] BT-Drs. 12/5553, S. 173.
[310] So *Zenneck*, in: Rädler/Raupach/Bezzenberger, Vermögen in der ehemaligen DDR, Band II Teil 3 A III, § 3 InVorG, Rdnr. 39, m.w.N..
[311] *BGH*, Urt. v. 17. Mai 1995, ZOV 1995, 361 f. (362).

Die Belegenheitskommune kann damit auf der Grundlage von § 8 Abs. 1 Satz 1 Nr. a) VZOG volkseigenes Land, bei dem sie selbst oder ihr ehemaliger Rat der Gemeinde als Rechtsträger eingetragen ist, zum Zwecke der Wiederherstellung eines Wirtschaftswegenetzes zur Verfügung stellen.

Handelt es sich bei dem Flurstück, für das der Gemeinde die Verfügungsbefugnis zusteht, um ein ehemaliges Wegeflurstück, das eine Landwirtschaftliche Produktionsgenossenschaft umgeackert hat und auf dem heute wieder ein Wirtschaftsweg angelegt werden soll, besteht für die Gemeinde die Möglichkeit, unter Beachtung u.a. des § 8 Abs. 4 Satz 1 VZOG die Fläche auf sich selbst zu übereignen, den geplanten Weg anzulegen und z.B. als sonstige öffentliche Straße i.S.d. § 3 Abs. 1 Nr. 4 ThürStrG zu widmen, beschränkt auf den land- und forstwirtschaftlichen Verkehr.

Wenn das Flurstück, für das im Grundbuch die Eigentumsangabe "Eigentum des Volkes" bei Rechtsträgerschaft des Rats der Gemeinde ausgewiesen ist, heute als Ackerfläche genutzt wird und die heutige Wirtschaftssituation einen neuen Wirtschaftsweg nicht auf dieser Fläche erfordert, sondern auf in der Nähe gelegenen Parzellen, so könnte die zuständige Flurneuordnungsbehörde gemäß § 53 Abs. 3 LwAnpG die Eigentumsverhältnisse neu ordnen mit dem Ziel, den benötigten Wirtschaftsweg auszuweisen, wobei die Gemeinde das dafür benötigte Land auf der Grundlage von § 8 Abs. 1 Ziffer a) VZOG zur Verfügung stellt, und zwar bei einem freiwilligen Landtausch im Rahmen der Tauschvereinbarung gemäß § 54 Abs. 2 LwAnpG und bei einem Bodenordnungsverfahren im Rahmen einer Landverzichtserklärung gemäß §§ 56 und 63 Abs. 2 LwAnpG i.V.m. § 52 Abs. 1 und Abs. 2 Satz 1 FlurbG.

Es ist festzustellen, daß § 8 Abs. 1 Satz 1 Ziffer a) VZOG die Belegenheitskommune in die Lage versetzt, Flächen, die bei der Anlegung eines Wirtschaftsweges benötigt werden, zur Verfügung zu stellen.

g) Zu den Verfügungen von Kommunen nach dem 2. Oktober 1990 und vor dem 29. März 1991

Den Kommunen stand die Befugnis, über volkseigenes und in ihrer Rechtsträgerschaft stehendes Vermögen zu verfügen, ab dem 29. März 1991 zu. Mit diesem Tag trat das *Vermögenszuordnungsgesetz* als Artikel 7 des *Gesetzes zur Beseitigung von Hemmnissen bei der Privatisierung von Unternehmen und zur Förderung von Investitionen* vom 22. März 1991[312] in Kraft.

---

[312] BGBl. I S. 766 (S. 784 bis S. 786). In der ersten Fassung des *Vermögenszuordnungsgesetzes* war die Verfügungsbefugnis der Kommunen in § 6 geregelt. Eine Umbenennung in § 8 erfolgte mit Artikel 16 des *Gesetzes zur Vereinfachung und Beschleunigung registerrechtlicher und anderer Verfahren* (Registerverfahrensbeschleunigungsgesetz - RegVBG) vom 20. Dezember 1993 (BGBl. I S. 2182 (S. 2225 bis S. 2232)).

In den neuen Ländern galt für die Kommunen das in Art. 28 Abs. 2 GG verankerte Ordnungsprinzip der Kommunalen Selbstverwaltung ab dem 3. Oktober 1990.*³¹³* Damit besteht die Möglichkeit, daß eine Kommune in der Zeit vom 3. Oktober 1990 bis zum 28. März 1991 die o.g. Verfügungen ohne Ermächtigung getroffen hat, und es ergibt sich die Frage nach der Wirksamkeit derartiger Verfügungen über volkseigene Grundstücke in Rechtsträgerschaft des Rats der Belegenheitsgemeinde.

Da die Gemeinde mit dem 29. März 1991 die zu derartigen Verfügungen berechtigende Rechtsposition jedoch erlangte, besteht für sie die Möglichkeit, die Verfügung als nunmehr verfügungsbefugte Person nachträglich zu genehmigen nach § 185 Abs. 2 Satz 1, 1. Alt. BGB.*³¹⁴* Allein dadurch, daß die Belegenheitskommune mit dem 29. März 1991 die Verfügungsbefugnis erlangte, wird ihre vor diesem Zeitpunkt vorgenommene Verfügung als noch nicht verfügungsberechtigte Nichtberechtigte jedoch nicht wirksam; es bedarf einer Genehmigung nach § 185 Abs. 2 Satz 1, 1. Alternative BGB auf der Grundlage der mit dem 29. März 1991 erlangten Rechtsposition der Berechtigten.*³¹⁵* Das *Bürgerliche Gesetzbuch* gilt im Gebiet der Neuen Länder ab dem 3. Oktober 1990.

D. Die Zuordnung volkseigenen Vermögens auf der Grundlage von § 2 KVG

1. Untersuchungsgegenstand

Nachfolgend soll untersucht werden, welche Möglichkeiten das *Kommunalvermögensgesetz* den Kommunen in der Zeit vom Inkrafttreten dieses Gesetzes am 20. Juli 1990[316] bis zum Wirksamwerden der Art. 21 und 22 EV am 3. Oktober 1990 bot, das Eigentum von landwirtschaftlich genutzten Flächen zu erlangen, um diese bei der Erstellung eines Wirtschaftswegenetzes als Tauschland zur Verfügung stellen zu können.

---

[313] Die Räte der Gemeinden hatten ihre rechtliche Grundlage im *Gesetz über die örtlichen Volksvertretungen in der Deutschen Demokratischen Republik* vom 4. Juli 1985 (GBl. DDR I S. 213). Dieses Gesetz hob die Volkskammer mit § 102 Abs. 1 des *Gesetzes über die Selbstverwaltung der Gemeinden und Landkreise in der DDR* (Kommunalverfassung) vom 17. Mai 1990 (GBl. DDR I S. 255) mit Wirkung vom gleichen Tag auf. Nach dem *Einigungsvertrag* vom 31. August 1990 blieb die Kommunalverfassung vom 17. Mai 1990 auch nach dem 2. Oktober 1990 in Kraft (Art. 9 Abs. 2 EV i.V.m. Anlage II, Kapitel II, Sachgebiet B, Abschnitt I; BGBl. II S. 885 (S. 1151)).

[314] So *Dick*, in: Kimme, Offene Vermögensfragen, Band II 33, § 8 VZOG, Rdnr. 13.

[315] So *Schramm* im Rahmen seiner Ausführungen zu § 185 Abs. 2 Satz 1, 2. Alt. BGB, in: Münchener Kommentar, § 185, Rdnr. 60, 2. Absatz.

[316] Siehe § 10 KVG.

2. Der politische Hintergrund bei der Entstehung des *Kommunalvermögensgesetzes*

In der Zeit nach dem Sturz Honneckers im Oktober 1989 bis zum Wirksamwerden des Beitritts am 3. Oktober 1990 bemühte man sich in den alten Ländern um die Konzeption des *Einigungsvertrages*. Unter anderem sollte mit dem *Einigungsvertrag* eine sachgerechte und faire Aufteilung des Vermögens des DDR-Einheitsstaats auf die Ebenen eines Bundesstaates vorgenommen werden. Während der laufenden Verhandlungen erließen etwa Mitte 1990 Volkskammer und Ministerrat ohne Abstimmung mit den alten Ländern eine Vielzahl von Gesetzen und Verordnungen, die den Eigentumsübergang an volkseigenen Grundstücken, Gebäuden und anderen Vermögenswerten auf die neu gebildeten Kommunen, Kreise und Länder beinhalteten. Einige dieser Regelungen, wie z.b. das *Kommunalvermögensgesetz* vom 6. Juli 1990, das *Ländereinführungsgesetz* vom 22. Juli 1990[317] und das *Gesetz über die Übertragung volkseigener Güter, staatlicher Forstwirtschaftsbetriebe und anderer volkseigener Betriebe der Land- und Forstwirtschaft in das Eigentum der Länder und Kommunen* vom 22. Juli 1990[318] wurden aus der Sicht der Bundesrepublik als unangemessen eingestuft.[319] Der Bund sah sich angesichts der von ihm übernommenen Verbindlichkeiten der Deutschen Demokratischen Republik bei der Verteilung des volkseigenen Vermögens als nicht ausreichend bedacht an und nahm im *Einigungsvertrag* zu seinen Gunsten Korrekturen vor.[320] Auf die Einschränkungen des *Kommunalvermögensgesetzes* soll an späterer Stelle eingegangen werden.[321]

---

[317] Nach § 21 Abs. 3 Ländereinführungsgesetz z.B. hatte die Republik ihr Finanzvermögen den Ländern zu übertragen (GBl. DDR I S. 955 (S. 958)).

[318] Die in § 1 dieses Gesetzes genannten volkseigenen Betriebe, insbesondere die volkseigenen Güter, konnten gemäß § 1 Abs. 3 Satz 2 durch Beschluß der Kommunen oder gemäß § 1 Abs. 3 Satz 3 durch Beschluß der Länder in das Eigentum der Kommunen oder der Länder überführt werden (GBl. DDR I S. 897 f.). Die Kommunen betreffend setzt eine solche Übertragung gemäß § 1 Abs. 1 Satz 2 voraus, daß sie zur Erfüllung der Aufgaben des eigenen Wirkungsbereiches der Kommunen gemäß §§ 2 und 72 der Kommunalverfassung erforderlich war. Für die Länder ergaben sich aus dem Gesetz keinerlei Einschränkungen.

[319] *Lange*, DtZ 1991, 329 (331); *Schillo*, in: Rädler/Raupach/Bezzenberger, Vermögen in der ehemaligen DDR, Band I Teil 2 D, Rdnr.13; *Fiedler*, DVBl 1990, 1263 (1268, Fn. 28).

[320] Das *Ländereinführungsgesetz* wurde zwar aufrecht erhalten, sein § 21 galt aber seit dem 3. Oktober 1990 nicht mehr (siehe dazu: Anlage II Kapitel II Sachgebiet A Abschnitt II des Einigungsvertrags, BGBl 1990 II S. 889 (S. 1150)). Das *Gesetz über die Übertragung volkseigener Güter, staatlicher Forstwirtschaftsbetriebe und anderer volkseigener Betriebe der Land- und Forstwirtschaft in das Eigentum der Länder und Kommunen* wurde im *Einigungsvertrag* nicht ausdrücklich aufrechterhalten und trat damit gemäß Art. 9 EV am 3. Oktober 1990 außer Kraft (siehe dazu: BGH, Urt. v. 6. Juli 1994, NJW 1994, 2487).

[321] Unten E. 4., auf Seite 95 ff..

3. Der rechtliche Rahmen des *Kommunalvermögensgesetzes*

Mit der Kommunalverfassung vom 17. Mai 1990, in Kraft getreten am gleichen Tag[322], entstanden in den neuen Ländern Gebietskörperschaften, die sich auf eine Art. 28 Abs. 2 GG entsprechende Selbstverwaltungsgarantie berufen konnten und Anspruch darauf hatten, in diesem Bereich von Direktiven des untergehenden Zentralstaats frei zu bleiben.[323] Am 17. Juni 1990 erließ die DDR-Volkskammer das am 1. Juli 1990 in Kraft getretene[324] *Gesetz zur Privatisierung und Reorganisation des volkseigenen Vermögens*, das *Treuhandgesetz*. Nach § 1 Abs. 1 und § 2 Abs. 1 Satz 2 TreuhG lag das Ziel des Gesetzes in der Privatisierung und Verwertung des volkseigenen Vermögens. Zu privatisieren war jedoch nicht das gesamte volkseigene Vermögen. Nach § 1 Abs. 1 Satz 2 TreuhG konnte volkseigenes Vermögen auch in durch Gesetz bestimmten Fällen in das Eigentum von Gemeinden, Städten, Kreisen und Ländern sowie der öffentlichen Hand übertragen werden. Gestützt auf diese gesetzliche Grundlage[325] beschloß die Volkskammer schon am 6. Juli 1990 das am 20. Juli 1990 in Kraft getretene[326] *Gesetz über das Vermögen der Gemeinden, Städte und Landkreise*, das *Kommunalvermögensgesetz*. Als Grundlage des *Kommunalvermögensgesetzes* benennt der DDR-Gesetzgeber in der Präambel auch das *Treuhandgesetz*.[327]

4. Die Möglichkeit der Zuordnung landwirtschaftlicher Grundstücke nach § 2 Abs. 1 Ziffer c) KVG

Auf der Grundlage von § 2 Abs. 1 Ziffer c) KVG war es bis zum 3. Oktober 1990 möglich, volkseigene Grundstücke, die sich in der Rechtsträgerschaft des ehemaligen Rats einer Gemeinde befanden, in das Vermögen dieser Gemeinde zu übertragen. Weitere materiellrechtliche Voraussetzungen existierten nicht, die entsprechende Eintragung über die Rechtsträgerschaft bei einem volkseigenen Grundstück im Grundbuch reichte aus. Damit konnte eine Gemeinde die Zuordnung landwirtschaftlich genutzter Grundstücke, die laut Grundbuch in Volkseigentum und in ihrer Rechtsträgerschaft standen, gemäß § 2 Abs. 1 Ziffer c) KVG erwirken.

---

[322] Siehe dazu § 103 KommVerf.
[323] Vgl. *Schillo*, in: Rädler/Raupach/Bezzenberger, Vermögen in der ehemaligen DDR, Band I Teil 2 D, Rdnr. 8.
[324] Siehe § 24 Abs. 2 TreuhG.
[325] So z.B. *OLG Rostock*, Beschl. v. 27. August 1992 - 1 W 15/92 (unveröffentlicht): "In Ausführung dieser Regelung [erg.: der des § 1 Abs. 1 Satz 2 THG] ist das Gesetz über das Vermögen der Gemeinden, Städte und Landkreise (Kommunalvermögensgesetz vom 6. Juli 1990) ergangen.", zitiert nach: *von Detten*, in: Kimme, Offene Vermögensfragen, Band II 32, Vorbemerkungen zum KVG, Fn. 4).
[326] Siehe § 10 KVG.
[327] Darauf weist *Lange* in DtZ 1991, 329 (334 f.) hin.

5. Die Art des Rechtsübergangs

Der Wortlaut des § 2 Abs. 1 KVG läßt wegen der Formulierung "In das Vermögen der Gemeinden und Städte gehen über [...]" auf einen Eigentumsübergang kraft Gesetzes schließen. Bei dieser Formulierung handelt es sich jedoch offensichtlich um ein Redaktionsversehen.[328] Der DDR-Gesetzgeber gestaltete die Zuordnung nach dem *Kommunalvermögensgesetz* als antragsabhängiges Übertragungsverfahren aus.[329] § 7 Abs. 1 KVG enthielt die Anforderungen an den erforderlichen Antrag. Zur Übertragung des volkseigenen Vermögens berechtigt war z.b. die Treuhandanstalt.[330] Die Übertragung erfolgte durch rechtsgeschäftlichen Einzelakt,[331] speziell dadurch, daß die übergebende Seite und die übernehmende Seite auf der Grundlage von § 7 Abs. 3 Satz 1 KVG ein sog. "Übergabe-Übernahme-Protokoll" unterzeichneten.[332]

6. Zur Bestandskraft der auf der Grundlage des *Kommunalvermögensgesetzes* ergangenen Zuordnungsbescheide

Wenn eine Kommune auf der Grundlage des *Kommunalvermögensgesetzes* Eigentümerin von landwirtschaftlich genutzten Grundstücken geworden war, hatte das Inkrafttreten der Art. 21 und 22 EV auf diese zivilrechtliche Eigentumsposition gemäß § 903 BGB keinen Einfluß, und das selbst dann nicht, wenn die Zuordnungsentscheidung den ab dem 3. Oktober 1990 geltenden Zuordnungsprinzipien der Art. 21 und 22 EV widersprach.[333] Der Gesetzgeber des Einigungsvertrags schuf keine Grundlage für eine Rückabwicklung der, basierend auf dem *Kommunalvermögensgesetz*, vor dem 3. Oktober 1990 formell und materiell rechtmäßig ergangenen Zuordnungen.[334]

Die Kommune könnte damit diejenigen landwirtschaftlichen Flächen, hinsichtlich der sie noch vor dem 3. Oktober 1990 auf der Grundlage des § 2 Abs. 1 Ziffer c) KVG in formell und materiell rechtmäßiger Weise Eigentum erworben hatte, als

---

[328] So *Schillo*, in: Rädler/Raupach/Bezzenberger, Vermögen in der ehemaligen DDR, Band I Teil 2 D, Rdnr.16.

[329] Vgl. *ThürOLG*, Urt. v. 31. Mai 1995, OLG-NL 1995, 169 (171) unter Verweis auf *ThürOLG*, Urt. v. 20. April 1994, OLG-NL 1994, 135 (139 f.).

[330] Siehe § 7 Abs. 3 Satz 2 KVG.

[331] Siehe dazu *Kiethe*, in: Rechtshandbuch Vermögen und Investitionen in der ehemaligen DDR, Band I SystDarst II, Rdnr.147.

[332] Siehe dazu *von Detten*, in: Kimme, Offene Vermögensfragen, Band II 32, § 7 KVG, Rdnr. 50 bis 52.

[333] Zu den nur nach dem *Kommunalvermögensgesetz* und nicht mehr nach dem *Einigungsvertrag* möglichen Zuordnungen siehe unten E. 4.. Nach dem Inkrafttreten der Art. 21 und 22 EV war insbesondere eine Zuordnung auf eine Kommune lediglich wegen deren Rechtsträgerschaft für ein laut Grundbuch volkseigenes Grundstück nicht mehr möglich.

[334] Siehe hierzu *Schillo*, in: Rädler/Raupach/Bezzenberger, Vermögen in der ehemaligen DDR, Band I Teil 2 D, Rdnr. 13.

Tauschflächen zur Wiederanlegung eines Wirtschaftswegenetzes zur Verfügung stellen.

Hinsichtlich der Anfechtbarkeit der in der Zeit zwischen dem Inkrafttreten des *Einigungsvertrages* am 3. Oktober 1990 und dem Außerkrafttreten der §§ 7 und 8 KVG am 29. März 1991[335] unterzeichneten Übergabe-Übernahme-Protokolle führt das *Bundesministerium des Innern* in einer Arbeitsanleitung zur Übertragung kommunalen Vermögens und zur Förderung von Investitionen durch die Kommunen vom 19. April 1991[336] auf Seite 19 unter Ziffer 3. b) aus:

"Sofern Anträge der Kommunen auf Feststellung oder Übertragung kommunalen Eigentums nach Maßgabe der §§ 7 und 8 KVermG abgeschlossen worden sind, so bleibt es hierbei (vgl. Artikel 13 des Gesetzes vom 22. März 1991). Hierdurch wird jedoch die Rückabwicklung sachlich unrichtiger Entscheidungen nach allgemeinen Vorschriften nicht ausgeschlossen."

Damit ist gemeint, daß derartige Übergabe-Übernahme-Protokolle nur dann unanfechtbar sind, wenn sie nicht nur den Anforderungen des *Kommunalvermögensgesetzes* genügen, sondern auch noch mit den ab den 3. Oktober 1990 geltenden Art. 21 und 22 EV vereinbar sind.[337]

E. Die Zuordnung laut Grundbuch volkseigener, landwirtschaftlich genutzter Grundstükke an die Belegenheitskommune auf der Grundlage von Art. 21 und 22 EV

Nachfolgend sollen die in den Artikeln 21 und 22 EV enthaltenen Möglichkeiten der Übertragung von am 3. Oktober 1990 laut Grundbuch in Volkseigentum stehenden Grundstücken in das Eigentum der Belegenheitskommune untersucht werden.

1. Ziel und Zweck der Artikel 21 und 22 EV

Mit dem Ende der Deutschen Demokratischen Republik stellte sich unter anderem das Problem des weiteren Schicksals des öffentlichen Vermögens der ehemaligen DDR. Mit den Artikeln 21 und 22 EV regelte der Gesetzgeber die Aufteilung des ehemaligen Volkseigentums. Der frühere SED-Einheitsstaat war untergegangen und an seine Stelle der föderative Bundesstaat getreten. Alle Träger der öffentlichen Verwaltung mußten angemessen bei der Verteilung des ehemaligen Volksei-

---

[335] Siehe Artikel 7 § 9 Abs. 2 und Artikel 15 des Gesetz[es] zur Beseitigung von Hemmnissen bei der Privatisierung von Unternehmen und zur Förderung von Investitionen vom 22. März 1991 (BGBl. I, S. 766 (S. 786 und S. 789)).

[336] Veröffentlicht in: Infodienst Kommunal Nr. 24 vom 19. April 1991, abgedruckt in: Fieberg/ Reichenbach, Enteignung und Offene Vermögensfragen in der ehemaligen DDR, Band III, Nummer 5.9.4.

[337] Vgl. dazu *von Detten*, in: Kimme, Offene Vermögensfragen, Band II 32, § 7 KVG, Rdnr. 54.

gentums bedacht werden, um ihnen die Erfüllung der ihnen obliegenden Verwaltungsaufgaben zu ermöglichen. Der Gesetzgeber knüpfte dabei an die herkömmliche Unterscheidung des deutschen Verwaltungsrechts zwischen Verwaltungsvermögen, d.h. demjenigen Vermögen, das unmittelbar bestimmten Verwaltungsaufgaben dient, und Finanzvermögen, d.h. demjenigen Vermögen, das nur mittelbar durch seinen Kapitalwert oder seine Erträge öffentlichen Zwecken dient, an und wies das als Verwaltungsvermögen genutzte Vermögen dem für die Erfüllung dieser Verwaltungsaufgabe zuständigen Verwaltungsträger zu.[338]

2. Zu den drei Möglichkeiten einer Kommune, auf der Grundlage der Art. 21 und 22 EV bei der Verteilung des ehemaligen Volkseigentums berücksichtigt zu werden

Den Kommunen stehen als Träger öffentlicher Verwaltungsaufgaben drei Wege einer Übernahme von ehemaligem Volkseigentum offen: Auf der Grundlage von Art. 21 Abs. 2 EV erwarben die Kommunen kraft Gesetzes am 3. Oktober 1990 das Eigentum an demjenigen Vermögen der Deutschen Demokratischen Republik, das am 1. Oktober 1989 und am 3. Oktober 1990 als *kommunales Verwaltungsvermögen* genutzt wurde (dazu unten 3.). Zum gleichen Zeitpunkt erwarben sie auf der Grundlage von Art. 22 Abs. 1 Satz 1 EV i.V.m. § 1 Abs. 1 Satz 3 TreuhG i.V.m. §§ 1 f. KVG kraft Gesetzes das Eigentum an den zu den o.g. Stichtagen als *kommunales Finanzvermögen* genutzten Vermögenswerten (dazu unten 4.). Darüber hinaus kann den Kommunen ab dem 3. Oktober 1990 durch konstitutiven Zuordnungsbescheid nach Art. 21 Abs. 3, 1. Halbsatz EV oder nach Art. 22 Abs. 1 Satz 7 i.V.m. Art. 21 Abs. 3, 1. Halbsatz EV das sog. *kommunale Restitutionsvermögen* übereignet werden, d.h. dasjenige Vermögen, das am 8. Mai 1945 im Eigentum einer Kommune stand und vor dem 1. Oktober 1989 unentgeltlich dem Zentralstaat oder den Ländern zur Verfügung gestellt wurde und im Zeitpunkt der Rückübertragung als kommunales Verwaltungsvermögen oder als kommunales Finanzvermögen genutzt wird (dazu unten 5.).

3. Zuordnung landwirtschaftlich genutzter Flächen als kommunales Verwaltungsvermögen gemäß Art. 21 Abs. 2 EV?

"Die Artikel 21 und 22 [erg.: des Einigungsvertrags] beruhen auf der traditionellen Unterscheidung des deutschen Verwaltungsrechts zwischen Verwaltungs- und Finanzvermögen.". Mit diesem Hinweis beginnen in der *Denkschrift zum Einigungsvertrag* die Erläuterungen zu den Artikeln 21 und 22 EV.[339]

Der Gesetzgeber definiert in Art. 21 Abs. 1 Satz 1 EV das Verwaltungsvermögen des Bundes, der Länder und der Kommunen als "das Vermögen der Deutschen Demokratischen Republik, das unmittelbar bestimmten Verwaltungsaufgaben

---

[338] Siehe dazu *Schmidt/Leitschuh*, in: Rechtshandbuch Vermögen und Investitionen in der ehemaligen DDR, Band II B 20, Art. 21 EV, Rdnr. 1.

[339] Denkschrift zum Einigungsvertrag, BT-Drucks. 11/7760, S. 355 ff. (S. 365).

dient." Das *Bundesverwaltungsgericht*[340] führt aus, daß der Begriff des Verwaltungsvermögens in Art. 21 EV mit dem im deutschen Verwaltungsrecht herkömmlichen Verständnis verwendet werde; er setze also voraus, daß das Vermögen nach Maßgabe seiner Widmung unmittelbar hoheitlichen Zwecken diene und demgemäß die zweckentsprechende Verwendung dieses Vermögens öffentlich-rechtlich gesichert sei. *Stern*[341] beschreibt das Verwaltungsvermögen als dasjenige Vermögen, das entweder dem Gebrauch durch staatliche Stellen (z.B. Verwaltungsgebäude, Büroinventar und Fuhrpark von Behörden) oder der Nutzung durch den Bürger (z.B. Straßen, Wege, Brücken, Plätze, Gewässer, Meeresstrände, an denen Gemeingebrauch besteht, ferner Schulen, Universitäten, Bäder, Museen, Theater, Markthallen, Sportanlagen, Krankenhäuser, Kindergärten) gewidmet ist; das Vermögen diene so unmittelbar den Zwecken der Verwaltung; das für diese Gegenstände maßgebliche Rechtsregime der Nutzung sei bei weiterbestehendem privatrechtlichem Eigentum grundsätzlich das des öffentlichen Rechts: Straßen-, Wege- und Wasserrecht sowie das Anstaltsrecht seien öffentliches Recht.[342]

Durch Artikel 21 EV soll das Verwaltungsvermögen so verteilt werden, daß das Vermögen demjenigen Verwaltungsträger zusteht, der die entsprechende Aufgabe zu erfüllen hat.[343] Mit Art. 21 Abs. 1 Satz 1 EV wird dem Bund und mit Art. 21 Abs. 2 EV den Ländern, Kreisen und Kommunen das jeweilige Verwaltungsvermögen übertragen.

Im Rahmen der Artikel 21 und 22 EV beurteilt sich die Einstufung eines Vermögenswerts als Verwaltungsvermögen nach der Kompetenzordnung des *Grundgesetzes*, nicht nach DDR-Recht.[344] Hinsichtlich der Üblichkeit der Nutzung eines Vermögenswerts als kommunales Verwaltungsvermögen ist auf die Verhältnisse in den alten Bundesländern abzustellen.[345]

---

[340] *BVerwG*, Urt. v. 18. März 1993, E 92, 215 (218).

[341] *Ders.*: Staatsrecht, Band II, § 51 I 4 a) (S. 1261).

[342] Zur Unterscheidung zwischen Verwaltungs- und Finanzvermögen siehe ferner: *Friauf*, in: Handbuch des Staatsrechts der Bundesrepublik Deutschland, Band IV § 90, Rdnr. 32 und 36; *Forsthoff*, Verwaltungsrecht , Band I, S. 376 f.; Begründung zum Entwurf eines *Gesetzes zur Regelung der Rechtsverhältnisse des Reichsvermögens und der preußischen Beteiligungen* (Reichsvermögen-Gesetz), in: BT-Drucks. 3/2357 vom 28. Dezember 1960, S. 8; *Schmidt/ Leitschuh*, in: Rechtshandbuch Vermögen und Investitionen in der ehemaligen DDR, Band II B 20, Art. 21, Rdnr. 2, m.w.N..

[343] So in der Denkschrift der *Bundesregierung* zum Einigungsvertrag, BT-Drucks. 11/7760, S. 355 ff. (S. 365, zu Art. 21 und 22 EV).

[344] Siehe *Schmitt-Habersack* in: Kimme, Offene Vermögensfragen, Band II 31, Art. 21 EV, Rdnr. 3; *von Detten*, in: Kimme, Offene Vermögensfragen, Band II 32, § 2 KVG, Rdnr. 2.

[345] VG Berlin, Urt. v. 21. August 1996, LKV 1997, 425 (426); Bundesministerium des Innern, Arbeitsanleitung zur Übertragung kommunalen Vermögens und zur Förderung von Investitionen durch die Kommunen, Infodienst Kommunal Nr. 24 vom 19. April 1994, S. 11, abgedruckt in: Fieberg/Reichenbach: Enteignung und offene Vermögensfragen in der ehemaligen DDR, Band III, Ziffer 5.9.4.

Der Eigentumswechsel vollzog sich nach dem Wortlaut von Art. 21 Abs. 1 und 2 EV mit dem Wirksamwerden des Beitritts, d.h. am 3. Oktober 1990, 0:00 Uhr.[346] Das Grundbuch wurde zu diesem Zeitpunkt unrichtig[347] und den jeweiligen Gebietskörperschaften steht seit diesem Zeitpunkt ein Grundbuchberichtigungsanspruch zu. Hinsichtlich der Art des Eigentumserwerbs ergab sich damit für die Kommunen beim kommunalen Verwaltungsvermögen durch den Einigungsvertrag eine Verbesserung gegenüber dem *Kommunalvermögensgesetz*: Ein konstitutiver Verwaltungsakt ist nicht mehr erforderlich, der Eigentumserwerb erfolgte kraft Gesetzes und die entsprechenden Zuordnungsbescheide wirken nur deklaratorisch.

Der Frage, ob diejenige Körperschaft, die das Verwaltungsvermögen erwirbt, im Grundbuch als Rechtsträger des Vermögenswerts eingetragen ist, kommt keine Bedeutung zu, entscheidend ist nach dem Wortlaut des Art. 21 Abs. 1 Satz 1 EV allein die faktische Nutzung.[348]

Einzugehen ist noch auf den in Art. 21 Abs. 1 Satz 1 EV genannten Stichtag des 1. Oktober 1989: Das Eigentum an Verwaltungsvermögen kann nur dann am 3. Oktober 1990 auf den Träger dieser Verwaltungsaufgabe übergehen, wenn es schon am 1. Oktober 1989 als Verwaltungsvermögen dieses Hoheitsträgers genutzt wurde.[349] Nach der Denkschrift der *Bundesregierung* zum Einigungsvertrag[350] beruht diese Stichtagsregelung auf der Überlegung, daß sich bei der Verteilung des ehemaligen Volkseigentums die Aufgabe stellt, "das Vermögen eines Einheitsstaates, wie er zu diesem Zeitpunkt [gemeint ist der 1. Oktober 1989] bestand, sachgerecht auf die drei Ebenen Zentralstaat, Länder und Kommunen aufzuteilen." Seit November 1989 und insbesondere parallel zu den Verhandlungen über den Einigungsvertrag erließ die DDR-Seite zahlreiche Normen über die Verteilung des Volkseigentums, die den Bund nach dessen Auffassung unangemessen benachteiligten. Da der Bund sich in Art. 27 Abs. 3 des Staatsvertrags vom 18. Mai 1990[351] zur Übernahme der Hälfte der Schulden des DDR-Haushalts verpflichtet hatte, erschien ihm insbesondere die Regelung des § 4 Abs. 2 KVG, wonach den Kommunen das sich in der Rechtsträgerschaft aufgelöster oder aufzulösender staatlicher Dienststellen befindende Vermögen, sofern es nicht als Verwaltungsvermögen genutzt wird, zu übertragen ist, als unangemessen, ebenso wie die Regelung des § 21 Abs. 3 LändEinfG, wonach das Finanzvermögen des DDR-Zentralstaats auf die Länder zu übertragen ist. Wegen dieser Rechtslage und der Ungewißheit über weitere derartige Disposi-

---

[346] *Schmidt/Leitschuh*, in: Rechtshandbuch Vermögen und Investitionen in der ehemaligen DDR, Band II B 20, Art. 21 EV, Rdnr. 12.
[347] *Schillo*, in: Rädler/Raupach/Bezzenberger, Vermögen in der ehemaligen DDR, Band I Teil 2 D, Rdnr. 32.
[348] *Schmidt/Leitschuh*, in: Rechtshandbuch Vermögen und Investitionen in der ehemaligen DDR, Band II B 20, Art. 21 EV, Rdnr. 17.
[349] Vgl. *Schmitt-Habersack*, in: Kimme, Offene Vermögensfragen, Band II 31, Art. 21 EV, Rdnr. 6.
[350] BT-Drucks. 11/7760, S. 355 (S. 365, zu Art. 21 und 22 EV).
[351] BGBl. II, S. 537 (S. 542).

tionen der DDR-Seite bis zum Beitritt sollte die Verteilung des volkseigenen Vermögens an einen Stichtag anknüpfen, der vor den revolutionären Ereignissen in der Zeitspanne zwischen dem Sturz Honneckers am 18. Oktober 1989 und dem Beitritt der neuen Länder am 3. Oktober 1990 lag.[352] Man einigte sich auf den 1. Oktober 1989. Die Gebietskörperschaften konnten damit am 3. Oktober 1990 nur das Eigentum an dem Vermögen erwerben, das auch schon am 1. Oktober 1989 zur Erfüllung einer nach der Kompetenzordnung des *Grundgesetzes* ihnen obliegenden Verwaltungsaufgabe genutzt wurde.

Nachfolgend soll untersucht werden, ob ein im Gebiet einer Gemeinde belegener und u.a. in der Zeitspanne vom 1. Oktober 1989 bis zum 3. Oktober 1990 ausschließlich der Erschließung von ebenfalls im Gemeindegebiet liegender landwirtschaftlicher Nutzflächen dienender Wirtschaftsweg in dem o.g. Sinne als Verwaltungsvermögen der Belegenheitsgemeinde einzustufen ist.

Die Kompetenzordnung des *Grundgesetzes* garantiert den Gemeinden in Art. 28 Abs. 2 Satz 1 GG das Recht, alle "Angelegenheiten der örtlichen Gemeinschaft" im Rahmen der Gesetze in eigener Verantwortung zu regeln. Nach der Definition des *Bundesverfassungsgerichts* sind Angelegenheiten des örtlichen Wirkungskreises "solche Aufgaben, die in der örtlichen Gemeinschaft wurzeln oder auf die örtliche Gemeinschaft einen spezifischen Bezug haben und von dieser örtlichen Gemeinschaft eigenverantwortlich und selbständig bewältigt werden können."[353]; diese in der örtlichen Gemeinschaft wurzelnden Bedürfnisse und Interessen "[sind] den Gemeindeeinwohnern gerade als solchen gemeinsam [...], indem sie das Zusammenleben und -wohnen der Menschen in der (politischen) Gemeinde betreffen."[354] In einem späteren Urteil[355] bestimmt das *Bundesverwaltungsgericht* im Rahmen der Abgrenzung des kommunalen Verwaltungsvermögens den Kreis der Angelegenheiten, die der kommunalen Selbstverwaltung unterfallen, "anhand der Bedürfnisse und Interessen, die in der örtlichen Gemeinschaft wurzeln oder auf sie einen spezifischen Bezug haben, unter Berücksichtigung der historischen Entwicklung und der Funktion kommunaler Aufgabenwahrnehmung". Die öffentlichen[356] Wirtschaftswege gehören straßenrechtlich zur Kategorie der "beschränkt-öffentlichen" oder "sonstigen öffentlichen" Straßen, d.h. sie sind zwar für den öffentlichen Verkehr gewidmet, aber nur beschränkt auf solche Verkehrsarten, die zur Bewirtschaftung der durch den Wirtschaftsweg erschlossenen und z.B. landwirtschaftlich

---

[352] *Lange*, DtZ 1991, 329 (331); *Schillo*, in: Rädler/Raupach/Bezzenberger, Vermögen in der ehemaligen DDR, Band I Teil 2 D, Rdnr. 42; *von Detten*, in: Kimme, Offene Vermögensfragen, Band II 32, § 2 KVG, Rdnr. 4; *Schmidt/Leitschuh*, in: Rechtshandbuch Vermögen und Investitionen in der ehemaligen DDR, Band II B 20, Art. 21 EV, Rdnr. 7.

[353] *BVerfG*, Urt. v. 30. Juli 1958, E 8, 122 (134).

[354] *BVerfG*, Beschl. v. 23. November 1988, E 79, 127 (151 f.).

[355] Urt. v. 15. Dezember 1994, E 97, 240 (243).

[356] Außer Betracht bleiben sollen die privaten Wirtschaftswege; Gegenstand der Untersuchung bildet nur die Errichtung eines öffentlichen Wirtschaftswegenetzes.

genutzten Flächen erforderlich sind.[357] Die Sorge für diese Verkehrswege wird nach Kodal[358] seit jeher und auch noch heute als Angelegenheit der örtlichen Gemeinschaft angesehen. Die Wirtschaftswege dienen der Erschließung von Teilen des Gemeindegebiets.[359] Bei einem öffentlichen Wirtschaftsweg kann die Frage der Erforderlichkeit, der örtlichen Lage und des Befestigungsgrades nicht "von oben", sondern nur in enger Abstimmung mit den vor Ort wirtschaftenden Landwirten beantwortet werden und hierfür erscheint der Gemeinderat der Belegenheitsgemeinde prädestiniert.

Für die Beurteilung der Reichweite der Angelegenheiten der örtlichen Gemeinschaft ist es ohne Bedeutung, ob das Landesstraßenrecht der Belegenheitsgemeinde die Straßenbaulast für die "sonstigen öffentlichen" oder "beschränkt öffentlichen" Straßen in dem o.g. Sinn kraft Gesetzes auferlegt oder nicht. In Baden-Württemberg z.b. obliegt den Belegenheitskommunen die Straßenbaulast für die Wirtschaftswege als Pflichtaufgabe der Selbstverwaltung: Nach § 44 BaWüStrG sind die Gemeinden Träger der Straßenbaulast für die Gemeindestraßen. Zu den Gemeindestraßen gehören gemäß § 3 Abs. 2 Nr. 4 Satz 1 BaWüStrG "beschränkt öffentliche Wege; das sind Wege, die einem auf bestimmte Benutzungsarten oder Benutzungszwecke beschränkten Verkehr dienen oder zu dienen bestimmt sind". Hierzu gehören nach § 3 Abs. 2 Nr. 4 Satz 2 Ziffer a) BaWüStrG insbesondere "öffentliche Wege, die der Bewirtschaftung von Feld- und Waldgrundstücken dienen oder zu dienen bestimmt sind (öffentliche Feld- und Waldwege)". In Thüringen hingegen gehören die Wirtschaftswege nicht zu den in § 3 Abs. 1 Nr. 3 ThürStrG abschließend aufgezählten Gemeindestraßen sondern zu den "sonstigen öffentlichen Straßen" i.S.d. § 3 Abs. 1 Nr. 4 ThürStrG, das sind "Straßen und Wege, die einem auf bestimmte Benutzungsarten oder bestimmte Benutzungszwecke beschränkten Verkehr dienen oder zu dienen bestimmt sind". Die Straßenbaulast für die sonstigen öffentlichen Straßen liegt kraft Gesetzes nicht bei der Belegenheitsgemeinde,[360] sondern wird in der Widmungsverfügung durch das Landesamt für Straßenbau gemäß § 43 Abs. 1 Satz 4 ThürStrG bestimmt. Das Landesamt für Straßenbau kann jedoch die Belegenheitsgemeinde als Träger der Straßenbaulast bestimmen. Die Flurneuordnungsämter z.B. arbeiten im Rahmen von Flurneuordnungsverfahren stets darauf hin, daß die Belegenheitsgemeinde sowohl das Eigentum an den neu festgesetzten Wegeflächen übernimmt als auch die Straßenbaulast für diese Wege.

Das *Bundesministerium des Innern* benennt in seiner *Arbeitsanleitung zur Übertragung kommunalen Vermögens und zur Förderung von Investitionen durch die*

---

[357] *Herber*, in: Kodal/Krämer, Straßenrecht, Kapitel 8. Rdnr. 12.12.
[358] *Krämer*, in: Kodal/Krämer, Straßenrecht, Kapitel 2, Rdnr. 21.
[359] *Herber*, in: Kodal/Krämer, Straßenrecht, Kapitel 9, Rdnr. 14.32.
[360] Vgl. *Wolkwitz/Knackstedt*, Thüringer Straßengesetz, Anmerkungen zu § 3 ThürStrG (S.15).

Kommunen[361] die "Gemeindestraßen" als Beispiel für kommunales Verwaltungsvermögen. Da, wie oben bereits ausgeführt, die Beschäftigung mit den Wirtschaftswegen zu den Angelegenheiten der örtlichen Gemeinschaft gehört, unabhängig davon, ob das jeweilige Landesstraßenrecht diese Wege als "Gemeindestraßen" ausweist, bleibt festzuhalten, daß die Arbeitsanleitung des Bundesministeriums des Innern vom 19. April 1991 einer Einstufung der Wirtschaftswege als kommunales Verwaltungsvermögen nicht entgegensteht.

Als Zwischenergebnis ist festzustellen, daß die existierenden öffentlichen Wirtschaftswege als kommunales Verwaltungsvermögen einzustufen sind. Da in dem den Gegenstand der Untersuchung bildenden Fall diejenigen Flächen, auf denen ein Wirtschaftsweg angelegt werden soll, jedoch weder zum 1. Oktober 1989 noch zum 3. Oktober 1990 als Wirtschaftsweg genutzt wurden, können sie den Belegenheitskommunen nicht auf der Grundlage von Art. 21 Abs. 2 EV als kommunales Verwaltungsvermögen durch deklaratorischen Bescheid zugeordnet werden.

Zum Verwaltungsvermögen gehört eine Sache erst dann, wenn sie für den jeweiligen Verwaltungszweck ausdrücklich oder konkludent gewidmet wurde.[362] *Friauf*[363] hingegen rechnet zum Verwaltungsvermögen auch diejenigen Gegenstände, die zwar für die Verwendung als öffentliche Sachen vorgesehen sind, aber noch nicht tatsächlich in Dienst gestellt wurden, so daß eine öffentliche Sachherrschaft noch nicht besteht. Er spricht von "öffentlichen Sachen in statu nascendi" und nennt als Beispiel den Fall, daß ein Grundstück zum Zwecke der Bebauung mit einer Straße schon enteignet wurde, die Freigabe für den öffentlichen Verkehr aber noch nicht erfolgte. Die Meinung *Friaufs* hilft im vorliegenden Fall den Belegenheitskommunen nicht weiter, da sich die maßgeblichen Flächen am 1. Oktober 1989 und am 3. Oktober 1990 nicht im Eigentum der Belegenheitskommune befanden und diese - zumindest zu diesen beiden Stichtagen - wohl noch nicht die Verwendung dieser Flächen zur Errichtung eines Wirtschaftswegs beabsichtigte. Darüber hinaus wird der Verzicht *Friaufs* auf das Erfordernis einer Widmung in der Rechtsliteratur überwiegend abgelehnt.[364]

---

[361] Infodienst Kommunal Nr. 24 vom 19. April 1991, abgedruckt in: Fieberg/Reichenbach, Enteignung und Offene Vermögensfragen in der ehemaligen DDR, Band III, Nummer 5.9.4.
[362] Siehe z.B. *Lange*, DtZ 1991, 329 (330).
[363] *Ders.*, in: Handbuch des Staatsrechts der Bundesrepublik Deutschland, Band IV § 90, Rdnr. 35.
[364] *Lange*, (in: DtZ 1991, 329 (330)) und *Gaentsch* (in: Püttner: Handbuch der kommunalen Wissenschaft und Praxis, Band 6, S. 600 f.) stellen für die Abgrenzung des kommunalen Verwaltungsvermögens auf die Widmung für einen Verwaltungszweck ab.

4. Zuordnung landwirtschaftlich genutzter Flächen als kommunales Finanzvermögen gemäß Art. 22 Abs. 1 Satz 1 EV i.V.m. § 1 Abs. 1 Satz 3 TreuhG i.V.m. §§ 1 f. KVG

Die DDR-Volkskammer hatte mit dem *Kommunalvermögensgesetz* die Kommunen bei der Verteilung des Volkseigentums großzügig bedacht. Die Kommunen erhielten u.a. über § 2 Abs. 1 Ziffer c) KVG alle Grundstücke, die sich in ihrer Rechtsträgerschaft befanden. Eine Nutzung zu kommunalen Zwecken war nicht Übertragungsvoraussetzung. Ferner sollten die Vermögenswerte aus der Rechtsträgerschaft aufgelöster oder aufzulösender staatlicher Dienststellen gemäß § 2 Abs. 2 KVG in das Eigentum der Gemeinden und Städte übergehen, sofern eine Nutzung der Vermögenswerte als Verwaltungsvermögen des Bundes oder eines Landes nicht vorlag.

Im *Einigungsvertrag* ordnete der Bundesgesetzgeber in Anlage II, Kapitel IV, Abschnitt III 2a zu § 9 Abs. 2 EV zwar die Weitergeltung des *Kommunalvermögensgesetzes* an, jedoch nur mit folgender Maßgabe: "Den Gemeinden, Städten und Landkreisen ist nur das ihren Verwaltungsaufgaben unmittelbar dienende Vermögen (Verwaltungsvermögen) in Übereinstimmung mit Artikel 10 Abs. 6 und Artikel 26 Abs. 4 des Vertrages vom 18. Mai 1990 über die Schaffung einer Währungs-, Wirtschafts- und Sozialunion (BGBl. 1990 II S. 518) sowie den Artikeln 21 und 22 des Einigungsvertrages zu übertragen."[365] Der Gesetzgeber wollte mit dieser Vorschrift sicherstellen, "daß das *Kommunalvermögensgesetz* [erg.: zukünftig, d.h. ab dem 3. Oktober 1990,] nur in Übereinstimmung mit den in Artikel 21 und 22 des Einigungsvertrages getroffenen Vereinbarungen zur Verteilung des Verwaltungs- und Finanzvermögens sowie in Übereinstimmung mit dem Vertrag vom 18. Mai 1990 angewendet wird."[366] Aus den oben genannten Artikeln des Staatsvertrags vom 18. Mai 1990[367] ergeben sich keine konkreten Beschränkungen der nach dem *Kommunalvermögensgesetz* bis zum 3. Oktober 1990 gegebenen Zuordnungsansprüche der Kommunen, wohl aber aus Artikel 22 EV.

Mit Art. 22 Abs. 1 Satz 1 EV wird das Finanzvermögen, das der Gesetzgeber als dasjenige öffentliche Vermögen definiert, das nicht unmittelbar bestimmten Verwaltungsaufgaben dient, kraft Gesetzes mit dem Wirksamwerden des Beitritts, d.h. mit Beginn des 3. Oktober 1990, als Bundesvermögen der Treuhandverwaltung des Bundes unterstellt, sofern nicht einer der in dieser Norm genannten Ausnahmetatbestände eingreift.

---

[365] BGBl. II S. 889 (S. 1199).
[366] So die Erläuterungen der *Bundesregierung* zu den Anlagen zum Einigungsvertrag vom 31. August 1990, in: BT-Drucks. 11/7817 vom 10. September 1990, S. 128.
[367] Vertrag über die Schaffung einer Währungs-, Wirtschafts- und Sozialunion zwischen der Bundesrepublik Deutschland und der Deutschen Demokratischen Republik vom 18. Mai 1990 (BGBl. II S. 537 (S. 539 und S. 542)).

Das *Bundesverwaltungsgericht*[368] rechnet unter Verweis auf die Ausführung über das öffentliche Sachenrecht von *Wolff/Bachof*[369] zum Finanzvermögen solche Gegenstände, die den Zwecken der öffentlichen Verwaltung nur mittelbar, nämlich nicht durch ihren Gebrauch, sondern durch ihren Vermögenswert oder durch ihre Erträgnisse dienen.

Der Gesetzgeber teilt das in den neuen Ländern belegene öffentliche Vermögen in die Kategorien "Verwaltungsvermögen" und "Finanzvermögen". Die Abgrenzung dieser beiden Vermögensarten erfolgt in Art. 22 Abs. 1 Satz 1 EV dahingehend, daß zum Finanzvermögen dasjenige Vermögen gehört, das nicht als Verwaltungsvermögen i.S.d. Art. 21 Abs. 1 und 2 EV einzustufen ist. Den Begriff des Finanzvermögens verwendet der Gesetzgeber hierbei als "Auffangbegriff"[370] mit "Auffangfunktion"[371]. Damit ist eine lückenlose Zuordnung des öffentlichen Vermögens sichergestellt.[372]

Mit Wirksamwerden des Beitritts gelangt jedoch nicht das ganze, in den neuen Ländern belegene Finanzvermögen in die Treuhandverwaltung des Bundes. Ausgenommen ist nach Art. 22 Abs. 1 Satz 1 EV z.B. das kommunale Finanzvermögen, das "durch Gesetz gemäß § 1 Abs. 1 Sätze 2 und 3 des Treuhandgesetzes Gemeinden, Städten oder Landkreisen übertragen wird". Nach § 1 Abs. 1 Satz 2 TreuhG kann volkseigenes Vermögen durch Gesetz auf Gemeinden, Städte und Kreise als Eigentum übertragen werden. "Volkseigenes Vermögen, das kommunalen Aufgaben und kommunalen Dienstleistungen dient", "ist" nach § 1 Abs. 1 Satz 3 TreuhG durch Gesetz den Gemeinden und Städten zu übertragen. Beim *Kommunalvermögensgesetz* handelt es sich um das diesbezüglich erlassene Gesetz, da das *Kommunalvermögensgesetz* nach seiner Präambel auf der Grundlage des *Treuhandgesetzes* erlassen wurde. Mit § 1 Satz 1 KVG übertrug der DDR-Gesetzgeber "volkseigenes Vermögen, das kommunalen Aufgaben und kommunalen Dienstleistungen dient", den Gemeinden und Städten. Die im *Einigungsvertrag* enthaltene Übertragung des kommunalen Finanzvermögens findet ihre Rechtsgrundlage damit in Art. 22 Abs. 1 Satz 1 EV i.V.m. § 1 Abs. 1 Satz 3 TreuhG i.V.m. §§ 1 f. KVG.[373]

Der Eigentumsübergang tritt beim kommunalen Finanzvermögen wie beim kommunalen Verwaltungsvermögen kraft Gesetzes mit Beginn des 3. Oktober 1990 ein.[374]

---

[368] Beschl. vom 18. September 1998, LKV 1999, 249.
[369] Verwaltungsrecht I, 9. Aufl. 1974, S. 484.
[370] *BVerwG*, Urt. v. 18. März 1993, E 92, 215 (218).
[371] *BVerwG*, Beschl. v. 14. Dezember 1993, VIZ 1994, 185.
[372] *BVerwG*, Beschl. v. 14. Dezember 1993, VIZ 1994, 185.
[373] Zur Rechtsgrundlage siehe z.B. *BGH*, Urt. v. 5. Dezember 1996, VIZ 1997, 232.
[374] *Schmitt-Habersack*, in: Kimme, Offene Vermögensfragen, Band II 31, Art. 22 EV, Rdnr. 2 und *Schmidt/Leitschuh*, in: Rechtshandbuch Vermögen und Investitionen in der ehemaligen DDR, Band II B 20, Art. 22 EV, Rdnr. 6 und 13.

Zur Abgrenzung des kommunalen Finanzvermögens vom sonstigen Finanzvermögen führt das *Bundesverwaltungsgericht*[375] aus: "Kommunales Finanzvermögen im Sinne des Art. 22 Abs. 1 Satz 1 EV ist auf diejenigen Vermögensgegenstände und Kapitalanteile an Einrichtungen beschränkt, die für öffentliche Zwecke und Aufgaben, die nach der Rechtsordnung des *Grundgesetzes* von den Kommunen im Rahmen ihrer Selbstverwaltung nach Art. 28 Abs. 2 GG wahrgenommen werden, am 3. Oktober 1990 tatsächlich genutzt wurden oder für eine solche Nutzung konkret vorgesehen waren. Nur ein solcher Bezug rechtfertigt es, kommunales Finanzvermögen gegenüber dem sonstigen Finanzvermögen herauszuheben. [...] Die Ausstattung mit kommunalem Finanzvermögen ist ebenso wie die Zuordnung von [erg. kommunalem] Verwaltungsvermögen aufgabenakzessorisch. Vom kommunalen Verwaltungsvermögen unterscheidet sich das kommunale Finanzvermögen mithin nur dadurch, daß die zweckentsprechende Verwendung des Vermögens am Stichtag nicht öffentlich-rechtlich gesichert ist." Ob das an die Kommunen zu übertragende Vermögen, so fährt das *Bundesverwaltungsgericht*[376] fort, kommunalen Aufgaben und kommunalen Dienstleistungen dient, sei dem *Einigungsvertrag* zufolge nach dem Maßstab des Art. 28 Abs. 2 GG zu beurteilen, da das Vermögen den Kommunen zugeordnet wurde, damit sie die ihnen nach dem *Grundgesetz*[377] obliegenden Aufgaben wahrnehmen können.[378] *Schmidt/Leitschuh*[379] führen aus, daß beim kommunalen Finanzvermögen zwecks Abgrenzung vom sonstigen Finanzvermögen auf ein "Dienen dieser Gegenstände für kommunale Aufgaben" abzustellen sei.

Die kommunale Rechtsträgerschaft im Grundbuch ist lediglich ein Indiz für eine Nutzung als kommunales Finanzvermögen am 3. Oktober 1990.[380]

Lange[381] weist darauf hin, daß es "nach der bisherigen Dogmatik" bei der Verteilung des ehemaligen Volkseigentums die Kategorie des spezifisch kommunalen Finanzvermögens an sich nicht geben kann, da das Finanzvermögen in den alten

---

[375] *BVerwG*, Urt. v. 15. Dezember 1994, E 97, 240 (241 f.). Auf diese Entscheidung verweisen z.B. der *Bundesgerichtshof* in einem Urteil vom 5. Dezember 1996, VIZ 1997, 232 und das *Verwaltungsgericht Berlin* in einem Urteil vom 21. August 1996, LKV 1997, 425.
[376] *BVerwG*, Urt. v. 15. Dezember 1994, E 97, 240 (243).
[377] In Band 97 der amtlichen Sammlung wird hier fälschlich das Wort "Grundsatz" abgedruckt, richtig hingegen z.B. im Urteilsabdruck in der LKV 1995, 249 (250).
[378] Siehe dazu auch *Schmitt-Habersack*, in: Kimme, Offene Vermögensfragen, Band II 31, Art. 22 EV, Rdnr. 33 und *von Detten*, in: Kimme, Offene Vermögensfragen, Band II 32, § 2 KVG, Rdnr. 5 und Bundesministerium des Innern: *Arbeitsanleitung zur Übertragung kommunalen Vermögens und zur Förderung von Investitionen durch die Kommunen*, Infodienst Kommunal Nr. 24 vom 19. April 1994, S. 11, abgedruckt in Fieberg/Reichenbach: Enteignung und offene Vermögensfragen in der ehemaligem DDR, Band III, Ziffer 5.9.4.
[379] *Dies.*, in: Rechtshandbuch Vermögen und Investitionen in der ehemaligen DDR, Band II B 20, Art. 22 EV, Rdnr. 11.
[380] *BVerwG*, Urt. v. 15. Dezember 1994, E 97, 240 (242).
[381] DtZ 1991, 329 (335).

Bundesländern dadurch definiert und abgegrenzt wird, daß die Beziehung zwischen Rechtssubjekt und Vermögensgegenstand rein fiskalischer Natur ist und keinen Bezug zu bestimmten Verwaltungsaufgaben hat. Bei dieser Definition des Finanzvermögens ist es unmöglich, in den neuen Ländern aus dem Finanzvermögen des ehemaligen Zentralstaats ein kommunales Finanzvermögen auszusondern: Wenn das Finanzvermögen dadurch definiert wird, daß es nicht zur Erfüllung von Verwaltungsaufgaben eines Hoheitsträgers dient, ist die Abgrenzung zwischen kommunalem Verwaltungsvermögen, Bundesfinanzvermögen und Finanzvermögen der Länder unmöglich. In den alten Bundesländern war und ist die Situation insofern einfacher, als lediglich das sich laut Grundbuch im Eigentum einer Gebietskörperschaft befindende Vermögen den Vermögensarten "Verwaltungsvermögen" oder "Finanzvermögen" zugewiesen werden soll, wobei sich die Einstufung beispielsweise nicht auf die Eigentümerstellung der Gemeinde auswirkt. In den neuen Ländern hingegen hat die Abgrenzung des kommunalen Finanzvermögens ungleich größere Bedeutung: Zum 3. Oktober 1990 soll das zu diesem Zeitpunkt untergegangene Volkseigentum auf die Gebietskörperschaften in den neuen Ländern verteilt werden, und der Gesetzgeber strebt eine Ausstattung der Kommunen auch mit Finanzvermögen an. Mit Beginn des 3. Oktober 1990 erfolgt damit in den neuen Ländern eine konstitutive Zuweisung von kommunalem Finanzvermögen, wohingegen in den alten Ländern lediglich das sich laut Grundbuch im Eigentum der Kommunen schon befindende Eigentum den Vermögensarten des Finanz- oder Verwaltungsvermögens zugewiesen werden muß. Um in den neuen Ländern das kommunale Finanzvermögen vom übrigen Finanzvermögen abgrenzen zu können, war somit ein zusätzliches Kriterium erforderlich, nämlich die Voraussetzung, daß der Vermögenswert zum 3. Oktober 1990 für öffentliche Zwecke und Aufgaben, die nach der Rechtsordnung des *Grundgesetzes* von den Kommunen im Rahmen ihrer Selbstverwaltung nach Art. 28 Abs. 2 GG wahrgenommen werden, tatsächlich genutzt wurde oder für eine solche Nutzung konkret vorgesehen war.

Wie bereits festgestellt[382], gehört die Sorge um einen die im Gemeindegebiet belegenen landwirtschaftlichen Flächen erschließenden Wirtschaftsweg zu dem "Kreis der Angelegenheiten, die der kommunalen Selbstverwaltung unterfallen"[383]. Es ist jedoch davon auszugehen, daß bei dem vorliegend zu untersuchenden Fall die Belegenheitsgemeinde zu Beginn des 3. Oktober 1990 noch nicht beabsichtigte, den heute für erforderlich erachteten Wirtschaftsweg zu errichten. Zum damaligen Zeitpunkt erfolgte die Bewirtschaftung der landwirtschaftlichen Flächen noch ausschließlich durch die Landwirtschaftlichen Produktionsgenossenschaften und damit großflächig. Das Bedürfnis, ein nur mit einer Fruchtart bebautes, zusammenhängendes, z.B. 300 ha großes Ackerfeld durch die Anlage eines neuen Wirtschafts-

---

[382] Siehe oben 3, auf Seite 89.
[383] So die generelle, nicht konkret auf den vorliegend zu untersuchenden Fall bezogene, Formulierung des *Bundesverwaltungsgerichts* in einem Urteil vom 15. Dezember 1994 im Rahmen der Abgrenzung des kommunalen Finanzvermögens, E 97, 240 (243).

weges zu zerschneiden, konnte erst zu dem Zeitpunkt entstehen, zu dem die Großflächenbewirtschaftung dadurch Konkurrenz bekam, daß einzelne Wiedereinrichter oder Neueinrichter die Bewirtschaftung von in großen Schlägen liegenden Flurstücken mit insgesamt z.B. 30 oder 50 ha aufnehmen wollten. *Der Bodenverwertungs- und -verwaltungsgesellschaft* (BVVG) obliegt auf der Grundlage der §§ 1 und 3 der 3. DVO z. TreuhG[384] die Verwaltung des ehemals volkseigenen, landwirtschaftlich genutzten Vermögens. In Thüringen erfolgten die ersten kurzfristigen Verpachtungen im Frühjahr 1991. Die ersten langfristigen Pachtverträge, die als Kreditgrundlage dienen können, schloß die BVVG im Mai 1993. Auch die Neu- und Wiedereinrichter konnten erstmals ab diesen Zeitpunkten ehemals volkseigene, landwirtschaftlich genutzte Grundstücke pachten. Es besteht allerdings die Möglichkeit, daß private Landeigentümer schon am 3. Oktober 1990 der Belegenheitsgemeinde mitgeteilt hatten, daß sie ihren Grundbesitz zum nächstmöglichen Zeitpunkt nicht mehr an die Rechtsnachfolgerin der ehemaligen Landwirtschaftlichen Produktionsgenossenschaft, sondern an einen Neu- oder Wiedereinrichter verpachten oder selbst bewirtschaften wollen. In diesen Fällen hätte die Belegenheitskommune schon am 3. Oktober 1990 die Errichtung eines hinsichtlich örtlicher Lage und konkreter Ausbauart feststehenden Wirtschaftsweges beabsichtigen können. Es ist damit festzustellen, daß - außer in den zuletzt genannten, aber eher seltenen Fällen - die Kommunen die heute zur Errichtung eines Wirtschaftswegs benötigten Flächen nicht als kommunales Finanzvermögen kraft Gesetzes mit Beginn des 3. Oktober 1990 erworben haben dürften.

Es sei noch erwähnt, daß der Gesetzgeber des Einigungsvertrags mit Art. 22 Abs. 1 EV hinsichtlich des kommunalen Finanzvermögens die den Kommunen durch den DDR-Gesetzgeber mit dem *Kommunalvermögensgesetz* eingeräumten Rechtspositionen veränderte: Eine Verbesserung brachte die Tatsache, daß - wie beim kommunalen Verwaltungsvermögen - die Zuordnung kraft Gesetzes mit dem Beginn des 3. Oktober 1990 erfolgte und ein konstitutiver Zuordnungsbescheid entbehrlich wurde. Als Beschränkung ordnete der Gesetzgeber des Einigungsvertrags an, daß

---

[384] Die in diesen Normen genannte *Treuhandanstalt* wurde zum 1. Januar 1995 in *Bundesanstalt für vereinigungsbedingte Sonderaufgaben* umbenannt. Die *Treuhandanstalt* gründete mehrere juristische Personen des privaten Rechts und übertrug ihnen einzelne Privatisierungsaufgaben mit dem Ziel, die Privatisierungstätigkeit in flexiblerer und unbürokratischerer Form voranzutreiben. Der am 23. April 1992 gegründeten *Bodenverwertungs- und -verwaltungs GmbH* (BVVG) obliegen in diesem Zusammenhang die Verpachtung und der Verkauf der ehemals volkseigenen land- und forstwirtschaftlichen Flächen, die der *Treuhandanstalt* mit Wirkung zum 4. September 1990 zunächst nur in die treuhänderische Verwaltung übertragen worden waren durch § 3 der 3. DVO z. TreuhG. Die Übertragung von Besitz und Eigentum an den o.g. Grundstücken auf die BVVG erfolgte im Rahmen eines Treuhand- und Geschäftsbesorgungsvertrages durch Verwaltungsakte (siehe dazu *Busche*, in: Rechtshandbuch Vermögen und Investitionen in der ehemaligen DDR, Band II B 200, § 2 TreuhG, Rdnr. 17 und *Zimmermann*, in: Rechtshandbuch Vermögen und Investitionen in der ehemaligen DDR, Band II B 115, § 3 AusglLeistG, Rdnr. 31.).

die bis zum Beitritt der neuen Länder nach § 2 Abs. 2 KVG gegebene Auffangzuständigkeit der Kommunen und Städte für volkseigenes Finanzvermögen, das nicht in der Rechtsträgerschaft des ehemaligen Rats einer Kommune oder einer Stadt, sondern in Rechtsträgerschaft einer aufgelösten oder aufzulösenden staatlichen Dienststelle stand, ersetzt wird durch eine Auffangzuständigkeit des Bundes auf der Grundlage von Art. 22 Abs. 1 Satz 1 EV.[385] Das vom Bund nach Art. 22 Abs. 1 Satz 1 EV treuhänderisch verwaltete Finanzvermögen ist nach Art. 22 Abs. 1 Satz 3 EV durch Gesetz auf den Bund und die neuen Länder so aufzuteilen, daß der Bund einerseits und die neuen Länder andererseits je die Hälfte des Vermögensgesamtwerts erhalten. Bei der Frage, warum sich der Bund überhaupt einen Teil des ehemaligen Finanzvermögens zuweist, ist zu berücksichtigen, daß mit Art. 22 Abs. 1 Satz 1 EV bezweckt wird, das nicht unmittelbar für Verwaltungszwecke benötigte Staatsvermögen in demselben Verhältnis aufzuteilen, wie die Staatsschulden: Nach Art. 27 Abs. 3 Satz 2 StVertr i.V.m. Art. 23 Abs. 3 und 4 EV übernehmen der Bund und die neuen Länder die Gesamtverschuldung des Republikhaushalts der Deutschen Demokratischen Republik jeweils zur Hälfte.[386]

5. Zuordnung landwirtschaftlich genutzter Flächen als kommunales Restitutionsvermögen gemäß Art. 21 Abs. 3, 1. Halbsatz EV

Nachfolgend soll auf die in den Artikeln 21 und 22 des Einigungsvertrags enthaltene dritte Möglichkeit eingegangen werden, nach der die Kommunen das Eigentum an Vermögenswerten, die heute laut Grundbuch im Eigentum des Volkes stehen, erlangen können. Nach Art. 21 Abs. 3, 1. Halbsatz EV werden Vermögenswerte, die dem Zentralstaat oder den Ländern und Gemeinden (Gemeindeverbänden) von einer anderen Körperschaft des öffentlichen Rechts unentgeltlich zur Verfügung gestellt worden sind, an diese Körperschaft oder ihre Rechtsnachfolgerin unentgeltlich zurückübertragen. Der Gesetzgeber verwendet als terminus technicus in § 11 Abs. 1 Satz 1 VZOG den Begriff der Restitution.[387] Ein Restitutionsanspruch kann auch Kommunen zustehen, wenn ihnen in der Zeit vom 8. Mai 1945 bis zum 2. Oktober 1990 das Eigentum an Grundstücken durch Überführung in Volkseigentum oder auf anderem Wege entschädigungslos entzogen wurde und der betroffene Vermögenswert daher bei Inkrafttreten des *Einigungsvertrages* in Volkseigentum stand.[388] "Unentgeltlich", d.h. ohne materielle Gegenleistung[389]

---

[385] Siehe dazu *Schillo*, in: Rädler/Raupach/Bezzenberger, Vermögen in der ehemaligen DDR, Band I Teil 2 D, Rdnr. 15.

[386] Siehe dazu *Lange*, DtZ 1991, 329 (334) und die Denkschrift der *Bundesregierung* zum Einigungsvertrag, BT-Drucks. 11/7760, S. 355 (S. 365 f.).

[387] *Schmidt-Räntsch/Hiestand*, in: Rechtshandbuch Vermögen und Investitionen in der ehemaligen DDR, Band II B 170, § 12 VZOG, Rdnr. 10.

[388] BVerwG, Urt. v. 15. Dezember 1994, E 97, 240 (244) und Urt. v. 24. März 1994, E 95, 301 (306 f.).

[389] So *Schmidt/Leitschuh*, in: Rechtshandbuch Vermögen und Investitionen in der ehemaligen DDR, Band II B 20, Art. 21 EV, Rdnr. 32.

konnten die Vermögenswerte dem Zentralstaat, den Ländern oder den Gemeinden z.B. durch Gesetz, durch Vertrag oder durch Administrativenteignung zur Verfügung gestellt werden.[390] Die zurückzuübertragenden Vermögenswerte werden im Zeitpunkt der Bescheidung entweder als kommunales Verwaltungsvermögen oder als kommunales Finanzvermögen genutzt; die Anspruchsgrundlage findet sich dementsprechend entweder in Art. 21 Abs. 3, 1. Halbsatz EV oder in Art. 22 Abs. 1 Satz 7 i.V.m. Art. 21 Abs. 3, 1. Halbsatz EV.[391]

Lange[392] weist darauf hin, daß aus der Formulierung "werden zurückübertragen" in Art. 21 Abs. 3, 1. Halbsatz EV zu folgern sei, daß im Bereich der Restitution der Eigentumserwerb nicht kraft Gesetzes eintritt, sondern den Gebietskörperschaften lediglich ein Anspruch auf Rückübertragung zusteht.[393] Das *Bundesverwaltungsgericht*[394] spricht von einer "schuldrechtsähnlichen Rechtsnatur" des Restitutionsanspruchs nach Art. 21 Abs. 3, 1. Halbsatz EV. § 11 Abs. 1 Satz 1 VZOG gestaltet den Rückübertragungsanspruch als eigenständigen Tatbestand aus.[395] Bei den konstitutiv wirkenden Restitutionsbescheiden erfolgt der Eigentumsübergang an dem rückübertragenen Vermögenswert gemäß § 2 Abs. 1a Satz 4 VZOG mit dem Eintritt der Unanfechtbarkeit des Restitutionsbescheids.[396]

Im Rahmen der Art. 21 und 22 EV steht die Zuordnung nach dem Restitutionsprinzip nach Art. 21 Abs. 3, 1. Halbsatz EV bzw. nach Art. 22 Abs. 1 Satz 7 i.V.m. Art. 21 Abs. 3, 1. Halbsatz EV selbständig neben der Zuordnung nach dem Funktionsprinzip nach Art. 21 Abs. 1 und 2 EV und nach Art. 22 Abs. 1 Satz 1 EV. Der Vermögenszuordnung nach dem Funktionsprinzip ist gegenüber der Vermögenszuordnung nach dem Restitutionsprinzip nicht der Vorrang einzuräumen. Das Restitutionsprinzip ist gegenüber dem Funktionsprinzip nicht lediglich subsidiär anzuwenden. Andernfalls gäbe es keine dem Restitutionsprinzip unterfallenden Anwendungsfälle, da das ehemalige Volkseigentum nach dem Funktionsprinzip lückenlos zugeordnet wird. Da jedoch davon auszugehen ist, daß der Gesetzgeber mit den Restitutionsansprüchen keine ins Leere führenden Ansprüche schaffen wollte, ist Art. 21 Abs. 3, 1. Halbsatz EV als eine Regelung zu verstehen, die im Rahmen ih-

---

[390] *Lange*, DtZ 1991, 329 (332).
[391] *BVerwG*, Beschl. v. 14. Dezember 1993, VIZ 1994, 185.
[392] *Lange*, DtZ 1991, 329 (332).
[393] Ebenso: *Schmidt/Leitschuh*, in: Rechtshandbuch Vermögen und Investitionen in der ehemaligen DDR, Band II B 20, Art. 21 EV, Rdnr. 30; siehe auch *BVerwG*, Beschl. v. 14. Dezember 1993, VIZ 1995, 185.
[394] *BVerwG*, Urt. v. 24. März 1994, E 95, 301 (306).
[395] *BVerwG*, Urt. v. 24. März 1994, E 95, 301 (305).
[396] Siehe dazu *Schmitt-Habersack/Dick*, in: Kimme, Offene Vermögensfragen, Band II 33, § 2 VZOG, Rdnr. 38 und *Schmidt-Räntsch/Hiestand*, in: Rechtshandbuch Vermögen und Investitionen in der ehemaligen DDR, Band II B 170, § 2 VZOG, Rdnr. 29.

res Anwendungsbereichs eine Vermögenszuordnung nach dem Funktionsprinzip verdrängt.[397]

Die Restitutionsanträge der Kommunen auf der Grundlage von § 11 Abs. 1 Satz 1 VZOG i.V.m. Art. 21 Abs. 3, 1. Halbsatz EV bzw. Art. 22 Abs. 1 Satz 7 i.V.m. Art. 21 Abs. 3, 1. Halbsatz EV konnten nur bis zum Ablauf des 31. Dezember 1995 gestellt werden. Diese Ausschlußfrist ergibt sich aus § 1 AnFrV.

Als Ergebnis bleibt festzuhalten, daß die unter den o.g. Voraussetzungen als Restitutionsvermögen in das Eigentum der Kommunen gelangten und heute ackerbaulich genutzten Grundstücke von diesen als Tauschflächen bei der Wiederanlegung eines Wirtschaftswegenetzes in ihrem Gemeindegebiet zur Verfügung gestellt werden können.

3. Kapitel: Die Möglichkeiten des Freistaats zur Problemlösung

Im Eigentum des Freistaats Thüringen befinden sich zur Zeit etwa 15.000 ha landwirtschaftliche Nutzfläche. Die durchschnittliche Grundstücksgröße beträgt ungefähr ein Hektar. An dreizehn Standorten erfolgt nach entsprechenden Pflugtauschvereinbarungen die Bewirtschaftung größerer Wirtschaftseinheiten von jeweils etwa 100 ha; bei den restlichen - als "Streubesitz" bezeichneten - Flächen ist eine arrondierte Bewirtschaftung nicht möglich. Die Verwaltung der Flächen erfolgt auf der Grundlage einer von der Landesregierung im Oktober 1994 gebilligten Konzeption zur Verwaltung und Verwertung des landwirtschaftlichen staatlichen Grundbesitzes.[398] Nach Ziffer 1 Satz 1 dieser Konzeption ist der landwirtschaftliche staatliche Grundbesitz vorrangig für öffentliche Zwecke unmittelbar oder als Tauschland bereitzuhalten. Damit liegt in Thüringen beim landwirtschaftlichen staatlichen Grundbesitz der Schwerpunkt nicht auf einer Privatisierung desselben, sondern in der Bereithaltung dieser Flächen, um auf sie zur Umsetzung von Projekten, bei denen Bedarf für Land oder Tauschland besteht, zugreifen zu können. Mit dieser Flächenbevorratung beabsichtigt der Freistaat, aktiv Landentwicklung zu befördern in einem Umfang, der über die den Landesbehörden durch das Erfordernis von Genehmigungen eingeräumten Möglichkeiten hinausgeht.

Die Sorge einer Gemeinde um das in ihrem Gemeindegebiet liegende Wirtschaftswegenetz gehört zu den Aufgaben der örtlichen Gemeinschaft i.S.d. Art. 28 Abs. 2 Satz 1 GG. Daneben tritt der Umstand, daß die zum 3. Oktober 1990 mit einem objektiv benötigten, öffentlich genutzten Wirtschaftsweg überbauten Flächen als kommunales Verwaltungsvermögen i.S.d. Art. 21 Abs. 2 EV einzustufen sind, wie oben dargelegt. Damit dient die Anlegung eines öffentlichen Wirtschaftswegs ei-

---

[397] Siehe dazu: *BVerwG*, Beschl. v. 14. Dezember 1993, VIZ 1994, 185 und *Schmidt/Leitschuh*, in: Rechtshandbuch Vermögen und Investitionen in der ehemaligen DDR, Band II B 20, Art. 21, Rdnr. 40.
[398] Bekanntgemacht im ThürStAnz Nr. 10/1995, S. 327.

nem öffentlichen Zweck gemäß Ziffer 1 Absatz 1 der o.g. Konzeption und die Behörden des Freistaats sind verpflichtet, in derartigen Fällen die mit dem Ziel einer Selbstbindung des Freistaats i.S.d. Art. 3 GG erlassene Konzeption anzuwenden.

Sobald und soweit auf der Grundlage von Verordnungen oder festgestellter oder genehmigter Planungen landwirtschaftlicher staatlicher Grundbesitz des Freistaats für die Errichtung eines öffentlichen Wirtschaftswegs unmittelbar benötigt wird, sind die Flächen gemäß Ziffer 2, Absatz 1 der o.g. Konzeption zum Verkehrswert der Belegenheitsgemeinde zu übertragen. Liegen die landwirtschaftlichen Flächen im Verfahrensgebiet eines mit dem Ziel der Errichtung eines öffentlichen Wirtschaftswegs angeordneten Bodenordnungsverfahrens nach dem *Landwirtschaftsanpassungsgesetz*, dem *Flurbereinigungsgesetz* oder dem *Baugesetzbuch*, sind die Flächen gemäß Ziffer 2, Absatz 2 der o.g. Konzeption als Tauschland zur Verfügung zu stellen und z.b. der Belegenheitsgemeinde als geeignetem Träger zu dem im Verfahren festgesetzten Wert zuzuteilen.

Da sich aus der o.g. Konzeption eine Selbstbindung des Freistaats ergibt, sind die Behörden des Freistaats Thüringen verpflichtet, den landwirtschaftlichen staatlichen Grundbesitz bei der Errichtung eines öffentlichen Wirtschaftswegs nach den o.g. Möglichkeiten zur Verfügung zu stellen. Nur in begründeten Ausnahmefällen, wenn die Flächen z.b. aus landeseigenen Interessen für andere Zwecke benötigt werden, kann die Bereitstellung versagt werden.

4. Kapitel: Die Möglichkeiten des Bundes zur Problemlösung Vereinbarungen auf der Grundlage von § 2 Abs. 1 Satz 6 VZOG

Das Bundesministerium für Ernährung, Landwirtschaft und Forsten, mittlerweile umbenannt in Bundesministerium für Verbraucherschutz, Ernährung und Landwirtschaft, legte in einem an die entsprechenden Fachministerien in den neuen Bundesländern gerichteten Schreiben vom 23. Februar 2000[399] mit vier Anlagen die Möglichkeiten dar, die sich zur Lösung der untersuchungsgegenständlichen Problematik aus § 2 Abs. 1 Satz 6 VZOG ergeben. Von dieser Rechtsgrundlage ausgehend kann die BVVG in ihrer Verfügungsbefugnis stehende und land- oder forstwirtschaftlich genutzte Flächen an Kommunen übergeben mit der Auflage, diese zweckgebunden für die Belange des Wirtschaftswegebaus zu verwenden. Nachfolgend soll der von dem Bundesministerium aufgezeigte Lösungsweg näher untersucht werden.

---

[399] Az.: 522-007-0/28, als Anlage mit abgedruckt.

A. Zweck des § 2 Abs. 1 Satz 6 VZOG

Das *Vermögenszuordnungsgesetz* normiert ein Verwaltungsverfahren, in dem mit einem feststellenden Verwaltungsakt als Abschluß über die Zuordnung von Gegenständen des ehemaligen Volkseigentums an Gebietskörperschaften des öffentlichen Rechts und andere Körperschaften entschieden wird.[400] Enthält der Zuordnungsbescheid auf der Grundlage von § 1 Abs. 1 Satz 1 VZOG die Feststellung, wer einen bestimmten Gegenstand aus dem ehemaligen Volkseigentum kraft Gesetzes erhalten hat, so wirkt dieser Bescheid deklaratorisch.[401] Regelt der Bescheid hingegen gemäß § 1 Abs. 4 VZOG auf einer gesetzlichen Grundlage die Übertragung eines derartigen Vermögensgegenstands auf z.B. eine Gebietskörperschaft, hat er konstitutive Wirkung.[402]

Die Zuordnungsbehörden entscheiden über durch Bundesrecht geschaffene oder auf der Grundlage von Bundesrecht zu schaffende Zustände und sind dabei als Bundesbehörden tätig. Deswegen ist für das Zuordnungsverfahren das *Verwaltungsverfahrensgesetz* des Bundes anzuwenden gemäß § 2 Abs. 5 Satz 1 VZOG. Auf der Grundlage der §§ 24 und 26 VwVfG gilt der Amtsermittlungsgrundsatz.

Gemäß § 2 Abs. 1 Satz 6 VZOG hat bei vorheriger Einigung der Beteiligten, die, ohne Rechte anderer Zuordnungsberechtigter zu verletzen, auch von den in § 1 VZOG genannten Bestimmungen abweichen darf, ein dieser Absprache entsprechender Bescheid zu ergehen.

Mit dieser Regelung durchbricht der Gesetzgeber den Amtsermittlungsgrundsatz.[403] Der Gesetzgeber gestattet den Beteiligten ausdrücklich, von den in § 1 VZOG aufgeführten materiellen Zuordnungsregelungen abzuweichen.[404] Die Zuordnungsbehörde darf die Einigung nicht auf Vereinbarkeit mit den materiellen

---

[400] Zu der für den Gesetzgeber damals auch bestehenden Möglichkeit, die Betroffenen auf den Zivilrechtsweg zu verweisen und zu den demgegenüber bestehenden Vorteilen eines Verwaltungsverfahrens siehe *Schmidt-Räntsch/Hiestand*, in: Rechtshandbuch Vermögen und Investitionen in der ehemaligen DDR, Band II B 170, § 2 VZOG, Rdnr. 2.

[401] Zu den Einzelfällen siehe *Schmidt-Räntsch/Hiestand*, in: Rechtshandbuch Vermögen und Investitionen in der ehemaligen DDR, Band II B 170, § 2 VZOG, Rdnr. 4.

[402] Zu den Einzelfällen siehe *Schmidt-Räntsch/Hiestand*, in: Rechtshandbuch Vermögen und Investitionen in der ehemaligen DDR, Band II B 170, § 2 VZOG, Rdnr. 6.

[403] Siehe dazu *Schmidt-Räntsch/Hiestand*, in: Rechtshandbuch Vermögen und Investitionen in der ehemaligen DDR, Band II B 170, § 2 VZOG, Rdnr. 23, *Schmitt-Habersack/Dick*, in: Kimme, Offene Vermögensfragen, Band II 33, § 2 VZOG, Rdnr. 25 und *Schmidt-Räntsch*, Eigentumszuordnung, Rechtsträgerschaft und Nutzungsrechte an Grundstücken, S. 72.

[404] So *Schmidt-Räntsch/Hiestand*, in: Rechtshandbuch Vermögen und Investitionen in der ehemaligen DDR, Band II B 170, § 2 VZOG, Rdnr.15, *Schmitt-Habersack/Dick*, in: Kimme, Offene Vermögensfragen, Band II 33, § 2 VZOG, Rdnr. 27 und 29 und der *Rechtsausschuß des Bundestags* in seiner Beschlußempfehlung und seinem Bericht zum Entwurf der Bundesregierung für ein Registerverfahrensbeschleunigungsgesetz, BT-Drucks. 12/6228, S. 108, Zu Nummer 5 - § 2 VZOG, Zu Unterbuchstabe bb.

Zuordnungsregelungen prüfen.[405] Sie hat die Einigung der Beteiligten mit einem Bescheid umzusetzen. Rechtsgrundlage des Zuordnungsbescheids ist ausschließlich § 2 Abs. 1 Satz 6 VZOG.[406] Die materiellen Zuordnungsregelungen, wie z.B. in den Art. 21 und Art. 22 EV enthalten, haben in diesem Zusammenhang keine Bedeutung.

Allerdings muß im Zeitpunkt der Bescheidung eine Situation bestehen, in der über den Gegenstand der Einigung auch das normale Zuordnungsverfahren unter Anwendung des Amtsermittlungsgrundsatzes hätte durchgeführt werden können. Insbesondere hat die Einigung inhaltlich eine Entscheidung über die Zuordnung ehemaligen Volkseigentums zu treffen. Andere Verfügungen dürfen über das beim Grundbuchamt und beim Katasteramt gebührenfreie Verfahren auf der Grundlage von § 2 Abs. 1 Satz 6 VZOG nicht abgewickelt werden.

Der Gesetzgeber sah das Bedürfnis der Beteiligten, die Einigungserklärungen unter den Vorbehalt eines möglichen Widerrufs zu stellen für den Fall, daß noch erforderliche Zustimmungen oder Genehmigungen versagt würden. Deshalb enthält § 2 Abs. 1 Satz 7 VZOG die Regelung, daß der Bescheid sofort bestandskräftig wird, "wenn nicht der Widerruf innerhalb einer in dem Bescheid zu bestimmenden Frist, die höchstens einen Monat betragen darf, vorbehalten wird." Hierbei behält sich nicht die Zuordnungsbehörde den Widerruf des Zuordnungsbescheids vor auf der Grundlage von § 36 Abs. 2 Nr. 3 VwVfG, sondern die Beteiligten behalten sich die Möglichkeit vor, innerhalb von einem Monat nach Wirksamwerden des Bescheids ihre dem Bescheid zugrunde liegenden Einigungserklärungen gegenüber der Zuordnungsbehörde zu widerrufen. Die in dem Zuordnungsbescheid enthaltene Regelung, daß das Eigentum an dem den Gegenstand des Bescheids bildenden Vermögensgegenstand mit dem Ablauf von einem Monat nach Zugang des Bescheids übergeht, steht somit unter der aufschiebenden Bedingung, daß bis zu diesem Zeitpunkt bei der Zuordnungsbehörde kein Widerruf einer der dem Bescheid zugrunde liegenden Willenserklärungen eingeht.[407] Es erscheint von Vorteil, wenn die Zuordnungsbehörde festlegt, daß die Widerrufserklärungen nur ihr gegenüber und nur schriftlich abgegeben werden können.

Sinn und Zweck des § 2 Abs. 1 Satz 6 VZOG bestehen darin, langwierige Ermittlungen zu den oft schwierigen Sach- und Rechtslagen zu vermeiden, das Zuordnungsverfahren dadurch zu beschleunigen und eine unter wirtschaftspolitischen

---

[405] So der *Rechtsausschuß des Bundestags* in seiner Beschlußempfehlung und seinem Bericht zum Entwurf der Bundesregierung für ein Registerverfahrensbeschleunigungsgesetz, BT-Drucks. 12/6228, S. 108, Zu Nummer 5 - § 2 VZOG, Zu Unterbuchstabe bb.
[406] So *Schmitt-Habersack/Dick*, in: Kimme, Offene Vermögensfragen, Band II 33, § 2 VZOG, Rdnr. 29.
[407] So *Schmidt-Räntsch/Hiestand*, in: Rechtshandbuch Vermögen und Investitionen in der ehemaligen DDR, Band II B 170, § 2 VZOG, Rdnr. 17.

und unter arbeitsmarktpolitischen Gesichtspunkten erwünschte schnelle und möglichst umgehend bestandskräftige[408] Entscheidung zu ermöglichen.[409]

B. Die Beteiligten einer solchen Vereinbarung und der Kreis der anzuhörenden Personen

Nachfolgend soll auf die Frage nach dem Kreis der Beteiligten einer Vereinbarung mit dem Ziel, den Bau eines Wirtschaftsweges zu ermöglichen, eingegangen werden.

Zunächst ist eine Beteiligung des Bundes, speziell der BVVG, erforderlich, da die Befugnis zur Verfügung über das den Gegenstand der Vereinbarung bildende und land- oder forstwirtschaftlich genutzte Grundstück der BVVG als Privatisierungsstelle zusteht.[410]

Ferner muß die Belegenheitskommune beteiligt werden, weil sie das Eigentum an dem Grundstück erwirbt und die Auflage übernimmt, die Flächen bei Bedarf zur Errichtung eines Wegenetzes zur Verfügung zu stellen.

Eine frühzeitige Einbindung des Oberfinanzpräsidenten der *Oberfinanzdirektion Berlin* empfiehlt sich, da diese Stelle als Zuordnungsstelle[411] einen Zuordnungsbescheid auf der Grundlage der Einigung zu erstellen hat. Es ist jedoch durchaus möglich, daß die Zuordnungsstelle im Vorfeld nicht beteiligt werden möchte, da sie den Bescheid ja ohnehin nach den in der Einigung niedergelegten Grundsätzen fertigen wird.[412]

Ein Zuordnungsbescheid auf der Grundlage einer Einigung nach § 2 Abs. 1 Satz 6 VZOG darf nur ergehen, wenn Rechte anderer Zuordnungsberechtigter nicht ver-

---

[408] Zu den Zusammenhängen zwischen der Anhörung und der Bestandskraft siehe sogleich unter B.
[409] So *Schmidt/Leitschuh*, in: Rädler/Raupach/Bezzenberger, Vermögen in der ehemaligen DDR, Band III Teil 3 B II, § 2 VZOG, Rdnr. 3, *Schmitt-Habersack/Dick*, in: Kimme, Offene Vermögensfragen, Band II 33, § 2 VZOG, Rdnr. 25 und 31, *VG Berlin*, Urt. v. 20. Juni 1994, Az: 31 A 812.93, abgedruckt in: Kimme/Pée/Schmidt-Räntsch, Offene Vermögensfragen, Rechtsprechungssammlung, Band VII Nr. 33, § 4 VZOG, 102/94, S. 5, Stellungnahme des *Bundesrats* vom 1. März 1991 zum Entwurf der Bundesregierung eines Gesetzes zur Beseitigung von Hemmnissen bei der Privatisierung von Unternehmen und zur Förderung von Investitionen, BT-Drucks. 12/204, S. 14 f., Nr. 45, Zu Artikel 6 (§ 2 Abs. 1 VZOG) sowie *Schmidt-Räntsch*, Eigentumszuordnung, Rechtsträgerschaft und Nutzungsrechte an Grundstücken, S. 72.
[410] Siehe dazu unten F. 4., auf Seite 118.
[411] Gemäß § 1 ZOZÜV wurden die Zuständigkeiten des Präsidenten der Bundesanstalt für vereinigungsbedingte Sonderaufgaben nach dem *Vermögenszuordnungsgesetz* mit Wirkung ab dem 1. Juli 1999 auf den Oberfinanzpräsidenten der Oberfinanzdirektion Berlin übertragen.
[412] Bei den ebenfalls auf der Grundlage von § 2 Abs. 1 Satz 6 VZOG zwischen der BVVG und dem Freistaat Thüringen stattfindenden Verhandlungen über das in Thüringen belegene und am 8. Mai 1945 in preußischem Fiskalbesitz stehende sog. Preußenvermögen wies die BvS die Beteiligten darauf hin, daß die Einbindung der BvS in den Verhandlungen auch unterbleiben könne.

letzt werden. Für das normale Zuordnungsverfahren bei Geltung des Amtsermittlungsgrundsatzes regelt § 2 Abs. 1 Satz 1 VZOG, daß alle neben dem Antragsteller sonst in Betracht kommenden Berechtigten anzuhören sind. Beide Normen enthalten im Anwendungsbereich des *Vermögenszuordnungsgesetzes* gegenüber § 28 VwVfG speziellere Regelungen.[413] Für den vorliegend zu untersuchenden Fall erschließt sich die Reichweite der Anhörungspflicht im Rahmen des § 2 Abs. 1 Satz 6 VZOG aus den der Anhörung im Rahmen des § 2 Abs. 1 Satz 1 VZOG zugrunde liegenden Erwägungen.

Das *Bundesverwaltungsgericht*[414] führt zur Anhörung im Rahmen des § 2 Abs. 1 Satz 1 VZOG folgendes aus: Die Reichweite der Anhörungspflicht hängt vom Inhalt der Behördenentscheidung ab. Will die Zuordnungsbehörde durch deklaratorischen Bescheid feststellen, wer kraft Gesetzes Vermögensgegenstände erhalten hat, etwa als Verwaltungsvermögen gemäß Art. 21 Abs. 2 EV i.V.m. § 1 Abs. 1 bis 3 VZOG, so sind nur diejenigen Personen anzuhören, die potentiell ebenfalls kraft Gesetzes Vermögensgegenstände erhalten haben könnten. Beabsichtigt die Zuordnungsbehörde, durch konstitutiven Bescheid festzustellen, wem kraft Gesetzes ein Vermögensgegenstand zurückzuübertragen ist, etwa als Restitutionsvermögen gemäß Art. 21 Abs. 3, 1. Halbsatz EV i.V.m. § 1 Abs. 4 VZOG, so müssen nur diejenigen Personen angehört werden, denen potentiell ebenfalls kraft Gesetzes Ansprüche auf Rückübertragung von Vermögensgegenständen zustehen können. Die Anhörung der Inhaber von sonstigen Rechten an dem den Gegenstand der Zuordnung bildenden Vermögensgegenstand ist regelmäßig nicht geboten. Das Zuordnungsverfahren läßt diese Rechte grundsätzlich unberührt und gemäß § 2 Abs. 1 Satz 5 VZOG hat der Zuordnungsbescheid vorbehaltlich dieser Rechte zu ergehen. Zu diesen Rechten Dritter gehören z.B. beschränkt dingliche Rechte an dem Vermögensgegenstand, Rückübertragungsansprüche auf der Grundlage des *Vermögensgesetzes* und das zum Hinzuerwerb des Bodens nach den Regelungen des *Sachenrechtsbereinigungsgesetzes* berechtigende selbständige Gebäudeeigentum. Greift der Zuordnungsbescheid jedoch gestaltend in diese Rechte ein, hat die Zuordnungsbehörde den Inhaber des Rechts anzuhören. So können z.B. auf der Grundlage von § 2 Abs. 2b Satz 5 VZOG in einem Zuordnungsbescheid mit Zuordnungsplan dingliche Rechte an Grundstücken aufgehoben, geändert oder neu begründet werden.

---

[413] So *Schmidt-Räntsch/Hiestand*, in: Rechtshandbuch Vermögen und Investitionen in der ehemaligen DDR, Band II B 170, § 2 VZOG, Rdnr. 13.

[414] Urt. v. 27. Juli 1995, Az.: 7 C 32.94, ZOV 1995, 383 f., siehe dazu auch *Schmidt-Räntsch/Hiestand*, in: Rechtshandbuch Vermögen und Investitionen in der ehemaligen DDR, Band II B 170, § 2 VZOG, Rdnr. 13 f., *Schmitt-Habersack/Dick*, in: Kimme, Offene Vermögensfragen, Band II Nr. 33, § 2 VZOG, Rdnr. 6 bis 9 und *Schmidt/Leitschuh*, in: Rädler/Raupach/Bezzenberger, Vermögen in der ehemaligen DDR, Band III Teil 3 B II, § 2 VZOG, Rdnr. 4.

Zu den auf der Grundlage von § 2 Abs. 1 Satz 6 VZOG ermöglichten Einigungen als Grundlage für Vermögenszuordnungsbescheide weist der *Rechtsausschuß des Bundestages*[415] darauf hin, daß Rechte weiterer, nicht an der Einigung beteiligter Zuordnungsberechtigter nicht verletzt werden dürfen. Nach den Ausführungen des *Verwaltungsgerichts Schwerin*[416] darf eine solche Einigung keine Wirkungen zulasten von an dieser Einigung nicht beteiligter anderer Zuordnungsberechtigter entfalten.

Übertragen auf den vorliegend zu untersuchenden Fall ergibt sich Folgendes: Die Belegenheitskommune bemühte sich vergebens um eine Zuordnung des den Gegenstand der Einigung bildenden Grundstücks als Verwaltungsvermögen oder als Restitutionsvermögen. Einigungen auf der Grundlage von § 2 Abs. 1 Satz 6 VZOG dürfen von den materiellen Zuordnungsregeln abweichen. Damit kann nicht entschieden werden, ob der Bescheid im Sinne der Rechtsprechung zu § 2 Abs. 1 Satz 1 VZOG deklaratorisch oder konstitutiv wirkt. Bei einer Anhörung des Belegenheitslandes und des Belegenheitskreises dürften jedoch alle möglichen Zuordnungsberechtigten eingebunden sein. Landwirtschaftlich genutzte Grundstücke könnten vom Belegenheitsland oder vom Belegenheitskreis z.B. im Rahmen des Betreibens einer Lehr- Prüf- und Versuchsanstalt genutzt werden und damit Verwaltungsvermögen des Landes oder des Kreises sein. Darüber hinaus erscheint als durchaus naheliegend die Möglichkeit, daß das Grundstück am 8. Mai 1945 im Eigentum des Landes oder des Kreises stand, später unentgeltlich in Volkseigentum überführt wurde und heute Gegenstand eines Restitutionsanspruchs des Landes oder des Kreises darstellt. Anhaltspunkte für eine mögliche Berechtigung anderer Körperschaften im Rahmen des § 1 Abs. 1 bis 3 VZOG oder des § 1 Abs. 4 VZOG dürften bei landwirtschaftlich genutzten Grundstücken äußerst selten sein mit der Konsequenz, daß eine Beteiligung dieser Körperschaften in der Regel unterbleiben kann. Beabsichtigen die Beteiligten, private Rechte Dritter, wie z.B. Durchleitungsrechte oder Betretensrechte, im Rahmen der Einigung umzugestalten, wäre deren Beteiligung erforderlich.

Im Zweifel sollte eine Anhörung erfolgen und mit einem Verzicht auf das Recht zur Anfechtung des zu erlassenden Bescheids verbunden werden. So läßt sich darauf hinarbeiten, daß der Bescheid von möglichst wenig Personen angegriffen werden kann und möglichst umfassend in Bestandskraft erwächst.[417]

---

[415] Beschlußempfehlung und Bericht zum Entwurf des Registerverfahrensbeschleunigungsgesetzes, BT-Drucks. 12/6228, S. 108, Zu Nummer 5 - § 2 VZOG, Zu Buchstabe a - neu - Absatz 1, Zu Unterbuchstabe bb.
[416] Urt. v. 28. Juli 1993, Az.: 2 A 784/92, abgedruckt in: Kimme/Pée/Schmidt-Räntsch, Offene Vermögensfragen, Rechtsprechungssammlung, Band VII Nr. 33, § 2 VZOG, 101/93, S. 3.
[417] So *Schmidt/Leitschuh*, in: Rädler/Raupach/Bezzenberger, Vermögen in der ehemaligen DDR, Band III Teil 3 B II, § 2 VZOG, Rdnr. 4 und *Schmidt-Räntsch*: Eigentumszuordnung, Rechtsträgerschaft und Nutzungsrechte an Grundstücken, S. 72.

C. Die eine solche Vereinbarung anregende Stelle und die Vermessungskosten als bedeutender Kostenfaktor

In der Regel werden bei der Anlegung eines Wirtschaftswegs auf vorher als Acker genutzten Flächen eine Vielzahl von Grundstücken zerschnitten oder angeschnitten. Die Kosten der als Abschluß durchzuführenden Vermessung des neuen Weges erreichen in solchen Fällen ein Mehrfaches des Wertes der überbauten Ackerflächen. Aus diesem Grund kommt der Verpflichtung zur Tragung der Vermessungskosten große Bedeutung zu.

Zunächst könnte die Belegenheitskommune zur Regelung eigener Angelegenheiten in ihrem Gemeindegebiet ein Wirtschaftswegenetz auf eigene Kosten neu anlegen, ohne Bezug zu anderen Fach- oder Gesamtplanungen. Die Vermessungskosten müßten in diesen Fällen jedoch von der Gemeinde getragen werden. Eine Möglichkeit der Förderung durch Gelder der Europäischen Union oder des Freistaats Thüringen besteht leider nicht.

Der Freistaat Thüringen fördert auf Antrag der Belegenheitsgemeinden deren ländlichen Wegebau unter Mitwirkung des Bundes im Rahmen der Gemeinschaftsaufgabe Verbesserung der Agrarstruktur und des Küstenschutzes gemäß Art. 91 a Abs. 1 Nr. 3 GG. Für die Erfüllung der Gemeinschaftsaufgabe beschloß der *Planungsausschuß für Agrarstruktur und Küstenschutz* am 7. April 2000 auf der Grundlage von § 4 Abs. 1 GAG-G einen *Rahmenplan der Gemeinschaftsaufgabe "Verbesserung der Agrarstruktur und des Küstenschutzes" für den Zeitraum 2000 bis 2003*.[418] Die Grundsätze zur Förderung des ländlichen Wegebaus sind in Teil II Abschnitt C des Rahmenplans enthalten.[419] Der Freistaat Thüringen erließ eine konkretisierende Förderrichtlinie vom 23. Februar 2001, betreffend die *Förderung des ländlichen Wegebaues und von Schutzpflanzungen außerhalb von Bodenordnungsverfahren*.[420] Gefördert werden kann u.a. der Neubau[421] landwirtschaftlicher Wege einschließlich des notwendigen Grunderwerbs[422]. Der von der Gemeinde zu tragende Eigenanteil beträgt mindestens 20 %.[423] Die Vermessungskosten finden in den Rechtsgrundlagen keine ausdrückliche Erwähnung. Wenn im Rahmen des Wegebaus von einem Grundstück jedoch nur ein Teil der Fläche erworben werden muß, gehören die in diesem Zusammenhang entstehenden Vermessungskosten wohl zu den Kosten des Grunderwerbs. Da die *Europäische Union* die Investitio-

---

[418] Abgedruckt in: BT-Drucks. 14/3498, S. 15 bis 124.
[419] Abgedruckt in: BT-Drucks. 14/3498, S. 22 f.
[420] ThürStAnz. Nr. 12/2001, S. 506 ff...
[421] Siehe dazu Teil II Abschnitt C Ziffer 2.2 des Rahmenplans und Ziffer 2.1.2 der Richtlinie.
[422] Siehe dazu Teil II Abschnitt C Ziffer 5.2 des Rahmenplans und Ziffer 5.4, 2. Anstrich der Richtlinie.
[423] Siehe dazu Teil II Abschnitt C Ziffer 5.3 des Rahmenplans und Ziffer 5.5.1 der Richtlinie.

nen für den Erwerb von Grundstücken "keinesfalls" fördert[424] und der Freistaat Thüringen nur über vernachlässigbare Eigenmittel verfügt, die er hier ohne eine Bezuschussung durch die *Europäische Union* einsetzen könnte, muß die einen Wirtschaftsweg anlegende Belegenheitsgemeinde die Kosten des Grunderwerbs und der Vermessung selbst tragen.

Andererseits könnte ein neues Wegenetz auch im Rahmen eines z.B. von der Belegenheitsgemeinde angeregten Regelflurbereinigungsverfahrens gemäß § 1 FlurbG angelegt werden. Dann müßten die Vermessungskosten vom Freistaat getragen werden. Die Berichtigung der öffentlichen Bücher wäre für die Gemeinde ebenfalls kostenlos. Wegen dieser finanziellen Vergünstigungen liegt die Vermutung nahe, daß die Realisierung eines neuen Wirtschaftswegenetzes in den Fällen, die in größerem Umfang Grunderwerb und Vermessungen erfordern, nur im Rahmen eines Flurbereinigungsverfahrens erfolgen kann mit der Gemeinde als Beteiligte an dem Verfahren. Bedeutung hat hierbei auch der Umstand, daß ein Regelflurbereinigungsverfahren gemäß § 4 FlurbG das Vorliegen eines objektiven Bedarfs für eine Flurneuordnung erfordert und der Gesetzgeber daran anknüpfend regelte, daß die Zustimmung sämtlicher in eigenen Rechten betroffener Personen, wie z.B. der Eigentümer oder Besitzer von im Verfahrensgebiet belegenen Grundstücken oder der Inhaber von sonstigen Rechten an den im Verfahrensgebiet belegenen Grundstücken, nicht eingeholt werden muß.

Abschließend soll noch auf die Möglichkeit hingewiesen werden, daß der Bund die Belegenheitsgemeinde anregt, über den Abschluß einer Vereinbarung mit der BVVG auf der Grundlage von § 2 Abs. 1 Satz 6 VZOG nachzudenken. Beabsichtigt die BVVG, in ihrer Verfügungsbefugnis stehende ehemals volkseigene Flächen auf der Grundlage des *Entschädigungsgesetzes* oder des *Ausgleichsleistungsgesetzes* zum Zwecke einer künftigen land- oder forstwirtschaftlichen Nutzung zu veräußern, hat sie sich vorher wegen § 1 Abs. 2 Satz 4 FlErwV zu vergewissern, daß die Flächen nicht für andere als land- oder forstwirtschaftliche Zwecke genutzt werden oder für eine andere Nutzung vorgesehen sind. In diesem Zusammenhang befragt die BVVG auch die Belegenheitskommune, ob die in § 1 Abs. 2 Sätze 5 und 6 FlErwV aufgeführten und einem Verkauf entgegenstehenden Umstände vorliegen. Hierbei könnte die BVVG die Belegenheitskommune generell auf die Möglichkeit des Abschlusses von Vereinbarungen auf der Grundlage von § 2 Abs. 1 Satz 6 VZOG hinweisen. Eine dahingehende Änderung der Handlungsanweisungen des Bundes, speziell des Bundesfinanzministeriums, an die BVVG erscheint erwägenswert.

---

[424] Siehe die Entscheidung der Kommission vom 23. April 1997 zur Änderung der Entscheidungen betreffend die Genehmigung von Gemeinschaftlichen Förderkonzepten, Einheitlichen Programmplanungsdokumenten und Programmen im Rahmen der Gemeinschaftsinitiativen, die im Hinblick auf die Bundesrepublik Deutschland getroffen worden sind, Anhang zu Artikel 1, Arbeitsblatt 13, Besondere Regeln für den Fonds EAGFL, Abteilung Ausrichtung (ABl. Nr. L 146 vom 5. Juni 1997, S. 44).

Der Thüringer Städte- und Gemeindebund informierte seine Mitglieder etwa im zweiten Quartal 2000 allgemein über die Möglichkeit, zwecks Anlegung eines Wirtschaftswegenetzes mit der BVVG Vereinbarungen auf der Grundlage von § 2 Abs. 1 Satz 6 VZOG abzuschließen.

D. Zur Absicherung der kommunalen Verpflichtungen

Der vom *Bundesministerium für Ernährung, Landwirtschaft und Forsten* mit Schreiben vom 23. Februar 2000 übersandte Vermerk zu der den Gegenstand der vorliegenden Untersuchung bildenden Problematik enthält als Anlage 2 das Muster einer diesbezüglichen Zuordnungsvereinbarung. Die BVVG stimmt in diesen Vereinbarungen einer Vermögenszuordnung an die Gemeinde zu. Die Gemeinde wiederum verpflichtet sich in § 2 der Mustervereinbarung, die erhaltenen Grundstücke ausschließlich zur Einrichtung von ländlichen Wegen zu verwenden oder vorzuhalten.[425]

Auf eine dingliche Absicherung der Verpflichtungen der Belegenheitskommune durch die Eintragung von Grunddienstbarkeiten im Grundbuch kann wohl verzichtet werden. Zum einen könnten damit Kosten vermieden werden, zum anderen würde wiederum der Umstand berücksichtigt, daß sich mit Bund und Kommunen zwei potentiell nach dem *Vermögenszuordnungsgesetz* restitutionsberechtigte Gebietskörperschaften gegenüberstehen, die nach der Einschätzung des Bundesgesetzgebers im Bereich der Vermögenszuordnung in einem besonderen gegenseitigen Vertrauensverhältnis stehen.[426]

Die Kommune dürfte die Flächen z.B. nicht zur Erfüllung ihrer Verpflichtungen zu Ausgleichs- und Ersatzmaßnahmen als Kompensation für einen mit einem Baugebiet verbundenen naturschutzrechtlichen Eingriff verwenden. Würde jedoch z.B. an anderer Stelle ein versiegelter Wirtschaftsweg angelegt und müsste wegen des damit verbundenen Eingriffs in den Naturhaushalt Kompensation geleistet werden, dürften die von der BVVG erhaltenen Flächen nach Auffassung des Verfassers zur Umsetzung der Ausgleichs- und Ersatzmaßnahmen Verwendung finden. Hierfür spricht insbesondere der Umstand, daß die BVVG wahrscheinlich vorrangig hängige, vernäßte und steinige Flächen abgibt, die sich als Tauschland für die Landwirte, auf deren Acker der Weg errichtet werden soll, nicht eignen. Die von der BVVG in Ermangelung einer landwirtschaftlichen Nutzbarkeit nicht verwertbaren

---

[425] Zunächst beschäftigte sich das *Bundesministerium für Ernährung, Landwirtschaft und Forsten* mit dem § 2 Abs. 1 Satz 6 VZOG nur unter dem Gesichtspunkt der Wiederanlegung von zu DDR-Zeiten umgeackerten landwirtschaftlichen Wegen. Später bezog man die zu DDR-Zeiten in landwirtschaftlichen Nutzflächen beseitigten Gräben wegen der vergleichbaren Problemlage in die Betrachtung mit ein. Im Rahmen der vorliegenden Untersuchung soll die Gräbenproblematik nicht weiter vertieft werden.

[426] Siehe dazu auch oben 2. Kapitel C. 5. e) bb) (1) (c), auf Seite 65 ff..

Flächen könnten dabei einer für diese Flächen sehr sinnvollen Nutzung zugeführt werden.

E. Die Acht-Jahresfrist zur Umsetzung

Die Kommune übernimmt die Grundstücke von der BVVG kostenlos und hat ab Eigentumsübergang acht Jahre Zeit, um die zur Umsetzung von Wegebaumaßnahmen erforderlichen Planungen zu erstellen. Ausbaumaßnahmen sind zur Fristwahrung nicht erforderlich. Wurden innerhalb dieser Frist keine hinreichend konkreten Planungen erarbeitet, muß die Kommune der BVVG den dann aktuellen Verkehrswert der Flächen erstatten gemäß § 2 Ziffer b) der Mustervereinbarung. Dieser Regelung liegt folgende Erwägung zugrunde:[427] Möglicherweise erfordern die gegenwärtigen Bewirtschaftungsstrukturen die Anlegung eines engmaschigen Wirtschaftswegenetzes zur Zeit noch nicht. Das wäre etwa der Fall, wenn zur Zeit noch die Rechtsnachfolgerin der ehemaligen Landwirtschaftlichen Produktionsgenossenschaft als einziger Landwirtschaftsbetrieb in einer Gemeinde tätig ist und die landwirtschaftlichen Flächen in den Gemarkungen der Gemeinde großflächig bewirtschaftet. Sollten sich später die Bewirtschaftungsstrukturen ändern, d.h. sollten weitere landwirtschaftliche Betriebe im Gemeindegebiet die Produktion aufnehmen wollen, entstünde das Bedürfnis nach einem engmaschigeren Wirtschaftswegenetz. Als Kompromiß einigte man sich auf eine Umsetzungsfrist von acht Jahren. Auf Seiten der Belegenheitsgemeinde besteht auch noch nach Ablauf dieser Frist die Möglichkeit zur Realisierung eines neuen Wirtschaftswegenetzes und auf Seiten des Bundes bleiben dessen finanzielle Interessen im Rahmen der Verwertung des ehemaligen Volkseigentums gewahrt.

Es stellt sich die Frage, ob nach dem Ablauf der acht Jahre die Verpflichtung der Gemeinde zur Verwendung der Flächen ausschließlich im Interesse des Wirtschaftswegebaus fortbesteht. Diese Frage ist wohl dahingehend zu beantworten, daß die Gemeinde nach Ablauf der Acht-Jahres-Frist und nach Erstattung des Verkehrswerts an die BVVG über die Art der Nutzung der Flächen frei verfügen kann. § 2 Ziffer b) der Musterzuordnungsvereinbarung enthält folgende Regelungen: Nach Satz 1 der Ziffer b) muss die Gemeinde an die BVVG den Verkehrswert zahlen, wenn sie vor Ablauf der Acht-Jahres-Frist die Flächen für andere Zwecke als die des Wirtschaftswegebaus verwenden will. Auf der Grundlage von Satz 2 der Ziffer b) hat die Gemeinde an die BVVG den Verkehrswert zu zahlen, wenn die Flächen nach Ablauf von acht Jahren nicht für Zwecke des Wirtschaftswegebaus beplant werden konnten. Im Rahmen des Satzes 1 der Ziffer b) kann die Gemeinde nach Zahlung des Verkehrswerts frei über die Nutzung der Flächen entscheiden. Gesichtspunkte, die nahe legen, der Gemeinde dieses Rechts nach Zahlung des

---

[427] Siehe dazu auf der Seite 4 des Schreibens des *Bundesministeriums für Ernährung, Landwirtschaft und Forsten* vom 23. Februar 2000 und Ziffer I des diesem Schreiben als Anlage 1 beigefügten Vermerks.

Verkehrswerts im Rahmen des Satzes 2 der Ziffer b) zu verwehren, sind nicht ersichtlich. Die BVVG, d.h. der Bund, stellt Flächen unentgeltlich zum Zweck des Wirtschaftswegebaus bereit und erwartet eine Realisierung derartiger Planungen innerhalb von acht Jahren. Damit enthält der vom *Bundesministerium für Ernährung, Landwirtschaft und Forsten* unterbreitete Vorschlag zum Abschluß von Vereinbarungen auf der Grundlage von § 2 Abs. 1 Satz 6 VZOG auch Züge eines Landkaufmodells zugunsten der Kommunen.

F. Der bei der BVVG zur Verfügung stehende Bestand an Grundstücken und das *Ausgleichsleistungsgesetz* als Nadelöhr

Nachfolgend sollen die Voraussetzungen näher untersucht werden, unter denen die BVVG als verfügungsbefugte Stelle Grundstücke, die heute laut Grundbuch in Volkseigentum stehen, zur Verfügung stellen kann.

1. **Zu den Flächen, die von der BVVG im Rahmen des Vermerks des *Bundesministeriums für Ernährung, Landwirtschaft und Forsten* vom 23. Februar 2000 angeboten werden können und zu deren Brauchbarkeit als Tauschland im Flurbereinigungsverfahren**

Nach dem mit dem *Bundesministerium der Finanzen* abgestimmten Vermerk des *Bundesministeriums für Ernährung, Landwirtschaft und Forsten* vom 23. Februar 2000 setzt die Bereitstellung von Flächen durch die BVVG zunächst voraus, daß die Erwerbsansprüche auf der Grundlage des *Ausgleichsleistungsgesetzes* und der *Flächenerwerbsverordnung* gewahrt bleiben. Diese Erwägung liegt dem Vermerk, insbesondere den Ausführungen in Ziffer IV. 2., zugrunde. Erwerbsansprüche in diesem Zusammenhang stehen der Gruppe der Pächter von ehemaligem Volkseigentum und der Gruppe der Alteigentümer zu. Die BVVG kann ein Grundstück zur Verfügung stellen, wenn einerseits der Pächter seine Erwerbsansprüche ausgeschöpft hat oder zwar noch nicht ausgeschöpft hat, die BVVG aber "andere von ihm gepachtete Flächen" anbieten könnte und andererseits der Alteigentümer ein Interesse am Erwerb der Fläche nicht bekundet hat oder zwar bekundet hat, die BVVG aber "eine andere geeignete Fläche" bereitstellen könnte.[428]

Eine Bereitstellung von Flächen durch die BVVG zur Förderung des Wirtschaftswegebaus setzt darüber hinaus voraus, daß die Herausgabe dieser Flächen aus der Verwaltung durch die BVVG aus Sicht der BVVG wirtschaftlich erscheint. Diese Voraussetzung ergibt sich als Umkehrschluß aus dem zweiten Teil des letzten Satzes auf Seite 5 des Vermerks. Der erste Teil dieses Satzes beschäftigt sich mit der Bereitstellung von ehemaligen Wegflächen. Der zweite Teil benennt die Voraussetzung für eine Bereitstellung von anderen Flächen: deren Zuordnung ist möglich, „soweit dies für die Privatisierungsunternehmen im Einzelfall ebenfalls wirtschaft-

---

[428] Siehe dazu die Ziffer IV. 2. auf Seite 5 des Vermerks des *Bundesministeriums für Ernährung, Landwirtschaft und Forsten* vom 23. Februar 2000.

lich ist." Damit können die Privatisierungsunternehmen sowohl ehemalige Wegeflächen als auch andere Flächen nur zur Verfügung stellen, wenn deren Bereitstellung aus Sicht des Privatisierungsunternehmens wirtschaftlich erscheint.

Diese Voraussetzung sieht das *Bundesministerium für Ernährung, Landwirtschaft und Forsten* gegeben bei „Flächen, die wegen ihrer Lage oder ihres Zuschnitts in der Regel nicht oder nur mit erheblichem Aufwand und zu einem vergleichsweise geringen Wert privatisiert werden können."[429]

Schwer verwerten lassen sich zunächst die ehemaligen Wegeflächen, d.h. diejenigen Grundstücke, auf denen ein Weg verlief, der zu DDR-Zeiten umgeackert wurde.[430] Die ehemaligen Wegegrundstücke sind etwa 3 bis 4 Meter breit, verlaufen, üblicherweise der Topographie folgend, quer durch die Gemarkungen und eine Bewirtschaftung isoliert von den benachbarten Parzellen ist praktisch unmöglich. Im Rahmen eines Flurneuordnungsverfahrens können diese ehemaligen Wegegrundstücke jedoch nutzbringend Verwendung finden: Diese Flächen mit Böden, die wegen der Nutzung als Weg stark komprimiert waren, liegen heute zumeist inmitten eines Schlages und wurden durch eine über längere Zeit großflächige Bewirtschaftungsweise zu gutem Ackerland kultiviert. Eine Flurneuordnung ermöglicht die Umformung dieser Flächen zu gut bewirtschaftbaren Grundstücken mit dem Ziel einer Verwendung als Tauschland für diejenigen Landwirte, die zur Errichtung des neu geplanten Wirtschaftsweges Ackerböden abgeben sollen.

Läßt sich der Flächenbedarf durch Zugriff auf ehemalige Wegegrundstücke nicht decken, kann die BVVG auch noch andere Flächen zur Verfügung stellen, "soweit dies für die Privatisierungsunternehmen im Einzelfall ebenfalls wirtschaftlich ist."[431] Die im Rahmen der den Vermerk vorbereitenden Abstimmungen von Thüringen unterbreitete Anregung, diesen Nebensatz zu streichen, konnte sich nicht durchsetzen. Es muß leider befürchtet werden, daß die BVVG in diesem Zusammenhang nur vernäßte, steinige, hängige oder abgelegene Rest- und Splitterflächen zur Verfügung stellt, nicht aber gute Ackerböden. Im Flurneuordnungsverfahren ergibt sich dann folgende Situation: Derjenige Landwirt, der zur Anlegung des Wirtschaftswegs gute Ackerböden abgeben muß, wird diese Flächen als Tauschland mit Recht nicht akzeptieren. Lediglich in den Fällen, bei denen wegen dem Befestigungsgrad des Wirtschaftswegs ein Eingriff i.S.d. Naturschutzrechts vorliegt, könnten die von der BVVG nicht verwertbaren Restflächen eventuell für Ausgleichsmaßnahmen im räumlichen und sächlichen Zusammenhang mit dem

---

[429] Siehe dazu Ziffer III. auf Seite 4 des Vermerks.
[430] Siehe dazu Ziffer III. auf Seite 4 des Vermerks i.V.m. dem ersten Absatz der Ziffer IV. 2.
[431] Siehe dazu Ziffer III. auf Seite 4 des Vermerks i.V.m. dem letzten Absatz der Ziffer IV. 2.

Eingriff[432] oder für Ersatzmaßnahmen in dem vom Eingriff betroffenen Landschaftsraum[433] Verwendung finden.

2. Zu den Flächen, die von der BVVG im Rahmen der Empfehlung des *Bundesministeriums für Ernährung, Landwirtschaft und Forsten* vom 7. Mai 1998 angeboten werden können und zur diesbezüglichen Praxis der BVVG

Das Bundesministerium für Ernährung, Landwirtschaft und Forsten beschäftigt sich in einer *Empfehlung zur Zusammenarbeit zwischen den Flurneuordnungs-/Flurbereinigungsbehörden und den mit der Privatisierung von ehemals volkseigenem land- und forstwirtschaftlichen Grundvermögen befaßten Stellen im Beitrittsgebiet* vom 7. Mai 1999[434] u.a. auch mit dem Problem der Bereitstellung von Flächen zur Förderung des Wirtschaftswegebaus durch die Privatisierungsunternehmen. Diese im Einvernehmen mit dem Bundesministerium der Finanzen zusammengestellte Empfehlung regelt die fachlichen Beziehungen zwischen den Bodenordnungsaufgaben der Flurneuordnungsbehörden einerseits und dem einem Privatisierungsauftrag unterliegenden erheblichen Flächenbestand bei den Privatisierungsunternehmen BVVG und TLG andererseits.[435] Der BVVG obliegt die Privatisierung der land- und forstwirtschaftlich genutzten und der TLG die Privatisierung der übrigen Flächen. Da nicht land- oder forstwirtschaftlich genutzte Grundstücke als Tauschland in Flurneuordnungsverfahren i.d.R. nicht verwendet werden können, beschränkt sich im Rahmen der vorliegenden Untersuchung die Betrachtung auf den von der BVVG verwalteten Bestand an Grundstücken.

Die den Gegenstand der vorliegenden Untersuchung bildende Problematik wird in dieser Empfehlung bei der Bodenordnungsaufgabe einer "zweckmäßigen[n] Gestaltung ländlichen Grundbesitzes einschließlich einer Anpassung des Wege- und Gewässernetzes an heutige Erfordernisse" behandelt.[436]

Wie bei dem oben genannten Vermerk des *Bundesministeriums für Ernährung, Landwirtschaft und Forsten* vom 23. Februar 2000 setzt die Bereitstellung von Flächen durch die BVVG eine Beachtung der sich aus dem *Ausgleichsleistungsgesetz* und der *Flächenerwerbsverordnung* ergebenden Erwerbsansprüche voraus, sowohl bei den einer Umsetzung von flächenbeanspruchenden Vorhaben dienenden Flurbereinigungsverfahren[437] als auch bei den sonstigen Flurbereinigungsverfahren[438]. Bei den zuerst genannten Verfahren steht die Bereitstellung von Flächen unter Berücksichtigung der den beiden Berechtigtengruppen der Pächter und der Alteigen-

---

[432] Siehe dazu § 7 Abs. 2 Satz 1, 2. Halbsatz ThürNatG.
[433] Siehe dazu § 7 Abs. 5 Satz 1 ThürNatG.
[434] Veröffentlicht im GMBl 1998 auf den Seiten 344 bis 350.
[435] Siehe dazu in den Vorbemerkungen der Empfehlung.
[436] Siehe in den Vorbemerkungen der Empfehlung.
[437] Siehe dazu im Abschnitt I der Empfehlungen Satz 1 der Ziffer 3.1.2.3.
[438] Siehe dazu im Abschnitt II der Empfehlungen Satz 1 des dritten Absatzes der Ziffer 3.2.7.

115

tümer zustehenden Erwerbsansprüche wie folgt im Ermessen der Privatisierungsstelle: Die Privatisierungsstelle kann ein Grundstück zur Verfügung stellen, wenn einerseits der Pächter sein Kaufrecht ausgeschöpft hat, oder - falls nicht - die Privatisierungsstelle "andere von ihm gepachtete Flächen"[439] anbieten kann, und andererseits kein Alteigentümer ein Erwerbsinteresse bekundet hat, oder - falls doch - die Privatisierungsstelle über "andere geeignete Flächen in diesem Gebiet"[440] verfügt. Bei den sonstigen Flurbereinigungsverfahren sind "die Besonderheiten bei Verkäufen nach *Ausgleichsleistungsgesetz* und der *Flächenerwerbsverordnung*" zu beachten.[441] Die Empfehlungen wiederholen an dieser Stelle die jeweiligen gesetzlichen Regelungen und schränken darüber hinausgehend zugunsten der Flurneuordnungsbehörden die Tätigkeit der Privatisierungsstelle nicht ein.

In der Praxis handhabt die BVVG ihr Ermessen zur Zeit sehr restriktiv und stellt nur diejenigen Flächen zur Verfügung, bei denen eine Verpflichtung zur Bereitstellung besteht, z.B. aufgrund eines Gesetzes, wie etwa des *Sachenrechtsbereinigungsgesetzes*, oder aufgrund eines Planfeststellungsbeschlusses.

Es sei noch erwähnt, daß in der Empfehlung des *Bundesministeriums für Ernährung, Landwirtschaft und Forsten* vom 7. Mai 1998 Fragen nach der Wirtschaftlichkeit einer Abgabe der bereitgestellten Grundstücke aus der Verwaltung der BVVG keine Bedeutung haben.

3. Zu dem von der BVVG auf der Grundlage des *Ausgleichsleistungsgesetzes* und der *Flächenerwerbsverordnung* zu privatisierenden landwirtschaftlichen Flächenbestand und seinem Umfang

Der Gesetzgeber begrenzt im *Ausgleichsleistungsgesetz* in § 3 Abs. 1, 5 und 9 den von der BVVG auf der Grundlage dieses Gesetzes zu privatisierenden Flächenbestand auf die "ehemals volkseigenen, von der Treuhandanstalt zu privatisierenden landwirtschaftlichen Flächen". Die u.a. in § 3 Abs. 4 und 8 AusglLeistG enthaltenen Regelungen zu Waldflächen sollen im Rahmen der vorliegenden Untersuchung außer Betracht bleiben, da Waldflächen als Ersatzland für abzugebende landwirtschaftlich genutzte Böden in der Regel nicht verwendet werden können.

Die *Flächenerwerbsverordnung* konkretisiert den Kreis der zu privatisierenden Flächen.

Der Verordnungsgeber geht hierbei gemäß § 1 Abs. 2 Satz 1, 1. Halbsatz FlErwV von den in der *Dritten Durchführungsverordnung zum Treuhandgesetz* enthaltenen Eigentumszuweisungen aus. Mit § 3 der 3. DVO z. TreuhG wurden der Treuhand die Eigentumsrechte an den volkseigenen land- und forstwirtschaftlichen Nutzflä-

---

[439] Siehe im Abschnitt I der Empfehlung die Ziffer 3.1.2.3.2.
[440] Siehe im Abschnitt I der Empfehlung die Ziffern 3.1.2.3.1 und 3.1.2.3.2.
[441] Siehe im Abschnitt II der Empfehlung die Ziffer 3.1.2 i.V.m. Satz 1 des dritten Absatzes der Ziffer 3.2.7.

chen, die sich im Besitz von Genossenschaften oder von Einzelpersonen befanden, übertragen. Darüber hinaus erhielt die Treuhand auf der Grundlage von § 1 der 3. DVO z. TreuhG das Vermögen der volkseigenen Güter, der staatlichen Forstwirtschaftsbetriebe und Forsteinrichtungsämter, der volkseigenen Binnenfischereibetriebe, der volkseigenen Gestüte, Pferdezuchtdirektionen und Rennbetriebe sowie der Betriebe bzw. der bereits ausgegliederten Betriebe des volkseigenen Kombinates Industrielle Tierproduktion. In § 1 Abs. 2 Satz 1, 2. Halbsatz FlErwV regelt der Verordnungsgeber in Ergänzung zu der im ersten Halbsatz enthaltenen pauschalen Verweisung auf die in der *Dritten Durchführungsverordnung zum Treuhandgesetz* enthaltenen Eigentumsübertragungen, daß diese die Flächen der in § 1 der 3. DVO z. TreuhG übertragenen volkseigenen Güter mit umfasse. Die übrigen in § 1 der 3. DVO z. TreuhG genannten, ehemals volkseigenen Flächen sollten hierbei jedoch nicht ausgeschlossen werden, beabsichtigt war lediglich eine Klarstellung.[442]

Unter dem Gesichtspunkt der tatsächlichen Nutzung bezieht sich der im *Ausgleichsleistungsgesetz* enthaltene Privatisierungsauftrag gemäß § 1 Abs. 2 Satz 1 FlErwV nur auf landwirtschaftlich genutzte Flächen einschließlich Öd- und Unland. Der Gesetzgeber definiert landwirtschaftliche Flächen in § 4 Abs. 1 Nr. 1 WertV.[443] Danach sind Flächen der Landwirtschaft entsprechend genutzte Flächen, von denen anzunehmen ist, daß sie nach ihren Eigenschaften, der sonstigen Beschaffenheit und Lage, nach ihren Verwertungsmöglichkeiten und den sonstigen Umständen in absehbarer Zeit nur landwirtschaftlichen Zwecken dienen werden.[444]

Die *Bundesregierung*[445] gab im Februar 1994 an, daß mit Stand Februar 1994 die Treuhand über etwa 1,9 Mio ha landwirtschaftlich genutzte Flächen verfüge und die hiervon an Kommunen sowie Länder auf der Grundlage des *Vermögenszuordnungsgesetzes* und an Privatpersonen auf der Grundlage des *Vermögensgesetzes* zurückzugebenden Flächen auf etwa 0,6 Mio ha geschätzt würden. Damit seien etwa 1,3 Mio ha landwirtschaftlicher Nutzfläche von der BVVG zu privatisieren. Im August 1994 bestätigte der *Zweite Untersuchungsausschuß "Treuhandanstalt"*[446] diese Zahlen und führte ergänzend aus, daß von den zu privatisierenden Flächen bis zur Wende ca. 0,3 Mio ha von volkseigenen Gütern und ca. 1 Mio ha

---

[442] Siehe dazu *Zimmermann*, in: Rechtshandbuch Vermögen und Investitionen in der ehemaligen DDR, Band 2 B 116, § 1 FlErwV Rdnr. 3.

[443] Siehe dazu *Zimmermann*, in: Rechtshandbuch Vermögen und Investitionen in der ehemaligen DDR, Band 2 B 116, § 1 FlErwV Rdnr. 4.

[444] Zu dem unbestimmten Rechtsbegriff der "absehbaren Zeit" siehe *Zimmermann*, in: Rechtshandbuch Vermögen und Investitionen in der ehemaligen DDR, Band 2 B 116, § 1 FlErwV Rdnr. 5.

[445] Unterrichtung durch die *Bundesregierung* – Materialien zur Deutschen Einheit und zum Aufbau in den neuen Bundesländern, BT-Drucks. 12/6854, S. 147, Nr. 9.3.6; siehe auch *Zimmermann*, in: Rechtshandbuch Vermögen und Investitionen in der ehemaligen DDR, Band II B 115, § 3 AusglLeistG, Rdnr. 33.

[446] Beschlußempfehlung und Bericht des *2. Untersuchungsausschusses "Treuhandanstalt"* nach Artikel 44 des Grundgesetzes, BT-Drucks. 12/8404, S. 467, Ziffer 1.3..

von Landwirtschaftlichen Produktionsgenossenschaften bewirtschaftet worden seien.

Heute verwaltet die BVVG nach eigenen Angaben mit Stand 31. Oktober 2002[447] insgesamt noch 821.138 ha landwirtschaftliche Fläche. Davon sind 794.429 ha langfristig verpachtet und 26.710 ha kurzfristig.

4. Die von der BVVG auf der Grundlage des *Ausgleichsleistungsgesetzes* zu erfüllenden Ansprüche

Bei der Untersuchung der hinsichtlich des landwirtschaftlichen, ehemals volkseigenen Vermögens heute bestehenden Privatisierungsverpflichtung sollen gesondert mehrere Abschnitte betrachtet werden. Zunächst die von der Volkskammer gestaltete Rechtslage vor dem 3. Oktober 1990, danach die auf der Grundlage des *Einigungsvertrags* ab dem 3. Oktober 1990 geltende Rechtslage und schließlich die ab 1. Dezember 1994, dem Inkrafttreten des *Ausgleichsleistungsgesetzes*, gegebene Situation.

Die den Gegenstand der Untersuchung bildenden landwirtschaftlich genutzten Flächen standen zu DDR-Zeiten im Eigentum des Volkes. Den Besitz übten zum einen volkseigene Güter und zum anderen Genossenschaften oder Einzelpersonen aus. Mit § 1 Satz 1 des am 1. Juli 1990 in Kraft getretenen *Treuhandgesetzes* verankerte der DDR-Gesetzgeber für "das volkseigene Vermögen" eine Privatisierungsverpflichtung als bindenden Gesetzgebungsbefehl und nicht nur als Aufgabenzuweisung.[448] § 2 i.V.m. § 1 der am 4. September 1990 in Kraft getretenen *Dritten Durchführungsverordnung zum Treuhandgesetz* bekräftigt diesen Privatisierungsauftrag.[449] Ebenfalls ab dem 4. September 1990 stehen der Privatisierungsstelle die erforderlichen Verfügungsbefugnisse zu, und zwar auf der Grundlage von § 1 der 3. DVO z. TreuhG für das Vermögen im Besitz volkseigener Güter und auf der Grundlage von § 3 der 3. DVO z. TreuhG für die Grundstücke im Besitz von Genossenschaften oder von Einzelpersonen. Die Privatisierungseinschränkung des "soweit-Satzes" in § 2 der 3. DVO z. TreuhG hat folgenden Hintergrund: Mit dem am 22. Juli 1990 in Kraft getretenen *Gesetz über die Übertragung volkseigener Güter, staatlicher Forstwirtschaftsbetriebe und anderer volkseigener Betriebe der Land- und Forstwirtschaft in das Eigentum der Länder und Kommunen* vom 22. Juli 1990 ermöglichte der DDR-Gesetzgeber den Kommunen und Ländern, volkseigene Güter in ihr Eigentum zu übertragen. Erforderlich war entweder ein Beschluß der kommunalen Vertretungskörperschaft gemäß § 1 Abs. 3 Satz 2 des

---

[447] So im Meldesystem der *BVVG* mit Stand 31. Oktober 2002.
[448] So *Peinemann*, in: AgrarR 1995, 225 ff. (226, Ziffer 4.1.) und *BGH*, Urt. v. 6. Juli 1994, NJW 1994, 2487 (III. 1.), siehe auch *Busche*, in: Rechtshandbuch Vermögen und Investitionen in der ehemaligen DDR, Band II B 200, § 1 TreuhG, Rdnr. 1 und *Schmidt-Preuß*, Die Verwaltung 25 (1992), 327 (328).
[449] BGH, Urt. v. 6. Juli 1994, NJW 1994, 2487.

Gesetzes oder ein Beschluß des Länderparlaments gemäß § 1 Abs. 3 Satz 3 des Gesetzes. Für die Übertragung in Landeseigentum enthält das Gesetz keine materiellen Voraussetzungen, die Übertragung in kommunales Eigentum setzte gemäß § 1 Abs. 1 Satz 2 voraus, daß sie zur Erfüllung der Aufgaben des eigenen Wirkungsbereiches der Kommune gemäß §§ 2 und 72 der *Kommunalverfassung* erforderlich war. Hinsichtlich eines volkseigenen Gutes durfte die Privatisierungsstelle mit der Privatisierung damit gemäß § 3 Satz 1 des o.g. Gesetzes erst beginnen, wenn das Belegenheitsland und die Belegenheitskommune durch Beschluß die Übertragung des volkseigenen Gutes in ihr Eigentum ausdrücklich abgelehnt hatten. Der *Bundesgerichtshof* spricht in diesem Zusammenhang von einer Art "Schwebezustand", dem die Volkskammer auch dadurch Rechnung getragen habe, daß sie mit § 1 der 3. DVO z. TreuhG die volkseigenen Güter der Privatisierungsstelle nur "zur zeitweiligen treuhänderischen Verwaltung" übertrug.[450]

Im *Einigungsvertrag* vom 31. August 1990 übernahm der Gesetzgeber die das volkseigene Vermögen betreffende Privatisierungsverpflichtung des *Treuhandgesetzes* in Art. 25 Abs. 1 EV. Die *Dritte Durchführungsverordnung zum Treuhandgesetz* erlangte mit ihrer Aufrechterhaltung im *Einigungsvertrag*[451] einen eigenständigen, gesetzesrangigen Geltungsgrund.[452] Dies gilt auch für die in § 2 der 3. DVO z. TreuhG enthaltene Bekräftigung der Privatisierungsverpflichtung. Der einschränkende "soweit-Satz" hat dabei ab dem 3. Oktober 1990 keinen Anwendungsbereich mehr. Zu diesem Zeitpunkt trat das *Gesetz über die Übertragung volkseigener Güter, staatlicher Forstwirtschaftsbetriebe und anderer volkseigener Betriebe der Land- und Forstwirtschaft in das Eigentum der Länder und Kommunen* vom 22. Juli 1990 außer Kraft und künftig gab es ein Zugriffsrecht der Länder und Kommunen auf volkseigene Güter nicht mehr.[453]

Zimmermann vertritt die Auffassung, daß sich der in § 1 Abs. 1 Satz 1 TreuhG enthaltene Privatisierungsauftrag nur auf die in Kapitalgesellschaften umgewandelten ehemals volkseigenen Betriebe beziehe und das land- oder forstwirtschaftlich genutzte ehemalige Volkseigentum nicht umfasse. Zur Begründung verweist er auf die *Dritte Durchführungsverordnung zum Treuhandgesetz*, aus der sich für die Privatisierungsstelle nur eine Berechtigung und Verpflichtung zur Verwaltung des ehemals volkseigenen land- und forstwirtschaftlichen Vermögens ergebe, nicht aber auch der Auftrag zu dessen Privatisierung.[454] Der Grund für die in § 1 der 3. DVO z. TreuhG erfolgte Übertragung der im Besitz von volkseigenen Gütern befindlichen Flächen nur "zur zeitweiligen treuhänderischen Verwaltung" wurde oben dargelegt. Ein Grund für die nach dem Wortlaut des § 3 der 3. DVO z.

---

[450] BGH, Urt. v. 6. Juli 1994, NJW 1994, 2487.
[451] BGBl. 1990 II S. 889 (S. 1198; Anlage II, Kapitel IV, Abschnitt I, Nummer 8).
[452] BGH, Urt. v. 6. Juli 1994, NJW 1994, 2487.
[453] BGH, Urt. v. 6. Juli 1994, NJW 1994, 2487.
[454] So *Zimmermann*, in: Rechtshandbuch Vermögen und Investitionen in der ehemaligen DDR, Band II B 115, § 3 AusglLeistG, Rdnr. 33.

TreuhG ebenfalls nur übertragene "treuhänderische Verwaltung" für die im Besitz von Genossenschaften oder Einzelpersonen befindlichen Grundstücke ist in der Tat nicht ersichtlich. Bei diesen Flächen standen rechtliche Hindernisse einer Privatisierung nicht entgegen. Dennoch ist diese Regelung wohl dahin zu verstehen, daß die Privatisierungsstelle die Verwaltung über die Flächen erhalten sollte, um deren Privatisierung vorbereiten und dann durchführen zu können. Der *Bundesgerichtshof* sieht hierin die gesetzgeberische Absicht bei § 1 der 3. DVO z. TreuhG.[455] Im Rahmen des § 3 der 3. DVO z. TreuhG verfolgte der Gesetzgeber wohl das gleiche Ziel. Es liegt die Vermutung nahe, daß der Unterschied zwischen § 3 und § 1 nur in der im *Gesetz über die Übertragung volkseigener Güter, staatlicher Forstwirtschaftsbetriebe und anderer volkseigener Betriebe der Land- und Forstwirtschaft in das Eigentum der Länder und Kommunen* vom 22. Juli 1990 enthaltenen Übertragungsmöglichkeiten der Länder und Kommunen besteht und der Gesetzgeber hierauf mit dem Wort "zeitweilig" hinweisen wollte.

Nach Auffassung der *Bundesregierung* ergaben sich die Rechtsgrundlage und die konzeptionelle Leitlinie für die Privatisierung des ehemaligen Volkseigentums bis zum Inkrafttreten des *Ausgleichsleistungsgesetzes* am 1. Dezember 1994 aus dem *Treuhandgesetz* und der von der Treuhandanstalt ergänzend erlassenen Richtlinien.[456] Einzelheiten der Privatisierung regelte die Treuhand u.a. in einer Richtlinie vom 27. November 1990[457], die sie am 26. Juni 1992 aktualisierte[458]. Am 22. Juni 1993 erfolgte eine Fortschreibung[459] mit dem Ziel der Einarbeitung eines neuen Verwertungskonzepts vom 16. November 1992[460], das nach dem Vorsitzenden der diesbezüglichen Arbeitsgruppe, dem Bundesminister für besondere Aufgaben und Chef des Bundeskanzleramtes, auch "Bohl-Papier" genannt wird. Die Privatisierung hatte nach dem neuen Verwertungskonzept in vorsichtigen Schritten in einem

---

[455] BGH, Urt. v. 6. Juli 1994, NJW 1994, 2487.

[456] So z.B. in der Unterrichtung durch die *Bundesregierung* – Materialien zur Deutschen Einheit und zum Aufbau in den neuen Bundesländern, BT-Drucks. 12/6854, S. 147, Nr. 9.3.6 oder in dem Bericht des *2. Untersuchungsausschusses "Treuhandanstalt"* nach Artikel 44 des Grundgesetzes, BT-Drucks. 12/8404, S. 467, Ziffer 1.3..

[457] Richtlinie für die Veräußerung von Sondervermögen Land- und Forstwirtschaft einschließlich des Abschlusses von Pachtverträgen durch die Niederlassungen der Treuhandanstalt vom 27. November 1990, abgedruckt in: Dokumentation Treuhandanstalt 1990 bis 1994, Band 8, S. 265 bis 271.

[458] *Richtlinie für die Durchführung der Verwertung und Verwaltung volkseigener land- und forstwirtschaftlicher Flächen* vom 26. Juni 1992, abgedruckt z.B. in: Dokumentation Treuhandanstalt von 1990 bis 1994, Band 8, S. 302 bis 311 oder in: VIZ 1993, 345 (347 bis 350).

[459] Richtlinie zur Anpassung der Treuhandrichtlinie vom 26. Juni 1992 an die Verpachtungsgrundsätze des unter Leitung des Bundeskanzleramts am 16. November 1992 beschlossenen Privatisierungskonzepts (Phase 1 des sogenannten „Bohl-Papiers") vom 22. Juni 1993, abgedruckt in Dokumentation Treuhandanstalt von 1990 bis 1994, Band 8, S. 312 f..

[460] *Verwertung ehemals volkseigener landwirtschaftlicher Flächen*, abgedruckt z.B. in: Dokumentation Treuhandanstalt von 1990 bis 1994, Band 8, S. 315 bis 320 oder in: VIZ 1993, 345 (346 f.).

mehrjährigen Zeitraum zu erfolgen. Dem eigentlichen Verkauf war eine Verpachtungsphase vorzuschalten, weil die Kaufpreise für landwirtschaftliche Nutzflächen nicht ins Bodenlose fallen sollten.[461]

Mit dem Inkrafttreten des *Ausgleichsleistungsgesetzes* am 1. Dezember 1994 wurde die o.g. Richtlinie ersetzt.[462] Aufbauend auf dem Verwertungskonzept vom 16. November 1992 verankert § 3 AusglLeistG nunmehr für zwei Berechtigtengruppen Ansprüche auf Einbeziehung bei den Flächenverkäufen der BVVG als zuständige Privatisierungsstelle. Aus § 3 AusglLeistG ergibt sich damit - nach der oben dargelegten Auffassung *Zimmermanns* erstmals - eine gesetzliche Verpflichtung zur Privatisierung der ehemals volkseigenen land- und forstwirtschaftlichen Grundstücke. Der im *Ausgleichsleistungsgesetz* verankerte Privatisierungsauftrag beschränkt jedoch den Kreis der Kaufberechtigten im Gegensatz zu dem diesbezüglich weiter gefaßten Privatisierungsauftrag im *Treuhandgesetz*. § 1 Abs. 1 Satz 1 TreuhG verpflichtet zur Privatisierung des ehemals volkseigenen Vermögens ohne Einschränkung der Erwerbsberechtigten, wohingegen § 3 AusglLeistG die Privatisierungsstelle zum Verkauf des ehemals volkseigenen land- und forstwirtschaftlichen Vermögens lediglich an zwei genau abgegrenzte Berechtigtengruppen berechtigt und verpflichtet. Die *Flächenerwerbsverordnung* vom 20. Dezember 1995 ergänzt das *Ausgleichsleistungsgesetz*.

Mit Wirkung vom 22. September 2000 änderte der Gesetzgeber das *Ausgleichsleistungsgesetz* und die *Flächenerwerbsverordnung*, um die in einem Beschluß der *Europäischen Kommission* vom 22. Dezember 1998 festgestellten Verstöße dieser deutschen Privatisierungsregelungen gegen das Wettbewerbsrecht und das Diskriminierungsverbot auf europäischer Ebene zu beseitigen.[463] Änderungen hinsichtlich der in § 3 AusglLeistG verankerten Privatisierungsverpflichtung ergaben sich dabei nicht.

Die beiden auf der Grundlage des *Ausgleichsleistungsgesetzes* zum Erwerb berechtigten Gruppen können grob wie folgt umschrieben werden: zum einen steht gemäß § 3 Abs. 1 AusglLeistG den Inhabern von langfristigen Pachtverträgen über ehemals volkseigene landwirtschaftliche Flächen ein Erwerbsanspruch zu hinsichtlich dieser Pachtflächen, zum anderen können - nachrangig zur Gruppe der Pächter - gemäß § 3 Abs. 5 AusglLeistG die Alteigentümer, bei denen die Rückgabe entzo-

---

[461] Siehe dazu die Präambel des Verwertungskonzepts vom 16. November 1992 und im Bericht des 2. *Untersuchungsausschusses "Treuhandanstalt"* nach Artikel 44 des Grundgesetzes, BT-Drucks. 12/8404, S. 84.
[462] So *Zimmermann*, in: Rechtshandbuch Vermögen und Investitionen in der ehemaligen DDR, Band II B 15, § 3 AusglLeistG, Rdnr. 30.
[463] Siehe die Artikel 3 und 4 des Gesetzes zur Änderung und Ergänzung vermögensrechtlicher und anderer Vorschriften (Vermögensrechtsergänzungsgesetz - VermRErgG) vom 15. September 2000, BGBl. I, S. 1382 ff. (S. 1383 bis 1387).

genen land- und forstwirtschaftlichen Grundbesitzes nicht möglich ist, Flächen aus dem von der Privatisierungsstelle verwalteten Flächenpool erwerben.

Ein Flächenerwerb durch einen Pächter von ehemals volkseigenen und heute in der Verfügungsbefugnis der BVVG stehenden landwirtschaftlichen Flächen hat zunächst gemäß § 3 Abs. 1 AusglLeistG die Existenz eines langfristigen Pachtvertrages zur Voraussetzung. § 2 Abs. 1 Satz 1 FlErwV regelt konkretisierend, daß das Pachtverhältnis für mindestens sechs Jahre abgeschlossen sein muß. Darüber hinaus enthält § 3 Abs. 2 AusglLeistG weitere persönliche Voraussetzungen für einen Flächenerwerb. Erwerben können gemäß § 3 Abs. 2 Satz 1 AusglLeistG natürliche Personen, wobei das Gesetz zwischen sog. Wiedereinrichtern und sog. Neueinrichtern unterscheidet. Als Wiedereinrichter gelten solche Pächter, die einen im Beitrittsgebiet früher selbständig bewirtschafteten landwirtschaftlichen Betrieb nach der Wende wieder neu eingerichtet haben. Zu den Neueinrichtern zählt das Gesetz diejenigen Pächter, die nach der Wende im Beitrittsgebiet ihren heutigen landwirtschaftlichen Betrieb neu eingerichtet haben. § 3 Abs. 2 Satz 1 AusglLeistG eröffnet die Erwerbsmöglichkeit für juristische Personen des Privatrechts in deren Eigenschaft als Pächter von ehemals volkseigenen Flächen. Diese Regelung betrifft insbesondere die auf der Grundlage von § 23 LwAnpG durch Umwandlung aus ehemaligen Landwirtschaftlichen Produktionsgenossenschaften hervorgegangenen sog. LPG-Nachfolgeunternehmen, die heute in der Form von Aktiengesellschaften, Gesellschaften mit beschränkter Haftung oder als Genossenschaften weiterexistieren.

§ 3 Abs. 5 AusglLeistG enthält nachrangig zur Gruppe der Pächter eine Erwerbsmöglichkeit für die sog. Alteigentümer. Erwerben können natürliche Personen, wenn entweder eine Entziehung von land- oder forstwirtschaftlichem Vermögen ohne Möglichkeit der Rückgabe des ursprünglichen Betriebs oder eine Enteignung auf besatzungsrechtlicher oder besatzungshoheitlicher Grundlage vorliegt. Hinsichtlich der in der zweiten Alternative angesprochenen Enteignungen auf besatzungsrechtlicher oder besatzungshoheitlicher Grundlage in der Zeit von 1945 bis 1994 haben die beiden deutschen Regierungen in Satz 1 der Ziffer 1 der *Gemeinsamen Erklärung der Regierungen der Bundesrepublik Deutschland und der Deutschen Demokratischen Republik zur Regelung offener Vermögensfragen* vom 15. Juni 1990 vereinbart, diese nicht mehr rückgängig zu machen. Die im *Ausgleichsleistungsgesetz* später vorgesehene Möglichkeit des verbilligten Rückkaufs fällt nicht in den Geltungsbereich des in der Gemeinsamen Erklärung vom 15. Juni 1990 enthaltenen Verbots der Rückabwicklung der damaligen Enteignungen.

Der Kaufpreis für landwirtschaftliche Flächen liegt für beide Berechtigtengruppen gemäß § 3 Abs. 7 Satz 1 AusglLeistG bei 65 % des Verkehrswertes. Damit verfolgt das Flächenerwerbsprogramm zwei selbständig nebeneinander stehende Ziele: Zum einen die Förderung der Landwirtschaftsbetriebe und dabei insbesondere die Unterstützung deren Interesse an einer Vergrößerung des in ihrem Eigentum stehenden Teils der von ihnen bewirtschafteten Flächen und zum anderen die Wiedergutmachung erlittenen Unrechts, insbesondere bei den zu Sowjet- oder DDR-Zeiten rechtswidrig enteigneten Personen.[464]

Die Entscheidung der BVVG über den Zuschlag zugunsten eines der Bewerber hat ihre Grundlage im Verwaltungsrecht. Die BVVG vollzieht hierbei die Wiedergutmachungsregelungen des *Ausgleichsleistungsgesetzes*, und diese Rechtsmaterie ist dem öffentlichen Recht zuzuordnen.[465] Der Vollzug der Zuschlagserteilung erfolgt dann privatrechtlich durch Abschluß eines Kaufvertrages und Eintragung im Grundbuch.[466]

Bei den Flächenverkäufen der BVVG hat ein Bewerber, der die - oben nur in Grundzügen genannten - Erwerbsvoraussetzungen erfüllt, keinen Anspruch auf Erwerb der Flächen. Mit der Formulierung "kann" in § 3 Abs. 1 Satz 1 AusglLeistG räumt der Gesetzgeber der BVVG Ermessen bei der Zuschlagserteilung ein. Die Kaufbewerber haben damit nur einen Anspruch auf ermessensfehlerfreie Ausübung des der BVVG zustehenden Auswahlermessens bei der Zuschlagserteilung.[467] Zum einen sind Fälle möglich, in denen bei mehreren Bewerbern die im Gesetz geregelten Erwerbsvoraussetzungen vorliegen. Beispielsweise könnten hinsichtlich eines Grundstücks sowohl der heutige Pächter als auch der rechtswidrig enteignete Alteigentümer bei der BVVG einen Kaufantrag gestellt haben. Der Gesetzgeber gewährt in diesen Fällen dem Pächter einen Erwerbsvorrang in § 3 Abs. 5 Satz 1 a.E. AusglLeistG, verbunden mit einem in § 3 Abs. 5 Satz 8 AusglLeistG verankerten Recht zur Bestimmung derjenigen Flächen, die er vorrangig erwerben will. Die BVVG hat bei dieser Fallkonstellation im Rahmen ihrer Ermessensentscheidung auch darauf zu achten, daß sich der Pächter nicht die besten Flächen aussucht, d.h. "die Rosinen herauspickt", und hierdurch schwierig zu verwertende Splitter-, Klein- oder Randflächen zurückbleiben.[468] Zum anderen kann es für die zu privatisierende Fläche nur einen Kaufinteressenten geben, z.B. nur den Pächter, der die gesetzlichen Erwerbsvoraussetzungen erfüllt. Das Auswahlermessen der BVVG reduziert sich dann auf Null, und der Kaufinteressent hat einen Anspruch auf Zuschlagserteilung.[469] Der *Bundestagsfinanzausschuss*[470] for-

---

[464] So z.B. die Ausführungen von *Peinemann* in AgrarR 2000, 44 (45) zur Situation vor der Rechtsänderung wegen des Beschlusses der *Europäischen Kommission* vom 22. Dezember 1998, die auch heute noch zutreffen.
[465] So *Zimmermann*, in: Rechtshandbuch Vermögen und Investitionen in der ehemaligen DDR, Band II B 115, § 3 AusglLeistG, Rdnr. 36.
[466] Siehe dazu *Kapinos*, Praxishandbuch des Entschädigungs- und Lastenausgleichsrechts, Band 4 F I 3 2, § 3 AusglLeistG, Rdnr. 78.
[467] So *Zimmermann*, in: Rechtshandbuch Vermögen und Investitionen in der ehemaligen DDR, Band II B 115, § 3 AusglLeistG, Rdnr. 45.
[468] Siehe dazu *Zilch*, in: Motsch u.a., Kommentar zum EALG, Band I, § 3 AusglLeistG, Rdnr. 34.
[469] Siehe in diesem Zusammenhang auch *Kapinos*, Praxishandbuch des Entschädigungs- und Lastenausgleichsrechts, Band 4 F I 3 2, § 3 AusglLeistG, Rdnr. 78.
[470] So in der Beschlußempfehlung und in dem Bericht des *Bundestagsfinanzausschusses* zu dem Entwurf der Bundesregierung eines EALG, BT-Drucks. 12/7588, S. 41, Zu § 3 AusglLeistG.

muliert, daß die mit der Privatisierung betraute Stelle "in ihrem Ermessen durch detaillierte Vorgaben eingeengt" sei.

Die Privatisierungsstelle ist bei den Flächenverkäufen damit einerseits zur Privatisierung verpflichtet und andererseits nur zu Verkäufen an die im *Ausgleichsleistungsgesetz* enumerativ aufgeführten Berechtigten ermächtigt.

5. Die für einen Erwerb gemäß § 1 Abs. 2 Sätze 5 und 6 FlErwV wegen der geplanten Anlegung eines Wirtschaftswegs nicht zur Verfügung stehenden Flächen

Nachfolgend soll untersucht werden, ab wann die Bemühungen einer Flurneuordnungsbehörde um Durchführung eines Flurneuordnungsverfahrens mit dem Ziel der Schaffung eines neuen Wirtschaftswegs einen Stand erreicht haben, der es der Privatisierungsstelle nach der geltenden Rechtslage verbietet, eine in ihrer Verfügungsbefugnis stehende, landwirtschaftlich genutzte Fläche zu veräußern. In Betracht käme entweder schon der Beschluß gemäß § 4 FlurbG über die Anordnung des Flurbereinigungsverfahrens und die Feststellung des Flurbereinigungsgebiets oder erst der Beschluß über die Feststellung oder Genehmigung des Wege- und Gewässerplans gemäß § 41 Abs. 3 oder 4 FlurbG.

Die in diesem Zusammenhang maßgeblichen gesetzlichen Regelungen enthalten die Sätze 4 bis 6 des § 1 Abs. 2 der *Flächenerwerbsverordnung*. Landwirtschaftliche Flächen, für die eine öffentlich-rechtliche Umwidmung künftig eine andere Nutzung vorsieht, dürfen von der Privatisierungsstelle nicht an nach dem *Ausgleichsleistungsgesetz* Berechtigte veräußert werden. Nach einer in § 1 Abs. 2 Satz 4, 2. Alt. FlErwV enthaltenen allgemeinen Regelung stehen landwirtschaftliche Flächen für den Flächenerwerb nach § 3 AusglLeistG nicht zur Verfügung, wenn sie für eine andere als land- oder forstwirtschaftliche Nutzung "vorgesehen sind". Konkretisierend beschäftigt sich § 1 Abs. 2 Satz 5 FlErwV mit den Umwidmungen auf der Grundlage der kommunalen Bauleitplanung und § 1 Abs. 2 Satz 6 FlErwV mit den sonstigen Umwidmungen, insbesondere durch Planfeststellungsbeschlüsse auf der Grundlage der jeweiligen Fachgesetze. Vorliegend ist zu untersuchen, ab wann im Rahmen eines Regelflurbereinigungsverfahrens ein Planungsverfahren mit dem Ziel einer Umwidmung eingeleitet worden ist im Sinne des § 1 Abs. 2 Satz 6, 2. Alt. FlErwV. Nach *Zimmermann*[471] greift in diesem Zusammenhang das Veräußerungsverbot erst, wenn im Einzelfall Maßnahmen eingeleitet wurden, die zur Umwidmung führen sollen. *Hoffmann*[472] formuliert allgemeiner, daß Planungsverfahren mit dem Ziel einer außerland- und außerforstwirtschaftlichen Nutzung eingeleitet worden sein müssen.

---

[471] Ders., in: Rechtshandbuch Vermögen und Investitionen in der ehemaligen DDR, Band II B 116, § 1 FlErwV, Rdnr. 34 und in: Zimmermann/Heller, Flächenerwerbsverordnung, S. 33.

[472] Ders., in: Motsch u.a., Kommentar zum EALG, Band I Teil 3, Anhang zu § 4 AusglLeistG, Zu § 1 FlErwV, Rdnr. 17.

Erfolgt im Sinne jeweils der ersten Alternativen der Sätze 4 und 6 von § 1 Abs. 2 FlErwV ist die Umwidmung bei Regelflurbereinigungsverfahren mit dem Wirksamwerden des Wege- und Gewässerplans gemäß § 41 Abs. 3 oder 4 FlurbG. Die Flurbereinigungsbehörde bekundet dabei flurstückskonkret, welche Flächen künftig nicht mehr landwirtschaftlich genutzt werden können. Die straßenwegerechtlichen Widmungsakte, z.b. die Widmungen als sonstige öffentliche Straßen i.S.d. § 3 Abs. 1 Nr. 4 ThürStrG, ergehen dann auf der Grundlage und zwecks Vollzug des Wege- und Gewässerplans. Das Privatisierungsverbot erstreckt sich in diesen Fällen aber nur auf diejenigen von der Privatisierungsstelle verwalteten Grundstücke und Grundstücksteile, für die der Wege- und Gewässerplan künftig eine Nutzung als Wegeflächen vorsieht. Für die übrigen im Gebiet des Flurbereinigungsverfahrens liegenden Flächen der Privatisierungsstelle ergibt sich aus § 1 Abs. 2 Satz 6, 1. Alt. FlErwV kein Verfügungsverbot.

Es stellt sich die Frage, ob auch schon auf der Grundlage von § 1 Abs. 2 Satz 6, 2. Alt. FlErwV der Flurbereinigungsbeschluß gemäß § 4 FlurbG ein Planungsverfahren mit dem Ziel einer Umwidmung einleitet und damit ein Verkaufsverbot für alle im Verfahrensgebiet liegenden und von der Privatisierungsstelle verwalteten Grundstücke entstehen läßt. Dies ist wohl zu verneinen. Die Flurneuordnungsbehörde greift mit dem Flurbereinigungsbeschluß noch nicht konkret auf die als Weg später zu widmende Fläche zu, sondern grenzt nur das Verfahrensgebiet ab, und unterwirft damit alle oder zumindest viele darin liegende Flächen lediglich der theoretischen Möglichkeit einer Umlegung und späteren Widmung als Weg. Für das Erfordernis eines flurstückskonkreten Zugriffs auf von der Privatisierungsstelle verwaltete Grundstücke oder Grundstücksteile als Voraussetzung des Eintritts eines Verwertungsverbots sprechen zwei Argumente. Zum einen können zwar auch schon vorbereitende und noch nicht die eigentliche Umwidmung bewirkende Planungen ein Verkaufsverbot bewirken und - diesen Planungen vergleichbar - verpflichtet der Flurbereinigungsbeschluß nach § 4 FlurbG die Behörde zur Aufstellung eines Wege- und Gewässerplans. Das setzt jedoch voraus, daß die vorbereitende Planung schon konkret die Flächen benennt, auf denen künftig einmal eine landwirtschaftliche Nutzung ausgeschlossen sein soll. Dies ergibt sich aus der Begründung[473] zu der von der *Bundesregierung* beschlossenen und dem Bundesrat zugeleiteten Flächenerwerbsverordnung sowohl für den Bereich kommunaler Planungen, insbesondere für kommunale Planaufstellungsbeschlüsse, als auch für den Bereich der sonstigen, staatlichen Planungen, insbesondere für Raumordnungs- oder Linienbestimmungsverfahren im Rahmen von Straßenplanungen. *Zimmermann*[474] weist in diesem Zusammenhang darauf hin, daß der Gesetzgeber bei der Definition der landwirtschaftlichen Flächen auf die Regelungen der *Wertermittlungsverordnung* zurückgreift, insbesondere auf § 4 WertV. Zwar können auch

---

[473] BR-Drs. 260/95, S. 35.
[474] Ders., in: Rechtshandbuch Vermögen und Investitionen in der ehemaligen DDR, Band II B 116, § 1 FlErwV, Rdnr. 8.

nach der *Wertermittlungsverordnung* schon Entwürfe für Planungen oder Satzungen den Verlust der Qualität als landwirtschaftliche Fläche bewirken,[475] auch in diesen Fällen müssen die betroffenen Flächen aber genau bestimmbar sein. Zum anderen würde der Privatisierungsauftrag der BVVG unverhältnismäßig eingeschränkt, wenn die BVVG nach Anordnung eines Flurbereinigungsverfahrens die Verfügungsfreiheit über ihre sämtlichen in dem Verfahrensgebiet liegenden Flächen verlöre, obwohl nur bei einem Teil davon die Möglichkeit besteht, daß sie als Tauschland zur Aufbringung der benötigten Wegeflächen vorgesehen werden könnten. Die Flurneuordnungsbehörden im Gegenzug wären unverhältnismäßig bevorzugt. Sie erhielten, wenn auch nur den durch die BVVG vertretenen Beteiligten "Bund" betreffend, ein Verfügungsverbot zu ihren Gunsten, das vom Flurbereinigungsrecht als gesetzliche Folge der Bekanntgabe des Flurbereinigungsbeschlusses bewußt nicht vorgesehen wird. In dem mit "Zeitweilige Einschränkungen des Eigentums" überschriebenen Fünften Abschnitt des Zweiten Teils des *Flurbereinigungsgesetzes* verbietet § 34 FlurbG in Anknüpfung an die Bekanntgabe des Flurbereinigungsbeschlusses lediglich die dort benannten Veränderungen bezüglich der Nutzungsart, der Aufbauten und der Anpflanzungen. Ein Verbot dinglicher Verfügungen hinsichtlich der Einlagegrundstücke besteht nicht. Flurbereinigungsverfahren dauern in der Regel mehrere Jahre und ein Interesse an der Kenntnis der genauen Eigentumslage besteht bei den Flurneuordnungsämtern erst in einem späteren Abschnitt des Verfahrens, wenn nämlich die Ergebnisse der Wertermittlung für die Einlagegrundstücke mit Verwaltungsakten den Eigentümern mitgeteilt werden sollen. Bei dieser Sachlage würde ein an die Bekanntmachung des Flurbereinigungsbeschlusses geknüpftes Verfügungsverbot hinsichtlich der Einlagegrundstücke die betroffenen Eigentümer unverhältnismäßig belasten.

6. Der Fall der Versäumung der Frist für die Stellung eines kommunalen Restitutionsantrags auf der Grundlage von Art. 21 Abs. 3, 1. Halbsatz EV

Es gibt bestimmt etliche Fälle, in denen ein ehemaliges Wegegrundstück am 8. Mai 1945 Eigentum der Belegenheitskommune war, heute als Ackerfläche in der Verfügungsbefugnis der BVVG steht, von der Flurneuordnungsbehörde im Rahmen eines Regelflurbereinigungsverfahrens zur Aufbringung der für einen neu geplanten Wirtschaftsweg erforderlichen Flächen gerne verwendet würde und die Kommune aber die Frist zur Stellung eines Rückübertragungsantrags nach dem *Vermögenszuordnungsgesetz* versäumt hat.

Die BVVG darf in diesen Fällen einen auf der Grundlage des *Ausgleichsleistungsgesetzes* beantragten Flächenerwerb nicht ablehnen. Ausgenommen von den Flächenverkäufen sind nach § 1 Abs. 2 Satz 2, 1. Halbsatz FlErwV Flächen, die der Restitution nach § 11 VZOG "unterliegen oder unterliegen können". Bei der Re-

---

[475] So *Zimmermann*, in: Rechtshandbuch Vermögen und Investitionen in der ehemaligen DDR, Band II B 116, Stand: April 2001, § 1 FlErwV, Rdnr. 19.

gelung in § 1 Abs. 2 Satz 2 FlErwV stellt der Gesetzgeber aber nur klar, daß die BVVG die in § 3 Abs. 3 VermG für Ansprüche auf der Grundlage des *Vermögensgesetzes* und in § 12 Abs. 1 VZOG für Ansprüche auf der Grundlage des *Vermögenszuordnungsgesetzes* verankerten Verfügungsbeschränkungen auch bei den Privatisierungsverkäufen zu beachten hat.[476] Nur ein bestehender Rückübertragungsanspruch führt zu einem Privatisierungsverbot. Die Frist für die Kommunen zur Stellung von Restitutionsanträgen lief gemäß § 1 AnFrV mit dem 31. Dezember 1995 ab. Danach können sie nur noch Anträge auf Wiedereinsetzung in den vorigen Stand stellen gemäß § 51 VwVfG unter Beachtung der sich aus § 2 Abs. 5 Satz 1 VZOG ergebenden Einschränkungen.

7. Der Fall der anteiligen Aufbringung der Flächen für das zu DDR-Zeiten umgeackerte Wegegrundstück durch die anliegenden Grundeigentümer vor dem 8. Mai 1945

Das vom Bundesministerium für Ernährung, Landwirtschaft und Forsten primär mit dem ausgearbeiteten Vermerk verfolgte Ziel liegt wohl darin, folgenden als unbillig und nicht sachgerecht bewerteten Zustand zu mildern: Diejenigen „Landeigentümerfamilien", die vor dem 8. Mai 1945 im Rahmen einer Flurbereinigung auf der Grundlage der *Reichsumlegungsordnung* vom 16. Juni 1937 oder noch früher auf der Grundlage von Ländergesetzen ca. 3 % ihres Landes zur Erstellung eines Wegenetzes zur Verfügung gestellt haben, welches in das Eigentum der Belegenheitsgemeinde übertragen und zu DDR-Zeiten umgeackert wurde, müssen nach der Wende im Rahmen eines Flurbereinigungsverfahrens erneut ca. 3 % ihres Landes abgeben zur Aufbringung der für das neue Wegenetz benötigten Flächen.

Die BVVG kann und muß die zu DDR-Zeiten umgeackerten, ehemaligen Wegeflächen jedoch privatisieren. Die zu DDR-Zeiten erfolgte Umwidmung von Wegeflächen zu Ackerflächen erweist sich als rechtswirksam. Eine der BVVG den Flächenverkauf untersagende Ausnahme für die vorliegend untersuchte Fallkonstellation hat der Gesetzgeber nicht verankert.

Die hier festzustellende Ungerechtigkeit ergibt sich vor allem aus folgender Erwägung: Die „Landeigentümerfamilien" haben unentgeltlich einen heute von der BVVG verwalteten Flächenbestand gespeist und werden bei dessen Verteilung nicht berücksichtigt. Ihnen gegenüber besteht weder eine Berechtigung der Alteigentümer noch eine Berechtigung der Pächter, über § 3 AusglLeistG auf die früheren Wegeflächen zugreifen zu können.

Die Alteigentümer können diese Flächen erwerben, ohne sie aufgebracht zu haben. Das *Entschädigungsgesetz* und das *Ausgleichsleistungsgesetz* gehen auf die Ziffer 1 der *Gemeinsamen Erklärung der Regierungen der BRD und der DDR zur Rege-

---

[476] Siehe dazu *Zimmermann*, in: Rechtshandbuch Vermögen und Investitionen in der ehemaligen DDR, Band II B 116, § 1 FlErwV, Rdnr. 18.

lung offener Vermögensfragen vom 15. Juni 1990 zurück. Der Gesetzgeber beabsichtigt Wiedergutmachung für u.a. die ungerechtfertigte Entziehung von Grundeigentum. Die Geldzahlungen als Entschädigungsleistungen oder als Ausgleichsleistungen sind aus dem sog. Entschädigungsfonds zu erbringen. Zu seiner Speisung haben deshalb diejenigen Vermögensmassen beizutragen, in denen sich die zu Sowjet-Zeiten oder zu DDR-Zeiten entschädigungslos enteigneten Vermögensmassen heute befinden.[477] Die Heranziehung von Vermögensmassen zur Speisung des Entschädigungsfonds ergibt sich aus dem Entstehungsgrund dieser Vermögensmassen[478]. Das von der BVVG gehaltene frühere Volkseigentum stammt jedoch nur teilweise aus entschädigungslos enteigneten Vermögenswerten.[479] Die Bereitstellung von Grundstücken für die Finanzierung des Entschädigungsfonds wäre sehr kostenaufwendig. Deshalb regelt § 10 Abs. 1 Nr. 1 EntschG mit dem Ziel von Verwaltungsvereinfachung, daß die BVVG insgesamt 3 Mrd. DM aus ihren Veräußerungserlösen an den Entschädigungsfonds abzuführen hat.[480] Die in dem o.g. Fall heute in der Verfügungsbefugnis der BVVG stehende ehemalige Wegefläche haben die Alteigentümer aber gerade nicht in die Vermögensmasse „landwirtschaftliches und forstwirtschaftliches ehemaliges Volkseigentum" eingebracht.

Die Berechtigtengruppe der Pächter kann gegenüber den heutigen, von der Flurbereinigung betroffenen privaten Landeigentümern ihre auch die ehemaligen Wegegrundstücke umfassenden Erwerbsansprüche nach § 3 AusglLeistG ebenfalls nicht rechtfertigen.

8. Der Fall der Existenz kaufwilliger Berechtigter nach dem *Ausgleichsleistungsgesetz*

Nach gegenwärtiger Rechtslage kann die sich nach der Wiedervereinigung bietende einmalige Chance, auf die zahlreichen ehemals volkseigenen und heute landwirtschaftlich genutzten Flächen zuzugreifen mit dem Ziel der Aufbringung der für die Anlegung eines Wirtschaftswegs benötigten Flächen, nicht genutzt werden. Nachfolgend soll der aus Sicht der Flurbereinigung gebotene Änderungsvorschlag de lege ferenda dargelegt werden (dazu unten a)). Danach ist auf das Verhältnis dieser zur Umsetzung flurbereinigungsrechtlicher Belange vorgeschlagenen neuen Rechtsposition zu den auf dem *Ausgleichsleistungsgesetz* basierenden Erwerbsansprüchen der Alteigentümer (dazu unten b)) und der Pächter (dazu unten c)) einzugehen.

---

[477] So die *Bundesregierung* in ihrer Begründung zum Entwurf eines EALG, BT-Drs. 12/4887, S. 31.

[478] So die *Bundesregierung* in ihrer Begründung zum Entwurf eines EALG, BT-Drs. 12/4887, S. 36, Zu § 10 EntschG.

[479] So *Zimmermann*, in: Rechtshandbuch Vermögen und Investitionen in der ehemaligen DDR, Band II B 110, § 10 EntschG, Rdnr. 5.

[480] So *Zimmermann*, in: Rechtshandbuch Vermögen und Investitionen in der ehemaligen DDR, Band II B 110, § 10 EntschG, Rdnr. 5.

a) Änderungsvorschlag de lege ferenda mit Rechtsgrundlage im Sozialstaatsprinzip

Die agrarstrukturellen Belange des Wirtschaftswegebaus könnten bei den Flächenverkäufen der BVVG mit folgenden Gesetzesänderungen künftig im Rahmen von Flurbereinigungsverfahren die gebotene Berücksichtigung finden:

In § 4 Abs. 3 Satz 2 AusglLeistG sollte nach der Nummer 5. folgende Nummer 6. angefügt werden:

„6. aus agrarstrukturellen Gründen, insbesondere zur Aufbringung von Flächen für den Wirtschaftswegebau, der Belegenheitsgemeinde Flächen auf der Grundlage von § 2 Abs. 1 Satz 6 des Vermögenszuordnungsgesetzes zur Verfügung gestellt werden können."

In Ausfüllung dieser Ermächtigung sollten die in § 1 Abs. 2 Satz 6 FlErwV enthaltenen beiden Alternativen um eine dritte Alternative ergänzt und dieser Satz zu diesem Zweck wie folgt neu gefaßt werden:

„Ebenso stehen Flächen für einen Erwerb nicht zur Verfügung, die sonstigen außerland- oder außerforstwirtschaftlichen Zwecken dienen, soweit vor Abschluß des Kaufvertrags eine Umwidmung erfolgt ist, ein Planungs- oder Zulassungsverfahren mit dem Ziel einer Umwidmung eingeleitet worden ist oder die Belegenheitsgemeinde um den Abschluß einer Zuordnungsvereinbarung auf der Grundlage von § 2 Abs. 1 Satz 6 VZOG mit dem Ziel, den in § 1 Abs. 6 TreuhG aufgeführten land- und forstwirtschaftlichen Besonderheiten Rechnung zu tragen, gebeten hat."

Die vorgeschlagene Änderung in der *Flächenerwerbsverordnung* weicht von den Regelungen des *Ausgleichsleistungsgesetzes* ab. Damit kann sich die Gesetzesänderung nicht auf eine Änderung der *Flächenerwerbsverordnung* beschränken und § 4 Abs. 3 Satz 1 AusglLeistG scheidet als Ermächtigungsgrundlage aus. Erforderlich ist die Verankerung einer die Änderung der *Flächenerwerbsverordnung* abdeckenden Ermächtigungsgrundlage in § 4 Abs. 3 Satz 2 AusglLeistG.

§ 4 Abs. 3 Satz 1 AusglLeistG enthält eine Verordnungsermächtigung zur Regelung von Einzelheiten der Erwerbsmöglichkeiten nach § 3 AusglLeistG. Die hierauf gestützten Regelungen der *Flächenerwerbsverordnung* dürfen von den Regelungen des *Ausgleichsleistungsgesetzes* nicht abweichen.[481] Zumeist handelt es sich um die Festlegung technischer Einzelheiten.[482] Im vorliegenden Fall weicht die vorgeschlagene Änderung der *Flächenerwerbsverordnung* von den Regelungen des

---

[481] *Zimmermann*, in: Rechtshandbuch Vermögen und Investitionen in der ehemaligen DDR, Band II B 115, Stand: April 2001, § 3 AusglLeistG, Rdnr. 71; *Löffler*, in: Motsch u.a., Kommentar zum EALG, Band I Teil 3, Anhang zu § 4 AusglLeistG, Vor FlErwV, Rdnr. 6; Heller/Quandt/Sannwald, Kommentar zum EALG, § 4 AusglLeistG, Rdnr. 7.

[482] *Löffler*, in: Motsch u.a., Kommentar zum EALG, Band I Teil 3, Anhang zu § 4 AusglLeistG, Vor FlErwV, Rdnr. 1.

Ausgleichsleistungsgesetzes jedoch wie nachfolgend dargelegt ab und kann deshalb nicht auf § 4 Abs. 3 Satz 1 AusglLeistG als Ermächtigungsgrundlage gestützt werden. Die *Flächenerwerbsverordnung* konkretisiert in § 1 Abs. 2 den im *Ausgleichsleistungsgesetz* verwendeten Begriff der landwirtschaftlich genutzten Flächen. Die sog. Umwidmungsflächen werden nicht mehr landwirtschaftlich genutzt und unterliegen deshalb einem Privatisierungsverbot. Im Bereich der Planungsverfahren, zu denen die Flurbereinigungsverfahren zu zählen sind, greift das Privatisierungsverbot erst, wenn eine konkrete Planung oder ein konkreter Planentwurf eine nicht landwirtschaftliche Nutzung vorsieht. In dem den Gegenstand der Untersuchung bildenden Fall besteht nach geltender Rechtslage ein Privatisierungsverbot, sobald die Flurneuordnungsbehörde den Wege- und Gewässerplan nach § 41 FlurbG erlassen hat. Die vorgeschlagene Gesetzesänderung bezweckt, diesbezüglich den Zeitpunkt des Eintritts eines die landwirtschaftlichen ehemals volkseigenen Flächen betreffenden Verkaufsverbots vorzuverlagern. Die BVVG soll schon dann nicht mehr zum Verkauf an Pächter und Alteigentümer verpflichtet und berechtigt sein, wenn die Belegenheitsgemeinde um den Abschluß einer Vereinbarung auf der Grundlage von § 2 Abs. 1 Satz 6 VZOG gebeten hat, verbunden mit einer angebotenen Verpflichtung, die Flächen zweckgebunden nur für konkrete Maßnahmen der Förderung der Agrarstruktur zu verwenden. Die Abgabe der Flächen von der BVVG an die Belegenheitsgemeinde wäre in dem vorliegend untersuchten Fall mit der Auflage zu verbinden, die Flächen für den Wirtschaftswegebau zu verwenden. Denkbar ist z.B. auch eine Verpflichtung zur Verwendung im Rahmen des Gewässerbaus.

§ 4 Abs. 3 Satz 2 AusglLeistG ermächtigt den Verordnungsgeber zu inhaltlich vom *Ausgleichsleistungsgesetz* abweichenden Regelungen. Die Nummer 1 läßt abweichende Regelungen im Rahmen der Wertermittlung zu und die Nummern 2 bis 5 ermächtigen zu ergänzenden Regelungen im Rahmen der Rückabwicklung.[483] Hier erscheint die Verankerung der vorgeschlagenen Neuregelung als neue Nummer 6 passend.

Die Notwendigkeit dieser Gesetzesänderung ergibt sich aus der Tatsache, daß die Belange des Wirtschaftswegebaus bei der Verteilung des ehemaligen Volkseigentums nach der gegenwärtigen Rechtslage nicht angemessen berücksichtigt werden. Die Flurneuordnungsbehörden in den neuen Ländern können zur Zeit wegen personeller und sächlicher Grenzen fast keine Regelflurbereinigungsverfahren mit dem Ziel der Schaffung eines Wirtschaftswegenetzes anordnen. Insbesondere die zur Begleitung der Verkehrsprojekte Deutsche Einheit erforderlichen Flurneuordnungsverfahren binden einen großen Teil der Kapazitäten. Damit kämen die Belange des Wirtschaftswegebaus bei einer Fortsetzung und Beendigung der Verteilung des ehemaligen Volkseigentums nach der geltenden Rechtslage in Ermangelung von diesbezüglichen Wege- und Gewässerplänen der Flurneuordnungsbehör-

---

[483] Zimmermann/Heller, Flächenerwerbsverordnung, S. 22.

den nicht in dem gebotenen Maße zum Zuge. Auch für die nach dem 31. Dezember 2003 hinsichtlich der dann noch nicht verkauften Flächen beginnende Phase des "Ausverkaufs" verändert der Gesetzgeber weder den Kreis der Erwerbsberechtigten noch den Zeitpunkt des Eingreifens eines Privatisierungsverbots zugunsten der Belange des Wirtschaftswegebaus. Gemäß § 3 Abs. 9 Satz 1 AusglLeistG darf die BVVG lediglich an nach den Absätzen 1 bis 5 Berechtigte veräußern.[484] Damit eröffnet das *Ausgleichsleistungsgesetz* den Pächtern und den Alteigentümern die Möglichkeit, entweder erstmals oder "als Nachschlag" von der BVVG Flächen zu kaufen, lediglich beschränkt auf die in § 3 Abs. 9 Satz 3 AusglLeistG genannten und gegenüber den bisherigen Verkäufen erhöhten Erwerbsobergrenzen. Das Verhältnis zu den sonstigen Interessen bei der Verteilung des ehemaligen Volkseigentums und den Zeitpunkt des Eingreifens eines diesbezüglichen Privatisierungsverbots betreffend regelt der Gesetzgeber für die Zeit nach dem 31. Dezember 2003 keine Änderungen. Die vorgeschlagene Gesetzesänderung bezweckt, die für die neuen Länder einmalige Chance eines sachlich gerechtfertigten Zugriffs auf ehemals volkseigene landwirtschaftliche Flächen im Interesse des Wirtschaftswegebaus nicht ungenutzt verstreichen zu lassen.

Rechtliche Grundlage für die vorgeschlagene Gesetzesänderung könnte das Sozialstaatsprinzip sein.

Thematisch einschlägig ist das Sozialstaatsprinzip, wenn als Folge von gesamtgesellschaftlichen Entwicklungen und Prozessen soziale Ungleichheiten oder Ungerechtigkeiten entstanden, deren Ausgleich geboten erscheint.[485] Im untersuchungsgegenständlichen Fall bewirkte für das Gebiet der ehemaligen DDR die vierzigjährige kommunistische Herrschaft eine gesamtgesellschaftliche Entwicklung, deren Wirkungen und Tragweite größer kaum sein könnten. Das heute anzutreffende weitgehende Fehlen eines zur auch wieder kleinbäuerlichen Bewirtschaftung von landwirtschaftlichen Flächen nötigen engmaschigeren Wirtschaftswegenetzes geht ursächlich auf das dem kommunistischen System eigene Streben nach großflächiger Wirtschaftsweise zurück. Die einschlägigen Regelungen des *Einigungsvertrags* und des *Ausgleichsleistungsgesetzes* reichen sachlich zur Problembewältigung nicht aus und diese Situation erscheint korrigierungsbedürftig. Die als notwendig erachtete Gesetzesänderung greift in das System der Regelungen zur Verteilung des ehemaligen Volkseigentums ein. Die wichtigste und schwierigste vom Gesetzgeber bei der Verteilung des ehemaligen Volkseigentums zu erfüllende Aufgabe besteht in der Herbeiführung eines sachgerechten Ausgleichs der dabei widerstreitenden Interessen. Das Sozialstaatsprinzip begründet zum einen diese soeben ge-

---

[484] Siehe dazu *Zilch*, in: Motsch, Kommentar zum EALG, Band I Teil 3, § 3 AusglLeistG, Rdnr. 143, Heller/Quandt/Sannwald, Kommentar zum EALG, § 3 AusglLeistG, Rdnr. 59 bis 62, Schäfer/Budde-Hermann, EALG, S. 75 und Zimmermann/Heller, Das neue EALG, S. 171, Rdnr. 111.

[485] Siehe dazu *Gröschner*, in: Dreier, Kommentar zum Grundgesetz, Band II, Art. 20 (Sozialstaat), Rdnr. 35.

nannte gesetzliche Verpflichtung und stellt zum anderen aber auch den ideal geeigneten rechtlichen Rahmen für deren Abarbeitung zur Verfügung.

Die Ausgestaltung der Bundesrepublik Deutschland als Sozialstaat bezweckt nicht den absoluten Schutz von enumerativ aufgelisteten sozialen und als erhaltenswert eingestuften Zuständen. Vielmehr dient das Sozialstaatsprinzip der Gewährleistung der allgemeinen Voraussetzungen zum Gebrauch der Freiheitsgrundrechte.[486] Im untersuchungsgegenständlichen Fall können sich die an der Anlegung eines engmaschigeren Wirtschaftswegenetzes und diesbezüglicher Aktivitäten des Gesetzgebers interessierten kleineren Landwirtschaftsbetriebe auf den in Art. 12 Abs. 1 GG verankerten Schutz der eingerichteten und ausgeübten Gewerbebetriebe berufen.

Das Sozialstaatsprinzip verankert ein Prinzip im Sinne eines verfassungsrechtlichen Optimierungsgebots; bei in diesem Zusammenhang widerstreitenden rechtlich geschützten Interessen ist die Verfassungswirklichkeit optimal zu gestalten.[487] Vorliegend würde die vorgeschlagene Gesetzesänderung eine Schmälerung des von der BVVG zu privatisierenden Bestandes an landwirtschaftlich genutzten Grundstücken bewirken und es stünde weniger Land für Verkäufe an die nach dem *Ausgleichsleistungsgesetz* kaufberechtigten Alteigentümer und Pächter zur Verfügung. Die Alteigentümer betreffend bezweckt das *Ausgleichsleistungsgesetz* Wiedergutmachung erlittenen Unrechts; das *Bundesverfassungsgericht* erklärt hier seine Rechtsprechung zum Ausgleich von Kriegsfolgen für entsprechend anwendbar und verankert damit die diesbezüglichen Rechte der Alteigentümer im Sozialstaatsprinzip. Hinsichtlich der Pächter von landwirtschaftlich genutzten, ehemals volkseigenen Flächen, bezweckt das *Ausgleichsleistungsgesetz*, den Eigentumsanteil der von diesen Betrieben bewirtschafteten Flächen zu erhöhen; wenn eine Gesetzesänderung in diesem Rechtskreis Auswirkungen hat, könnten sich die Pächter möglicherweise auf den in Art. 12 Abs. 1 GG verankerten Schutz des eingerichteten und ausgeübten Gewerbebetriebs berufen. Die Interessen und rechtlichen Positionen der Alteigentümer und der Pächter wären durch die Gesetzesänderung zwar nachteilig betroffen, eine Verletzung von Rechten mit Unterlassungsansprüchen als Konsequenz ergäbe sich jedoch - um das Ergebnis der nachfolgend unter b) hinsichtlich der Alteigentümer und unter c) hinsichtlich der Pächter dargelegten Untersuchungen vorwegzunehmen - nicht.

---

[486] So *Gröschner*, in: Dreier, Kommentar zum Grundgesetz, Band II, Art. 20 (Sozialstaat), Rdnr. 20 und 26.

[487] So *Gröschner*, in: Dreier, Kommentar zum Grundgesetz, Band II, Art. 20 (Sozialstaat), Rdnr. 30 und 35, m.w.N..

b) Die Wiedergutmachung von durch fremde Staatsgewalten begangenem Unrecht durch die Bundesrepublik Deutschland als gesetzgeberischer Zweck des *Entschädigungs- und Ausgleichsleistungsgesetzes*

Die Alteigentümer können von der Privatisierungsstelle vergünstigt Grundstücke erwerben, wenn ihnen entweder zu Zeiten der sowjetischen Besatzung oder zu Zeiten der Deutschen Demokratischen Republik entschädigungslos Grundstücke entzogen wurden. Die diesbezüglichen Regelungen gehen im ersten Fall auf Ziffer 1 Satz 4 der *Gemeinsamen Erklärung der Regierungen der Bundesrepublik Deutschland und der Deutschen Demokratischen Republik zur Regelung offener Vermögensfragen* vom 15. Juni 1990 zurück und im zweiten Fall auf die Ziffer 3 dieser Erklärung. Das *Bundesverfassungsgericht* rechnet in seinem grundlegenden Urteil vom 23. April 1991 zur Bodenreform beide Komplexe zu dem Bereich der Wiedergutmachung von früherem, von einer anderen Staatsgewalt zu verantwortendem Unrecht und stützt sich dabei auf den Umstand, daß das diesbezügliche Handeln Rußlands oder der Deutschen Demokratischen Republik der Bundesrepublik Deutschland nicht zugerechnet werden kann.[488]

Nach einem Blick auf die Wurzeln und die Entstehung der Kaufberechtigung der Alteigentümer im Rahmen der Erarbeitung des *Entschädigungs- und Ausgleichsleistungsgesetzes* (dazu unten aa)) soll unter Beachtung der einschlägigen Ausführungen des *Bundesverfassungsgerichts* im Bodenreformurteil vom 23. April 1991 das Verhältnis der vorgeschlagenen Gesetzesänderung zu der den Alteigentümern zustehenden Rechtsposition untersucht werden (dazu unten bb) bis ee)).

aa) Chronologie des *Entschädigungs- und Ausgleichsleistungsgesetzes* unter dem Gesichtspunkt des Flächenerwerbs der Alteigentümer

(1) Der *Einigungsvertrag* vom 31. August 1990

Bei der Wiedergutmachung von Unrecht orientiert sich die Gesetzgebung an einer klaren begrifflichen Unterscheidung. Für die entschädigungslosen Enteignungen zu Zeiten sowjetischer Besatzung gewährt der Gesetzgeber Ausgleichsleistungen und für die zu Zeiten der Deutschen Demokratischen Republik erfolgten entschädigungslosen Enteignungen Entschädigungsleistungen. Der erste Fall betrifft die nach Kriegsende, d.h. nach dem 8. Mai 1945, erfolgten Enteignungen und der zweite Fall diejenigen nach Gründung der Deutschen Demokratischen Republik, d.h. nach dem 7. Oktober 1949.[489]

---

[488] BVerfG, Urt v. 23. April 1991, E 84, 90 (125 und 126); so auch in der Beschlußempfehlung und dem Bericht des *Finanzausschusses*, BT-Drs. 12/7588, S. 34 und in der Gegenäußerung der *Bundesregierung* zur Stellungnahme des Bundesrats, BT-Drs. 12/5108, S. 3.

[489] Siehe dazu *Motsch*, in: Motsch, Kommentar zum EALG, Band I Teil 2, § 1 EntschG, Rdnr. 19.

Den Bereich der Entschädigungsleistungen betreffend läßt der *Einigungsvertrag* das aus DDR-Zeiten stammende *Vermögensgesetz* in Kraft treten.[490] Das *Vermögensgesetz* regelt in Übereinstimmung mit Ziffer 3 der *Gemeinsamen Erklärung* vom 15. Juni 1990 die Entschädigungsansprüche nur dem Grunde nach.[491] War nach dem entschädigungslosen Entzug des Grundstücks zu DDR-Zeiten daran gutgläubig Eigentum oder ein dingliches Nutzungsrecht erworben worden, bestand die Möglichkeit, als Entschädigungsleistung ein vergleichbares Grundstück anzubieten.[492] Im übrigen existierten die Regelungen über die Bemessung der Entschädigungshöhe und deren Art der Finanzierung noch nicht.

Die Ausgleichsleistungen betreffend enthält der *Einigungsvertrag* in Ziffer 1 Satz 1 der als Anlage III übernommenen *Gemeinsamen Erklärung* vom 15. Juni 1990 die Regelung, daß Enteignungen auf besatzungsrechtlicher oder besatzungshoheitlicher Grundlage nicht mehr rückgängig zu machen sind. Hieraus ergibt sich das Verbot, die Enteignungen zu Zeiten sowjetischer Besatzung als nichtig zu behandeln und die Folgen der Bodenreform durch eine Rückgabe der enteigneten Objekte umfassend zu bereinigen.[493] Ziffer 1 Satz 4 der *Gemeinsamen Erklärung* vom 15. Juni 1990 ermächtigt zur Regelung und Gewährung von Ansprüchen auf Ausgleichsleistungen. Damit verbleiben als zulässige Arten der Wiedergutmachung nur die Zahlung von Geld oder die Einräumung eines Preisnachlasses im Rahmen der Eröffnung einer Möglichkeit zum Flächenerwerb.[494]

(2) Das sog. Bodenreformurteil des *Bundesverfassungsgerichts* vom 23. April 1991

Die Vertreter der Alteigentümer erhoben Verfassungsbeschwerde und rügten die Verfassungswidrigkeit des Satzes 1 der Ziffer 1 der *Gemeinsamen Erklärung* vom 15. Juni 1990 mit dem Ziel, die Rückgabe der enteigneten Grundstücke zu ermöglichen. Das *Bundesverfassungsgericht* wies die Klage ab.[495]

Die Ausgleichsleistungen betreffend stellte das *Bundesverfassungsgericht* fest, daß angesichts der existierenden Regelungen zu den Entschädigungsleistungen Art. 3 Abs. 1 GG den Gesetzgeber zur Schaffung auch noch von Ausgleichsregelungen verpflichte.[496] Weder die Tatsache, daß die vor Gründung der Deutschen Demokratischen Republik erfolgten Enteignungen maßgeblich durch die Hoheitsgewalt der Besatzungsmacht veranlaßt oder jedenfalls gedeckt worden sind, noch der größere zeitliche Abstand dieser Enteignungen könnten ein Absehen von jeglichen

---

[490] BGBl. 1990 II, 889 (1157 und 1159).
[491] Siehe dazu § 9 Abs. 3 VermG, BGBl. 1990 II, 889 (1162).
[492] So § 9 Abs. 3 Satz 1 i.V.m. § 4 Abs. 2 VermG, BGBl. 1990 II, 889 (1162 und 1160).
[493] *BVerfG*, Urt. v. 23. April 1991, E 84, 90 (121) und *Wieland*, in: Dreier, Kommentar zum GG, Band III, Art. 143, Rdnr. 26.
[494] *Motsch*, in: Motsch u.a., Kommentar zum EALG, Band I Teil 3, Vor AusglLeistG, Rdnr. 3.
[495] Urt. v. 23. April 1991, E 84, 90 ff..
[496] So im Urteilstenor in der Ziffer 4, Urt. v. 23. April 1991, E 84, 90.

Regelungen zu Ausgleichsleistungen rechtfertigen.[497] *Motsch* weist darauf hin, daß nach diesem Grundsatzurteil in Ziffer 1 Satz 4 der *Gemeinsamen Erklärung* vom 15. Juni 1990 das Wörtchen "etwaige" wegen Verstoßes gegen die Verfassung hätte gestrichen werden müssen.[498]

(3) Der Entwurf der Bundesregierung für ein Entschädigungs- und Ausgleichsleistungsgesetz vom 10. Mai 1993

Die *Bundesregierung* orientierte sich bei der Umsetzung der Ziffern 1 und 3 der *Gemeinsamen Erklärung* vom 15. Juni 1990 stark an den im Bodenreformurteil des *Bundesverfassungsgerichts* enthaltenen Vorgaben. Das *Entschädigungsgesetz* dient der Umsetzung von Ziffer 3 der *Gemeinsamen Erklärung* vom 15. Juni 1990 und regelt im Anschluß an die im *Vermögensgesetz* enthaltenen Entschädigungsansprüche nunmehr auch noch deren Höhe und Finanzierung.[499] Das *Ausgleichsleistungsgesetz* hat seine Grundlage in Ziffer 1 dieser Erklärung.[500]

Der Gesetzentwurf der *Bundesregierung* sah die Möglichkeit der Übertragung von Grundstücken an Alteigentümer als Wiedergutmachungsleistung vor und zwar sowohl als Entschädigungsleistung[501] als auch als Ausgleichsleistung. Im letzteren Fall findet sich diese Möglichkeit jedoch nicht im Gesetzestext[502] sondern nur in der Begründung[503]. An dieser Stelle der Begründung verweist die *Bundesregierung* auf die Regelungen im Konzept *Verwertung ehemals volkseigener landwirtschaftlicher Flächen* vom 16. November 1992.[504] Laut Ziffer II 2 a) dieses Konzepts können Ausgleichs- und Entschädigungsansprüche von Alteigentümern auch durch die Übereignung von Flächen - nach Möglichkeit aus dem früheren Grundvermögen - erbracht werden.

---

[497] Urt. v. 23. April 1991, E 84, 90 (129).
[498] Ders., in: Motsch u.a., Kommentar zum EALG, Band I Teil 1, Einf. EALG, Rdnr. 23 und 53.
[499] Siehe dazu *Motsch*, in: Motsch u.a., Kommentar zum EALG, Band I Teil 1, Einf. EALG, Rdnr. 33.
[500] Siehe dazu *Kirn*, in: von Münch/Kunig, Kommentar zum GG, Band 3, Art. 143, Rdnr. 21.
[501] Siehe § 1 Abs. 2 Satz 1 EntschG, BT-Drs. 12/4887, S. 7.
[502] Siehe § 2 Abs. 1 Sätze 1 und 2 AusglLeistG, BT-Drs. 12/4887, S. 12.
[503] Siehe BT-Drs. 12/4887, S. 38 f..
[504] Abgedruckt z.B. in: Dokumentation Treuhandanstalt von 1990 bis 1994, Band 8, S. 315 bis 320 oder in: VIZ 1993, 345 (346 f.).

(4) Das *Entschädigungs- und Ausgleichsleistungsgesetz* vom 27. September 1994 als Abschluß von zwei Vermittlungsverfahren

Zur Konsensfindung über die Regelungen des *Entschädigungs- und Ausgleichsleistungsgesetzes* bedurfte es zweier Verfahren vor dem Vermittlungsausschuß.[505]

Die Alteigentümer können nunmehr auf der Grundlage von § 3 Abs. 5 AusglLeistG sowohl anstelle einer ihnen zustehenden finanziellen Entschädigung als auch anstelle eines ihnen zustehenden finanziellen Ausgleichs von der Privatisierungsstelle die Übertragung von Flächen verlangen. Im Rahmen der eröffneten Möglichkeiten zum Flächenerwerb liegt die staatliche Wiedergutmachungsleistung in den eingeräumten Preisnachlässen.[506] Bei einer Bemessung des Kaufpreises in Höhe des dreifachen Einheitswerts von 1935 ergibt sich eine staatliche Förderung in Höhe von ca. 50 % des Verkehrswerts.[507]

Auf Druck der neuen Länder in den Vermittlungsverfahren verankerte der Gesetzgeber in § 3 Abs. 1 bis 4 AusglLeistG auch noch die Möglichkeit des verbilligten Flächenerwerbs für Pächter von ehemals volkseigenen landwirtschaftlichen Flächen. Die Rechtsform des pachtenden Betriebes spielt dabei keine Rolle. Kaufen können sowohl natürliche Personen als auch juristische Personen, insbesondere Agrargenossenschaften, die in der Regel aus Landwirtschaftlichen Produktionsgenossenschaften hervorgegangen sind.

Die Einräumung der Kaufmöglichkeit für die Gruppe der Pächter bedeutete für die Alteigentümer massive Verschlechterungen gegenüber dem Gesetzentwurf der Bundesregierung.

Zunächst fiel die im *Einigungsvertrag*[508] enthaltene und im Regierungsentwurf übernommene Regelung, nach der ein Ersatzgrundstück als Entschädigungsleistung übertragen werden konnte, wenn zu DDR-Zeiten entweder das Grundstück oder ein dingliches Nutzungsrecht daran gutgläubig erworben worden war, weg. Der Grund lag darin, daß die Kommunen faktisch keine Ersatzgrundstücke mehr zur Verfügung stellten. Nach einem sprunghaften Anstieg der Grundstückspreise im Beitrittsgebiet klafften der Wert einer nach dem *Entschädigungsgesetz* berechneten

---

[505] Zu den Beschlußempfehlungen siehe BT-Drs. 12/7832 und BT-Drs. 12/8413.
[506] Siehe dazu auch *Zimmermann*, in: Rechtshandbuch Vermögen und Investitionen in der ehemaligen DDR, Band II B 115, § 3 AusglLeistG, Stand: April 2001, Rdnr. 89 und - etwas weniger deutlich - Stand: April 2002, Rdnr. 5 und 84.
[507] Zur Kaufpreisberechnung für landwirtschaftliche Flächen vor dem Inkrafttreten des *Vermögensrechtsergänzungsgesetzes* siehe § 3 Abs. 7 Satz 1 AusglLeistG (BGBl. I 1994, S. 2624 (S. 2630)).
[508] Siehe Ziffer 3 b) der *Gemeinsamen Erklärung* vom 15. Juni 1990 (BGBl. 1990 II, 889 (1237 f.)) und § 9 Abs. 2 VermG (BGBl. 1990 II, S. 889 (S. 1162)).

Geldentschädigung und der Wert eines dem entzogenen Grundstück annähernd wertgleichen Ersatzgrundstücks zu weit auseinander.[509]

Darüber hinaus enthält die in § 3 Abs. 5 AusglLeistG für die Alteigentümer verankerte Rückerwerbsmöglichkeit Regelungen und Bedingungen, die das Ausmaß der ja eigentlich gegenüber den Alteigentümern bezweckten Wiedergutmachung sehr stark einschränken. Der Einräumung der Möglichkeit für die Alteigentümer, die errechnete Wiedergutmachung in Geld für den Erwerb von Flächen nutzen zu können, liegt folgender Ansatz zugrunde. Bezweckt wird, die sog. Wertschere zwischen einer Wiedergutmachung in Geld und einer Wiedergutmachung in natura etwas zu mildern, indem jede Wiedergutmachung in Geld verwendet werden kann, um Grundstücke zu erwerben. *Zimmermann*[510] formuliert, daß damit eine „Brücke zwischen dem Sacheigentum und der Geldentschädigung" hergestellt werden soll, um die „Ungerechtigkeiten zwischen primärer Rückübertragung und sekundärer Entschädigungsleistung" zu mildern. Eine gravierende Einschränkung des Wiedergutmachungsanliegens des Gesetzgebers ergab sich aus der in § 3 Abs. 5 Satz 2 AusglLeistG[511] enthaltenen Beschränkung der Flächenerwerbsmöglichkeit der Alteigentümer auf die Hälfte der errechneten Wiedergutmachungsleistung in Geld bei einer zusätzlichen Flächenerwerbsobergrenze von 300.000 Ertragsmeßzahlen.[512] Diese Beschränkungen gelten nicht, wenn der Alteigentümer auf der Grundlage von § 3 Abs. 1 bis 4 AusglLeistG in seiner Eigenschaft als Pächter volkseigener Flächen erwerben kann.[513]

(5) Die Entscheidung der *Europäischen Kommission* vom 20. Januar 1999 über den Flächenerwerb gemäß *Ausgleichsleistungsgesetz*

Nach einer Mitteilung der *Bundesrepublik Deutschland* an die *Europäische Kommission* über das Inkrafttreten des *Entschädigungs- und Ausgleichsleistungsgesetzes* vermochte diese sich keine Gewißheit darüber zu verschaffen, ob dieses Gesetz mit dem gemeinsamen Markt unvereinbare Maßnahmen zuließ. Bedenken hatte die *Europäische Kommission* insbesondere wegen einer möglichen Beihilfequalität der Kaufpreisvergünstigung bei den erwerbenden Pächtern. Das daraufhin eingeleitete Hauptprüfungsverfahren beendete die *Europäische Kommission* mit Beschluß vom 20. Januar 1999.[514]

Die den Alteigentümern gewährten Kaufpreisvergünstigungen erachtet die *Europäische Kommission* als mit dem gemeinsamen Markt vereinbar.[515] Es werde le-

---

[509] So *Motsch*, in: Motsch u.a., Kommentar zum EALG, Band I Teil 1, Einf. EALG, Rdnr. 75.
[510] Bernd *Zimmermann*, DtZ 1994, 359 (361), auf ihn verweisend *Wendt*, in: Sachs, Kommentar zum GG, Art. 143, Rdnr. 41.
[511] BGBl. 1994 I, 2624 (2630).
[512] So *Zilch*, in: Motsch u.a., Kommentar zum EALG, Band I Teil 3, § 3 AusglLeistG, Rdnr. 10.
[513] Siehe § 3 Abs. 5 Satz 3 AusglLeistG.
[514] ABl. L 107/38 vom 24. April 1999, S. 21 ff..
[515] ABl. L 107/38 vom 24. April 1999, S. 21 (S. 36 f. und S. 47, dort Artikel 1 der Entscheidung).

diglich einem Wirtschaftsteilnehmer nach der rechtswidrigen Wegnahme von Grundstücken oder Betrieben Ersatz des Schadens in Geld oder in natura geleistet. Dies spiegele das in allen Mitgliedstaaten gemeinsame Rechtsprinzip hinsichtlich des Schutzes des Eigentumsrechts wider.[516] Der Schaden bestehe zumindest in Höhe des Vermögenswerts der damals entschädigungslos enteigneten Grundstücke oder Betriebe. Der nunmehr gewährte Vorteil liege in der Vergünstigung des Kaufpreises im Rahmen der eingeräumten Rückkaufmöglichkeit. Hierbei sei gesichert, daß der Vorteil den Schaden nicht übersteige.[517]

(6) Das *Vermögensrechtsergänzungsgesetz* vom 15. September 2000

Die *Europäische Kommission* beanstandete in ihrem Beschluß vom 20. Januar 1999 einige Regelungen im Rahmen der den Pächtern eingeräumten Kaufmöglichkeit. Das *Vermögensrechtsergänzungsgesetz* vom 15. September 2000[518] dient nach Angaben der *Bundesregierung* der Anpassung der bestehenden Flächenverkaufsregelungen an die EU-Vorgaben.[519]

Am 28. Januar 1999 wurde der Beschluß der *Europäischen Kommission* zugestellt. Die Alteigentümer betreffend bleiben nach dem *Vermögensrechtsergänzungsgesetz* die bis dahin abgeschlossenen Verträge gemäß § 3a Abs. 1 AusglLeistG unverändert bestehen,[520] „da die gewährten Vergünstigungen insoweit eine Schadenskompensation darstellen"[521]. Beim Abschluß von neuen Verträgen haben die Alteigentümer jedoch einen höheren Kaufpreis zu zahlen. Der Gesetzgeber erhöhte in § 3 Abs. 7 Satz 1 AusglLeistG den für Pächter und Alteigentümer gleichermaßen geltenden Kaufpreis auf den Verkehrswert, von dem ein Abschlag in Höhe von 35 % vorzunehmen ist.

Die Begrenzung des Erwerbsvolumens der Alteigentümer auf die Hälfte der nach dem *Entschädigungsgesetz* berechneten Wiedergutmachungsleistung in Geld hob der Gesetzgeber auf. Es sollte damit jedoch nur verhindert werden, daß sich als Folge der Erhöhung der Kaufpreise das Volumen der erwerbbaren Flächen verringert.[522]

---

[516] So auch *Peinemann*, in: AgrarR 2000, 44 (46).
[517] ABl. L 107/38 vom 24. April 1999, S. 21 (S. 36).
[518] BGBl. I, S. 1382.
[519] So in der Begründung der *Bundesregierung* zum Entwurf eines Vermögensrechtsänderungsgesetzes, BR-Drs. 496/99, S. 13, Begründung Allgemeines.
[520] Dies gilt sowohl für Verträge mit den Alteigentümern in deren Eigenschaft als Pächter, d.h. für Verträge gemäß § 3 Abs. 2 Satz 3 AusglLeistG, als auch für Verträge mit den Alteigentümern in deren Eigenschaft als "nur" Alteigentümer, d.h. für Verträge gemäß § 3 Abs. 5 Satz 1 AusglLeistG
[521] So in der Begründung der *Bundesregierung* zum Entwurf eines Vermögensrechtsergänzungsgesetzes, BR-Drs. 496/99, S. 32, zu Absatz 1 des neu eingefügten § 3a AusglLeistG.
[522] So in der Begründung der *Bundesregierung* zum Entwurf eines Vermögensrechtsergänzungsgesetzes, BR-Drs. 496/99, S. 30, zur Änderung des Satzes 2 des § 3 Abs. 5 AusglLeistG.

Abschließend sei zu den die Alteigentümer betreffenden Neuregelungen im *Vermögensrechtsergänzungsgesetz* noch auf Folgendes hingewiesen.

Die unterschiedliche Kaufpreisberechnung bei den Alteigentümern ist mit Art. 3 GG wohl nicht vereinbar. Gemäß § 3a Abs. 1 AusglLeistG hatten die Alteigentümer bis zum 28. Januar 1999, dem Tag der Zustellung der Entscheidung der *Europäischen Kommission* vom 20. Januar 1999, als Kaufpreis den dreifachen Einheitswert von 1935, d.h. etwa 50 % des Verkehrswerts, zu zahlen. Danach ergibt sich der Kaufpreis aus dem Verkehrswert abzüglich 35 %. Ein diese Ungleichbehandlung rechtfertigender Grund ist jedoch nicht ersichtlich.

Vor einer Beschäftigung mit den beiden von der *Bundesregierung* in ihrem Entwurf eines *Vermögensrechtsergänzungsgesetzes* für die Ungleichbehandlung genannten Gründen soll die historische Entwicklung des Entschädigungs- und Ausgleichsrechts unter dem Gesichtspunkt des Gleichheitssatzes kurz dargelegt werden: Das *Bundesverfassungsgericht* äußerte sich im Bodenreformurteil zu der aus Art. 3 GG folgenden Verpflichtung des Gesetzgebers zur Schaffung von Regelungen als Ausgleich für Unrecht zu Zeiten sowjetischer Besatzung angesichts der schon existierenden Regelungen zur Entschädigung von Unrecht zu Zeiten der Deutschen Demokratischen Republik. Wegen der schon verankerten Ansprüche auf Entschädigungsleistungen, so das Gericht, verbiete Art. 3 GG in Ermangelung eines rechtfertigenden Grundes den Ausschluß jeglicher Ansprüche auf Ausgleichsleistungen. Auch der größere zeitliche Abstand der sowjetischen Enteignungen rechtfertige einen gänzlichen Ausschluß von Ausgleichsleistungen nicht.[523] Im Gesetzgebungsverfahren für ein *Entschädigungs-* und *Ausgleichsleistungsgesetz* wiesen Befürworter von geringeren Ausgleichsleistungen als Entschädigungsleistungen auf diesen Umstand des größeren zeitlichen Abstands hin und Befürworter einer gleichen Bemessung von Ausgleich und Entschädigung auf die Tatsache, daß unter sowjetischer Herrschaft rigoroser enteignet wurde als zu Zeiten der Deutschen Demokratischen Republik.[524] Die *Bundesregierung* entschied sich dafür, Entschädigungs- und Ausgleichsleistungen nach den gleichen Grundsätzen zu bemessen, um damit auf die "Ausgewogenheit" der Vergünstigungen und Belastungen zwischen den verschiedenen Gruppen von Betroffenen achten zu können.[525] Eine rechtliche Verpflichtung zur Gleichbehandlung bestand jedoch nicht.[526] In den Vermittlungsausschußverfahren zum *Entschädigungs- und Ausgleichsleistungsgesetz* wird die Bemessung von Entschädigung und Ausgleich nach denselben Maßstäben bestätigt.[527] Darüber hinaus kommt es zu einer Aufnahme einer Kaufmög-

---

[523] BVerfG, Urt. v. 23. April 1991, E 84, 90 (129).
[524] Siehe dazu *Motsch*, in: Motsch u.a., Kommentar zum EALG, Band I Teil 3, Vor AusglLeistG, Rdnr. 4.
[525] So in der Begründung der *Bundesregierung* zum Entwurf eines EALG, BT-Drs. 12/4887, S. 30 (1.2 Prinzipien) und auch S. 29 (I. Einleitung).
[526] So auch *Sendler*, VIZ 1995, 65 (73) und *Peinemann*, AgrarR 1995, 225 (230).
[527] Siehe BT-Drs. 12/7588, S. 26 (Ausgleichsleistungsgesetz (Artikel 2), dort im ersten Absatz).

lichkeit auch für die Pächter. In diesen Neuerungen sieht der *Bundestagsfinanzausschuß* "keine gravierenden Änderungen".[528] Für die Frage nach der Höhe des von den Pächtern zu zahlenden Kaufpreises gab es keine Vorgaben, weder aus der *Gemeinsamen Erklärung* vom 15. Juni 1990 noch aus dem Bodenreformurteil des *Bundesverfassungsgerichts* vom 23. April 1991. In einer damit rein politischen Entscheidung legte der Gesetzgeber fest, daß bei den Pächtern die gleichen Maßstäbe gelten sollen wie bei den Entschädigungs- und Ausgleichsleistungen an Alteigentümer.[529] Nachdem die *Kommission* in einer Entscheidung vom 20. Januar 1999 *Deutschland* zur künftigen Anhebung der Kaufpreise von Pächtern in nicht benachteiligten Gebieten verpflichtete hatte,[530] entschied der Gesetzgeber im *Vermögensrechtsergänzungsgesetz*, die künftigen Kaufpreise auch für die Pächter in benachteiligten Gebieten und auch für die Alteigentümer in deren Eigenschaft sowohl als Ausgleichsberechtigte als auch als Entschädigungsberechtigte auf die gleiche Höhe anzuheben.

Bei der Bewertung dieser Entscheidung des Gesetzgebers sei zunächst darauf hingewiesen, daß der für den Beginn der Verpflichtung zur Zahlung höherer Kaufpreise gewählte Zeitpunkt keinen sachlichen Bezug zu dem Bereich der Wiedergutmachung von Unrecht gegenüber den Alteigentümern hat. Der neu eingefügte § 3a Abs. 1 AusglLeistG stellt auf den 28. Januar 1999, den Tag der Zustellung der Entscheidung der *Kommission* vom 20. Januar 1999 ab. Die *Europäische Kommission* verpflichtet in dieser Entscheidung jedoch lediglich zur Anhebung der Kaufpreise bei Altverträgen mit Pächtern in nicht benachteiligten Gebieten und weist ausdrücklich auf die Vereinbarkeit der Verkäufe an Alteigentümer mit dem europäischen Recht hin.[531] Verpflichtungen zum Tätigwerden gegenüber den Alteigentümern enthält die Entscheidung der *Kommission* nicht. Ferner könnte zwar nach der Einschätzung des *Bundesverfassungsgerichts*[532] die Wiedergutmachung an Alteigentümer, die unter sowjetischer Besatzung enteignet wurden, niedriger ausfallen als die Wiedergutmachung an Alteigentümer, die zu Zeiten der Deutschen Demokratischen Republik enteignet wurden. Die vorliegende Regelung, die unterschiedlichen Kaufpreise vom Zugang einer Entscheidung der *Kommission* abhängig zu machen, knüpft an das vom *Bundesverfassungsgericht* benannte Unterscheidungskriterium jedoch gerade nicht an.

---

[528] Siehe BT-Drs. 12/7588, S. 32 (a) Entschädigungs- und Ausgleichsleistungsgesetz, dort im dritten Absatz).

[529] Siehe BT-Drs. 12/7588, S. 32 (Entschädigungs- und Ausgleichsleistungsgesetz, dort im fünften Anstrich).

[530] Dazu genauer später unter c) aa) (2).

[531] Siehe Art. 1 der Entscheidung der *Kommission* vom 20. Januar 1999, ABl. L 107 vom 24. April 1999, S. 21 (S. 47).

[532] Im Urt. v. 23. April 1991, E 84, 90 (129) stellt das Gericht insofern auf den größeren zeitlichen Abstand der Enteignungen unter sowjetischer Besatzung ab.

Die *Bundesregierung* nennt in der Begründung des Gesetzentwurfs zwei Argumente für eine Anhebung der Kaufpreise auch bei den Alteigentümern. Zum einen führt sie aus, daß die allgemeine Anhebung der Kaufpreise habe erfolgen müssen, "um die vom Gesetzgeber des *Ausgleichsleistungsgesetzes* bei der Umsetzung des *Einigungsvertrages* gewollte Einheitlichkeit der Vergünstigung für alle Berechtigtengruppen zu wahren".[533] Politisch könnte zwar die an die Alteigentümer zu leistende Wiedergutmachung auf einen Kaufpreisnachlaß in Höhe von nur 35 % des Verkehrswerts beschränkt werden. Rechtlich gebietet Art. 3 GG jedoch eine Gleichbehandlung der vor und nach dem 28. Januar 2000 abgewickelten Kaufersuchen von Alteigentümern. Der Gesetzgeber kann den die Verkäufe an Alteigentümer betreffenden Kaufpreis nur entweder auch rückwirkend auf das neue höhere Niveau anheben oder auch für die Zukunft auf dem niedrigeren Niveau belassen. Den Gleichheitssatz betreffend hat sich damit die Rechtslage für den Gesetzgeber "weiterentwickelt". Wegen der im Zeitpunkt der Schaffung des *Entschädigungs- und Ausgleichsleistungsgesetzes* in Ziffer 3 der *Gemeinsamen Erklärung* vom 15. Juni 1990 existierenden Ansprüche auf Entschädigungsleistungen an Alteigentümer verbot Art. 3 GG damals den Verzicht auf die Einräumung jeglicher Ansprüche auf Ausgleichsleistungen.[534] Wegen der im Zeitpunkt der Schaffung des *Vermögensrechtsergänzungsgesetzes* in § 3 Abs. 5 i.V.m. 7 AusglLeistG existierenden Regelungen zu Erwerbsrechten der Alteigentümer verbietet Art. 3 GG heute die Regelung anderer Kaufpreise für die nach dem 28. Januar 1999 abgewickelten Kaufverträge mit Alteigentümern. *Bernd Zimmermann* bewertet die Äußerungen des *Bundesverfassungsgerichts* zum Gleichheitssatz als die Kernaussage des Bodenreformurteils.[535]

Zum anderen will die *Bundesregierung* allen zum Flächenerwerb Berechtigten im Interesse eines sozialverträglichen Ausgleichs gleiche Zugangsbedingungen und Erwerbschancen einräumen.[536] Hier greift auch der soeben dargelegte Einwand.

Peinemann bezweifelt darüber hinaus, ob nach dem Zugang der Entscheidung der *Europäischen Kommission* am 28. Januar 2000 die *Bundesregierung* als nur vollziehendes Verfassungsorgan die Verkäufe an die Alteigentümer ohne eine Entscheidung des Bundestags stoppen durfte.[537] Hinsichtlich der Preisnachlässe als Wiedergutmachungsleistungen an die Alteigentümer bescheinigte die *Europäische Kommission* ausdrücklich die Vereinbarkeit mit Gemeinschaftsrecht. Aus § 3 Abs. 5 i.V.m. Abs. 7 AusglLeistG ergab sich bis zum Inkrafttreten des *Vermögensrechtsergänzungsgesetzes* am 22. September 2000 ein Anspruch der Alteigentümer auf Erwerb zu den dort genannten Voraussetzungen und Konditionen. Darüber hin-

---

[533] Siehe BR-Drs. 496/99, S. 20 (a. Zulässige Beihilfeintensität, dort im zweiten Absatz).
[534] Siehe BVerfG, Urt. v. 23. April 1991, E 84, 90 (129).
[535] Ders., DtZ 1994, 359 (360).
[536] BR-Drs. 496/99, S. 20 (a. Zulässige Beihilfeintensität, dort der dritte Absatz).
[537] Ders., AgrarR 2000, 44 (46).

aus hob die *Bundesregierung* ab dem 20. September 2000 die von den Alteigentümern zu zahlenden Kaufpreise rückwirkend bis zum 28. Januar 2000 an.

bb) Zur Herleitung der die Wiedergutmachung früheren Unrechts bezwekkenden Ansprüche auf der Grundlage des *Entschädigungs- und Ausgleichsleistungsgesetzes* aus dem Rechts- und Sozialstaatsprinzip und zu dem diesbezüglich weiten Gestaltungsraum des Gesetzgebers

Die im *Ausgleichsleistungsgesetz* verankerten Rechte der Alteigentümer haben ihre Wurzel im Rechts- und Sozialstaatsprinzip. Dies ergibt sich aus Folgendem: Das sog. Bodenreformurteil des *Bundesverfassungsgerichts* hat die Enteignungen zu Zeiten sowjetischer Besatzung zum Gegenstand und beschäftigt sich mit der Frage, ob die Verfassung in diesen Fällen die Rückübertragung der enteigneten Grundstücke in natura gebietet oder auch die vom Gesetzgeber in Ziffer 1 Satz 1 der *Gemeinsamen Erklärung* vom 15. Juni 1990 gewählte Beschränkung auf eine Geldentschädigung zuläßt. Diese Problematik gehört zum Bereich der Wiedergutmachung früheren, von einer anderen Staatsgewalt zu verantwortenden Unrechts.[538] Das *Bundesverfassungsgericht* stellt fest, daß diesbezüglich die für den Ausgleich von Kriegsfolgeschäden entwickelten Grundsätze entsprechend gelten[539] und die Wiedergutmachungsansprüche ihre Wurzeln ausschließlich im Rechts- und Sozialstaatsprinzip haben.[540] *Sendler*[541] weist darauf hin, daß sich diese Ausführungen des *Bundesverfassungsgerichts* entscheidungserheblich zwar nur auf die Enteignungen durch Rußland beziehen, für die Enteignungen durch die Deutsche Demokratische Republik nach deren Gründung aber nichts anderes gelten könne. Diese Einschätzung kann untermauert werden mit dem Hinweis des *Bundesverfassungsgerichts*, daß der Gesetzgeber im Rahmen der Wiedergutmachungsregelungen mit Ziffer 3 der *Gemeinsamen Erklärung* vom 15. Juni 1990 Naturalrestitutionsansprüche für die Enteignungen zu Zeiten der Deutschen Demokratischen Republik verankern durfte.[542]

In dem vorliegend untersuchten Fall verbieten das Rechts- und das Sozialstaatsprinzip eine Berücksichtigung der Belange des Wirtschaftswegebaus nicht. Bei der Bemessung der Wiedergutmachungsleistungen billigt das *Bundesverfassungsgericht* unter Verweis auf seine Rechtsprechung zum Kriegsfolgenrecht dem Gesetzgeber einen weiten Gestaltungsraum zu.[543] Der Grund hierfür liegt in dem Umstand, daß der Gesetzgeber Unrecht einer fremden Staatsgewalt und nicht eige-

---

[538] BVerfG, Urt. v. 23. April 1991, E 84, 90 (125 f.).
[539] BVerfG, Urt. v. 23. April 1991, E 84, 90 (130), siehe auch *Kirn*, in: von Münch/Kunig, Kommentar zum Grundgesetz, Band 3, Art. 143, Rdnr. 22.
[540] BVerfG, Urt. v. 23. April 1991, E 84, 90 (126).
[541] Ders., in: VIZ 1995, 65 (71).
[542] BVerfG, Urt. v. 23. April 1991, E 84, 90 (126, erster Absatz).
[543] BVerfG, Urt. v. 23. April 1991, E 84, 90 (125, 126 und 130).

nes Unrecht wiedergutmacht.[544] Der Gesetzgeber darf und muß[545] auch auf die Erfüllung bevorstehender, neuer Aufgaben Bedacht nehmen, die sich aus dem Wiederaufbau in den neuen Bundesländern ergeben.[546] Die Aufarbeitung der Vergangenheit muß sich insoweit ihrerseits einfügen in den Rahmen, der durch den zukunftsorientierten Aufbau Ost abgesteckt ist.[547] Ferner sei hier auf Folgendes obiter dictum des *Bundesverfassungsgerichts* im Bodenreformurteil hingewiesen: Die Regelung in Ziffer 1 Satz 4 der *Gemeinsamen Erklärung* vom 15. Juni 1990 ermächtige bei ihrer Umsetzung auch zur Eröffnung einer Rückerwerbsmöglichkeit, soweit dies im Einzelfall möglich und "von der Interessenlage angezeigt" sei.[548] Hiermit verpflichtet das Gericht den Gesetzgeber, bei der Umsetzung der Ziffer 1 Satz 4, wobei der Schwerpunkt der Umsetzung in den Regelungen zur Verteilung des ehemaligen Volkseigentums liegt, neben den Interessen der Alteigentümer auch die Belange anderer zu berücksichtigen, die ebenfalls von 40 Jahren DDR-Herrschaft nachteilig betroffen sind. Im Agrarbereich ergibt sich in diesem Zusammenhang bei der Rückkehr von der staatlich gelenkten Planwirtschaft zur Privatwirtschaft die Notwendigkeit, das zu DDR-Zeiten umgeackerte Wirtschaftswegenetz den heutigen Anforderungen einer privatwirtschaftlichen Bearbeitung anzupassen und insoweit wiederherzustellen. Eine Entscheidung des Gesetzgebers im Rahmen der Abwägung, den dadurch bedingten Bedarf an Flächen den Ausgleichsleistungsberechtigten zuzumuten, erscheint nicht nur vertretbar, sondern geboten.

cc) Kein Eingriff in subjektive Eigentumsrechte der Enteigneten

Bei der Ausgestaltung der Ausgleichs- und Entschädigungsregelungen können sich die Alteigentümer nicht auf subjektive Eigentumsrechte aus Art. 14 Abs. 1 GG berufen, die eine Berücksichtigung der Belange des Wirtschaftswegebaus verbieten.

Nach den Enteignungen durch Rußland oder die Deutsche Demokratische Republik bestehen keine Rechtspositionen mehr, in die der Gesetzgeber mit der vorgeschlagenen Rechtsänderung eingreifen könnte.[549] Entscheidend ist die im Zeitpunkt der

---

[544] So *Wieland*, in: Dreier, Kommentar zum Grundgesetz, Art. 143, Rdnr. 27.
[545] So *Papier*, in: Maunz/Dürig, Kommentar zum Grundgesetz, Band II, Art. 14, Rdnr. 249 und zu den Reparationsschäden: *BVerfG*, Beschl. v. 13. Januar 1976, E 41, 126 (153).
[546] BVerfG, Urt. v. 23. April 1991, E 84, 90 (131); siehe auch Urt. v. 23. Mai 1962, E 15, 126 (142), Beschl. v. 3. Dezember 1969, E 27, 253 (285) und Beschl. v. 13. Januar 1976, E 41, 126 (153)
[547] So in der Beschlußempfehlung und dem Bericht des *Finanzausschusses* vom 18. Mai 1994, BT-Drs. 12/7588, S. 34 und das *Bundesverfassungsgericht* zu den Reparationsschäden, Beschl. v. 13. Januar 1976, E 41, 126 (151).
[548] BVerfG, Urt. v. 23. April 1991, E 84, 90 (127, letzter Satz der Ziffer (2)).
[549] So das BVerfG im Urt. v. 23. April 1991, E 84, 90 (122) und *Kirn*, in: von Münch/Kunig, Kommentar zum Grundgesetz, Band III, Art. 143, Rdnr. 24.

Enteigung konkret geltende Rechtsordnung. Nach der im Gebiet der früheren sowjetisch besetzten Zone und der späteren Deutschen Demokratischen Republik geltenden Rechtslage waren die Enteignungsakte darauf gerichtet, den Eigentümern ihre Rechtsposition vollständig und endgültig zu entziehen, so daß die Rechtspositionen nach dem Vollzug der Enteignungsmaßnahmen nicht mehr bestanden.[550] Dabei behandelte man ohne Rechtsschutzmöglichkeit auch solche Enteignungen als bestandskräftig, bei denen die Rechtsgrundlagen exzessiv ausgelegt oder nach rechtsstaatlichen Maßstäben willkürlich, etwa auf politisch Unbelastete, angewandt worden waren.[551] Auch die Entschädigungslosigkeit der Enteignung oder ein ihr sonst nach inländischer Gerechtigkeitsvorstellung anhaftender Makel reicht für sich allein nicht aus, um den Enteignungen die Wirksamkeit abzusprechen.[552]

Darüber hinaus galt Art. 14 GG zum Zeitpunkt der Enteignungen nicht.[553] Auch aus diesem Grund können sich die Betroffenen nicht auf den durch Art. 14 GG für Eigentumsrechte gewährten Bestandsschutz berufen.

An dieser Stelle sei auf die Ausführungen *Kühnes* verwiesen, der folgende, vom *Bundesverfassungsgericht* bei seinem Bondenreformurteil außer Acht gelassene, Alternativbegründung darlegt: Die 1945 entzogenen Rechtspositionen enthalten zu erheblichen und letztlich unaufklärbaren Anteilen spezifisch feudale Besitzstände.[554] Der liberale und nach 1945 inzwischen demokratische und soziale deutsche Verfassungsstaat rechnet diese feudalen Besitzstände jedoch nicht zu seinem bürgerlichen Eigentumsbegriff.[555] Als Konsequenz können diese Anteile entschädigungslos eingezogen werden. Damit wäre damals die bürgerliche Eigentumsgarantie des Art. 14 Abs. 1 GG nicht voll einschlägig gewesen und nach der Wiedervereinigung dürfte heute eine Restitutio ad integrum ohnehin nicht verankert werden.[556]

---

[550] So das BVerfG im Urt. v. 23. April 1991, E 84, 90 (122).
[551] So das BVerfG im Urt. v. 23. April 1991, E 84, 90 (122) und *Wieland*, in: Dreier, Kommentar zum Grundgesetz, Band III, Art. 143, Rdnr. 26.
[552] So das BVerfG im Urt. v. 23. April 1991, E 84, 90 (123 f.).
[553] So *Kühne*, in: Festschrift für Pieper, S. 287 (S. 290), *Sendler,* in: VIZ 1995, 65 (71) und *Schmidt-Preuß*, in: Die Verwaltung 25 (1992), 327 (353).
[554] So *Kühne*, in: Festschrift für Pieper, S. 287 (S. 295 und 301).
[555] So *Kühne*, in: Festschrift für Pieper, S. 287 (S. 299 und 293).
[556] So *Kühne*, in: Festschrift für Pieper, S. 199.

dd) Keine Verletzung von Verpflichtungen des Gesetzgebers aus der objektiven Garantie des Instituts Eigentum

Im Rahmen des Gesetzgebungsverfahrens für die Entschädigungs- und Ausgleichsregelungen trug *Badura*[557] vor, daß aus dem "Garantiegehalt des Eigentums-Grundrechts" Vorgaben abzuleiten seien, die der Gesetzgeber zu beachten habe. Diese Ausführungen stehen im Zusammenhang mit der Frage, ob das *Grundgesetz* eine Rückgabe des den Alteigentümern entzogenen Grundbesitzes gebietet oder auch lediglich eine Rückkaufmöglichkeit verankert werden dürfte. Dem entsprechend könnte im Rahmen der hier vorgeschlagenen Gesetzesänderung argumentiert werden, daß der Gesetzgeber bei der Regelung der Verteilung des ehemaligen Volkseigentums aus der Garantie des Instituts Eigentum zur Reservierung sämtlicher Flächen der BVVG für eine Rückkaufmöglichkeit der Alteigentümer verpflichtet ist und für andere Belange Flächen nicht zur Verfügung stellen darf. Eine solche Rechtsfolge läßt sich aus der Institutsgarantie jedoch nicht ableiten.

Das Eigentumsgrundrecht steht in einem inneren Zusammenhang mit der Garantie der persönlichen Freiheit, da ihm im Gesamtgefüge der Grundrechte die Aufgabe zukommt, dem Träger des Grundrechts einen Freiheitsraum im vermögensrechtlichen Bereich sicherzustellen und ihm damit eine eigenverantwortliche Gestaltung des Lebens zu ermöglichen.[558] Die Instituts- oder Einrichtungsgarantie für das Privateigentum bringt die objektive, ordnungsgestaltende Bedeutung des Privateigentums zum Tragen und sichert einen Kernbestand von Normen, die die Existenz und Funktionstüchtigkeit privatnützigen Eigentums ermöglichen und ordnen.[559] Beschränkt werden soll der Gesetzgeber bei der Regelung von Inhalt und Schranken des Eigentums. Die Institutsgarantie verbietet, daß der Gesetzgeber solche Sachbereiche der Privatrechtsordnung entzieht, die zum elementaren Bestand grundrechtlich geschützter Betätigung im vermögensrechtlichen Bereich gehören, und damit den durch das Grundrecht geschützten Freiheitsbereich aufhebt oder wesentlich schmälert.[560]

Im vorliegend untersuchten Fall greift der Gesetzgeber aber in den Bestand von Eigentumsrechten gar nicht ein. Den Alteigentümern stehen im Zeitpunkt des Erlasses oder der Änderung der Regelungen zu Ausgleich und Entschädigung subjektive Eigentumsrechte nicht zu. Diese sind, sofern überhaupt vorhanden gewesen,

---

[557] So ders. in seiner Stellungnahme zur Vorbereitung der am 15. und 16. September 1993 durchgeführten öffentlichen Anhörung des Finanz- und des Rechtsausschusses des Deutschen Bundestages zum Entwurf eines EALG. Die wortgleichen Protokolle Nr. 57 des Finanzausschusses und Nr. 86 des Rechtsausschusses sind teilweise und in unkorrigierter Form abgedruckt in: Fieberg/Reichenbach, Entschädigungs- und Ausgleichsleistungsgesetz, Band II V.3. Die Stellungnahme *Baduras* findet sich unter V.3.31 auf den Seiten 223 ff. (S. 228, erster Satz).
[558] So *BVerfG*, Urt. v. 18. Dezember 1968, E 24, 367 (389).
[559] So *Wendt*, in: Sachs, Kommentar zum Grundgesetz, Art. 14, Rdnr. 10 und *Badura*, in: Benda/Maihofer/Vogel, Handbuch des Verfassungsrechts, S. 332 (S. 346, Rdnr. 33).
[560] So *BVerfG*, Urt. v. 18. Dezember 1968, E 24, 367 (389).

mit der Enteignung zu Zeiten der sowjetischen Besatzung oder der Herrschaft der Deutschen Demokratischen Republik erloschen. Die Alteigentümer würden mit der oben dargelegten Argumentation nicht einen verletzenden Eingriff des Gesetzgebers abwehren wollen, sondern vielmehr nach dem Beginn der Geltung des Artikels 14 GG im Beitrittsgebiet erstmals eine Hereinnahme der Rechte an dem enteigneten Grundbesitz in den Inhaltsbereich des Art. 14 GG begehren.[561]

Ferner ist die Bindung und Akzessorietät der Institutsgarantie gegenüber der Bestandsgarantie zu beachten. Die Institutsgarantie soll einen Rahmen sichern, der die Voraussetzungen für eine Betätigung der Eigentumsrechte mit dem Ziel einer eigenbestimmten Lebensführung bietet. Folglich gehören zur Institutsgarantie nicht solche Ordnungsvorstellungen, die zur Bestandsgarantie keinen Bezug haben, von ihr losgelöst - absolut - sind und verselbständigt wurden. Im Urteil zum Mitbestimmungsgesetz stellt das *Bundesverfassungsgericht* fest, daß das Gebot einer ausschließlich eigentumsbestimmten Unternehmensordnung nicht der Absicherung der als Eigentumsrecht geschützten individuellen Anteilsrechte dient und damit in diesem Zusammenhang nicht als in der Institutsgarantie verankert angesehen werden kann.[562] Im vorliegenden Fall könnte das Gebot, bei der Regelung der Wiedergutmachung des von der Sowjetunion und der Deutschen Demokratischen Republik begangenen Unrechts das gesamte ehemalige Volkseigentum für die Wiederherstellung des status quo ante bei den Alteigentümern zu reservieren, einem individuellen Eigentumsrecht nicht zugeordnet werden. Wegen des Inhalts dieses Gebots, d.h. wegen der Einforderung von ausschließlichen Belangen der Alteigentümer, könnte es im Bestandsbereich nur bei den alten Rechten, die Gegenstand der Enteignung waren, verankert werden. Diese existieren heute jedoch nicht mehr. Darüber hinaus würde bei dieser Argumentation die objektive Garantie des Eigentums in Funktionen gesehen, die über den Schutz des individuellen Eigentumsrechts hinausgehen. Der Gesetzgeber ist verpflichtet, das künftige Schicksal des ehemaligen Volkseigentums zu bestimmen. Die Verwaltung durch die BVVG darf nur eine zeitlich befristete Übergangsregelung sein. In dieser Situation ließe sich ein Gebot zur Berücksichtigung nur der Interessen der Alteigentümer, verbunden mit einem Verbot, andere Interessen einzubeziehen, nicht aus einem Eigentumsrecht der Alteigentümer - wenn es denn bestünde - herleiten. Auch einzelne andere Interessen, z.B. die von Kommunen, deren Wirtschaftswege heute als Ackerflächen von der BVVG verwaltet werden, können sich auf eine Wurzel im Eigentumsbereich berufen. Abschließend sei in diesem Zusammenhang auf *Papier* verwiesen, der bezweifelt, ob gut 40 Jahre nach den Enteignungen noch von einer Durchsetzung und Achtung einer ökonomischen Mindestbasis individueller Freiheitsentfal-

---

[561] Siehe dazu *Papier*, in: Maunz/Dürig, Kommentar zum Grundgesetz, Band II, Art. 14, Rdnr. 258.
[562] So *Badura*, in: Benda/Maihofer/Vogel, Handbuch des Verfassungsrechts, S. 332 (346, Rdnr. 34) und das *Bundesverfassungsgericht* zum Mitbestimmungsgesetz, Urt. v. 1. März 1979, E 50, 290 (344).

tung gesprochen werden kann, weil es wahrscheinlicher erscheint, daß lediglich der status quo ante wiederhergestellt werden soll.[563]

ee) Das Eigentum als Kernelement des Rechtsstaats

Das *Bundesverfassungsgericht* sieht die Wurzeln der Wiedergutmachung früheren, von einer anderen Staatsgewalt begangenen Unrechts ausschließlich im Rechts- und Sozialstaatsprinzip.[564] Keine Bedenken bestehen gegen eine Berücksichtigung des Eigentums "als Kernelement des Rechtsstaats"[565], in der "eigentumsrelevanten Dimension des Rechtsstaatsprinzips"[566] oder "als Leitmaß einer rechtsstaatlichen Eigentumsordnung"[567]. Der Gesetzgeber hat im Rahmen des Rechts- und Sozialstaatsprinzips und des ihm zustehenden weiten Gestaltungsraums bei der Regelung des künftigen Schicksals des ehemaligen Volkseigentums sämtliche betroffene Belange zu berücksichtigen, die der Alteigentümer und auch die anderer, von vierzig Jahren DDR-Herrschaft nachteilig Betroffener. Wegen der Vielschichtigkeit dieser gebotenen Abwägung erscheint eine Verankerung dieser Aufgabe des Gesetzgebers in einem einzelnen, fachlich begrenzten Grundrecht nicht angebracht. *Ossenbühl*[568] formuliert, daß die Thematik der Wiedergutmachung im Sinne der Beseitigung von hoheitlichem Unrecht mit der Eigentumsgarantie des Art. 14 GG grundsätzlich keine thematische Berührung habe. Das *Bundesverfassungsgericht*[569] führt in diesem Zusammenhang aus, daß die Wiedergutmachung nicht Ausfluß einzelner Grundrechte sei.

Schmidt-Preuß[570] benennt als Ziel bei der Schaffung der Regelungen zu Entschädigung und Ausgleich die bestmögliche Verteilung der Lasten. Er legt dar, daß dabei mehr Gewicht auf die außergewöhnliche Aufgabe der Umstrukturierung der Wirtschaft in den neuen Ländern hätte gelegt werden dürfen. Es bestehe auch ein öffentliches Interesse an einer raschen Belebung der Wirtschaft. Nach seiner Einschätzung wäre hinsichtlich der Belange der Alteigentümer auch noch für den Bereich der DDR-Enteignungen die Verankerung eines Verzichts auf Naturalrestitution verbunden mit einer Geldentschädigung gerechtfertigt gewesen.

---

[563] Ders. in: Maunz/Dürig, Kommentar zum Grundgesetz, Band II, Art. 14, Rdnr. 258 und in: NJW 1991, 193 (196).
[564] Urt. v. 23. April 1991, E 84, 90 (126).
[565] So *Schmidt-Preuß*, NJW 1994, 3249 (3255).
[566] So *Schmidt-Preuß*, NJW 1994, 3249 (3255).
[567] So *Badura*, DVBl 1990, 1256 (1262).
[568] Ders., in: Isensee/Kirchhoff, Handbuch des Staatsrechts, Band IX, § 212, Rdnr. 76.
[569] BVerfG, Urt. v. 23. April 1991, E 84, 90 (126).
[570] Ders., Die Verwaltung 25 (1992), 327 (356).

c) **Der Verkauf ehemals volkseigener landwirtschaftlicher Flächen an am 3. Oktober 1990 im Gebiet der ehemaligen Deutschen Demokratischen Republik ansässige Landwirtschaftsbetriebe als gesetzgeberischer Zweck des *Entschädigungs- und Ausgleichsleistungsgesetzes***

aa) **Zur Entstehungsgeschichte des *Entschädigungs- und Ausgleichsleistungsgesetzes* unter besonderer Betrachtung der gesetzgeberischen Absicht von Landverkäufen an Landwirtschaftsbetriebe**

(1) **Die Vermittlungsverfahren zum Entwurf eines Entschädigungs- und Ausgleichsleistungsgesetzes**

Die *Gemeinsame Erklärung* vom 15. Juni 1990 und das Bodenreformurteil des *Bundesverfassungsgerichts* vom 23. April 1991 enthalten keine Aussagen zur Thematik eines Kaufrechts der Pächter hinsichtlich der von ihnen gepachteten, landwirtschaftlich genutzten und ehemals dem Volkseigentum zugehörigen Flächen. Auch der Entwurf der *Bundesregierung* für ein Entschädigungs- und Ausgleichsleistungsgesetz sieht ein solches Erwerbsrecht nicht vor.[571] Erstmals zur Diskussion gestellt wurden Kaufansprüche der Pächter im Rahmen der mehrmaligen Anrufung des Vermittlungsausschusses. Der *Bundestagsfinanzausschuß* schlug als Ergänzung des ursprünglichen Regierungsentwurfs die Aufnahme der tragenden Elemente des Landerwerbs- und Siedlungsprogramms, des sog. Bohl-Papiers, in den Gesetzentwurf vor.[572] Unter der Bezeichnung "Siedlungskauf" finden sich die für die Pächter geltenden Regelungen in § 4 der vorgeschlagenen geänderten Fassung des *Ausgleichsleistungsgesetzes*.[573] Ergänzend gilt über § 5 Abs. 3 das Konzept "Verwertung ehemals volkseigener landwirtschaftlicher Flächen" vom 16. November 1992, das sog. Bohl-Papier.[574]

Der in den Vermittlungsverfahren gefundene politische Kompromiß sieht in § 3 Abs. 1 bis 4 und 7 AusglLeistG Möglichkeiten für einen Erwerb durch die Pächter vor.[575]

Löffler[576] weist darauf hin, daß die Stimmung in den neuen Ländern schon sehr bald nach der Wiedervereinigung dahin ging, die früheren Rechte von Flüchtlingen als verwirkt anzusehen. Die früheren Eigentümer hätten sich nicht mehr um ihr Eigentum gekümmert und im Westen womöglich bessere Chancen zur Bildung von

---

[571] Siehe BT-Drs. 12/4887, S. 7 bis 13.
[572] Siehe Beschlußempfehlung und Bericht des *Bundestagsfinanzausschusses*, BT-Drs. 12/7588, S. 3, 2. Absatz, 5. Spiegelstrich.
[573] Siehe BT-Drs. 12/7588, S. 13 f..
[574] Siehe BT-Drs. 12/7588, S. 14 und S. 15 bis 17 und S. 43, Zu § 5 Abs. 3.
[575] BGBl. I S. 2624 (S. 2630 f.), siehe dazu auch *Zilch*, in: Motsch u.a., Kommentar zum EALG, Band I Teil 3, § 3 AusglLeistG, Rdnr. 10.
[576] Ders. in: Motsch u.a., Kommentar zum EALG, Band I Teil 1, Vor AusglLeistG, Rdnr. 17.

Eigentum und Vermögen gehabt. Im landwirtschaftlichen Bereich erfolgte zu DDR-Zeiten die Bewirtschaftung der Flächen wie auf eigenem Grund, jedenfalls unbestritten durch Eigentumsrechte Dritter, und die Bewirtschafter waren vom Eigentumserwerb ausgeschlossen. Aus diesen Gründen, so *Löffler*, sehe man nach der Wiedervereinigung großen Nachholbedarf. Die Verankerung einer Kaufmöglichkeit für die bewirtschaftenden Pächter mit dem Ziel, den Eigentumsanteil an den bewirtschafteten Flächen zu erhöhen, stieß damit bei der Bevölkerung wohl auf breite Zustimmung.

(2) Die Entscheidung der *Europäischen Kommission* vom 20. Januar 1999 über den Flächenerwerb gemäß *Ausgleichsleistungsgesetz*

Die *Europäische Kommission* stellte in einer Entscheidung vom 20. Januar 1999 fest, daß die im *Ausgleichsleistungsgesetz* vorgesehenen verbilligten Flächenverkäufe an Pächter als Beihilfe mit dem Gemeinsamen Markt unvereinbar seien, soweit sie an die Ortsansässigkeit zum 3. Oktober 1990 geknüpft sind und soweit sie die Intensitätshöchstgrenze von 35 % für Beihilfen beim Erwerb landwirtschaftlicher Flächen in nicht benachteiligten Gebieten überschreiten.

Bei natürlichen und juristischen Personen als Pächter und Kaufinteressenten, die ihren Betrieb nach der Wiedervereinigung neu eingerichtet haben, besteht nach dem *Ausgleichsleistungsgesetz* in der von der *Europäischen Kommission* bewerteten Fassung ein Kaufanspruch nur, wenn der Kaufinteressent am 3. Oktober 1990 ortsansässig war.[577] Die *Flächenerwerbsverordnung* regelte ergänzend, daß Ortsansässigkeit gegeben sei, wenn der Hauptwohnsitz am 3. Oktober 1990 im Beitrittsgebiet lag.[578] Diese Erwerbsvoraussetzung verstößt nach Auffassung der *Europäischen Kommission* gegen das in den Artikeln 12 und 43 bis 48 EG-Vertrag verankerte Diskriminierungsverbot.[579] Die Niederlassungsfreiheit umfasse auch den Kauf von Immobilien zur Erreichung des wirtschaftlichen Zwecks des Unternehmens. Art. 48 EG-Vertrag[580] verbiete die Beschränkung der freien Niederlassung von Staatsangehörigen eines Mitgliedstaats im Hoheitsgebiet eines anderen Mitgliedstaats. Eine direkte Diskriminierung durch Anknüpfung an das Unterscheidungskriterium der Staatsangehörigkeit liege nicht vor, wohl aber eine verdeckte Diskriminierung durch Anknüpfung an ein Unterscheidungskriterium, das typischerweise nur Inländer oder nur Ausländer erfüllen und das zu dem gleichen Regelungserfolg führt, im vorliegenden Fall durch Anknüpfen an den Wohnort. Zwar habe rechtlich für Kaufinteressenten die Möglichkeit bestanden, zum 3. Ok-

---

[577] Siehe § 4 Abs. 2 des *Ausgleichsleistungsgesetzes* vom 27. September 1994 (BGBl. I S. 2624 (S. 2630).
[578] Siehe § 1 Abs. 3 der *Flächenerwerbsverordnung* vom 20. Dezember 1995 (BGBl. I S. 2072).
[579] In der Maastrichter Fassung des EG-Vertrags, die der Entscheidung der *Kommission* zugrunde liegt, sind dies die Artikel 6 und 52 bis 58.
[580] In der Maastrichter Fassung des EG-Vertrags, die der Entscheidung der *Kommission* zugrunde liegt, ist dies der Artikel 58.

tober 1990 den Wohnsitz in den neuen Bundesländern zu nehmen, wegen der politischen und wirtschaftlichen Umstände sei dies aber faktisch unmöglich gewesen. Es sei noch ergänzt, daß die Kaufinteressenten von dieser Erwerbsvoraussetzung verbindlich erstmals mit Veröffentlichung des *Ausgleichsleistungsgesetzes* am 30. September 1994 erfahren konnten.[581] *Peinemann*[582] weist im Zusammenhang mit dem Erfordernis der Ortsansässigkeit zum 3. Oktober 1990 darauf hin, daß die Absicht, das *Ausgleichsleistungsgesetz* als "Reservierungsgesetz" für die Alteigentümer und die am 3. Oktober 1990 in der früheren Deutschen Demokratischen Republik ortsansässigen Betriebe auszugestalten, wegen dem knappen Wortlaut "allzu deutlich hervorschimmert".

Nach der von der *Europäischen Kommission* beanstandeten Fassung des *Ausgleichsleistungsgesetzes* betrug der Kaufpreis für landwirtschaftliche Flächen das Dreifache des Einheitswerts dieser Flächen zum Stichtag 1935.[583] Dies ergibt eine Beihilfe in Höhe von ca. 50 % des Verkehrswerts.[584] Die Mitgliedstaaten können zwar Beihilfen zu Ankäufen von Land als Förderung von Investitionen gewähren,[585] die Beihilfen durften damals aber in den sog. benachteiligten Gebieten 75 % der Investition und in den sonstigen Gebieten 35 % der Investition nicht überschreiten.[586] Bei den Verkäufen von in benachteiligten Gebieten liegenden Flächen sieht die *Europäische Kommission* keine Verletzung der Beihilfehöchstgrenzen. Als benachteiligte Gebiete können die Mitgliedstaaten Gebiete melden, bei denen, neben weiterer Voraussetzungen, die Landwirtschaft nur schwache Erträge zu erwirtschaften vermag und deswegen die Gefahr einer Abnahme der Bevölkerung besteht.[587] Der *Rat* legt ein Verzeichnis der benachteiligten Gebiete fest.[588] Für landwirtschaftliche Flächen in nicht benachteiligten Gebieten verbot die Kommission die künftige Gewährung von Beihilfen, deren Intensität die Höchstgrenze von 35 % gemäß der Verordnung (EG) Nr. 950/97 überschreiten. Zugleich wurde

---

[581] BGBl. I S. 2624 (S. 2630).

[582] AgrarR 2000, 44 (45).

[583] So § 3 Abs. 7 Satz 1 des *Ausgleichsleistungsgesetzes* in der Fassung vom 27. September 1994 (BGBl. I S. 2624 (2630)).

[584] Siehe dazu die *Kommission* in ihrer Entscheidung vom 20. Januar 1999, ABl. L 107 vom 24. April 1999, S. 21 (S. 47) und die *Bundesregierung* in ihrem Entwurf eines Vermögensrechtsergänzungsgesetzes, BR-Drs. 496/99, S. 20 (a. Zulässige Beihilfeintensität).

[585] Ausdrücklich erwähnt z.B. in Artikel 12 Abs. 2 Satz 1 Ziffer a) der Verordnung (EG) Nr. 950/97 (ABl. L 297 vom 2. Juni 1997, S. 1 (S. 8)).

[586] So die *Kommission* in ihrer Entscheidung vom 20. Januar 1999, ABl. L 107 vom 24. April 1999, S. 21 (S. 43, 3. Absatz der Ziffer 3, mit weiteren Fundstellen).

[587] Die Kriterien ergeben sich zur Zeit der Entscheidung der *Kommission* aus Art. 24 der Verordnung (EG) Nr. 950/97 vom 20. Mai 1997, ABl. Nr. L 142 vom 2. Juni 1997, S. 1 (S. 13).

[588] Zu den letzten Änderungen des Verzeichnisses hinsichtlich der in Deutschland benachteiligten Gebiete siehe die Entscheidung der *Kommission* vom 10. Februar 1997, ABl. L 72 vom 13. März 1997, S. 1.

Deutschland verpflichtet, die diesbezüglich rechtswidrig gewährten Beihilfen zurückzufordern.[589]

(3) Das *Vermögensrechtsergänzungsgesetz* vom 15. September 2000

Nach der Entscheidung der *Europäischen Kommission* vom 20. Januar 1999 stoppte die *Bundesregierung* die Verkäufe der Privatisierungsstelle und erarbeitete das *Vermögensrechtsergänzungsgesetz* zur Umsetzung der Vorgaben der *Europäischen Kommission*.

Mit dem *Vermögensrechtsergänzungsgesetz* vom 15. September 2000 fällt bei dem Erfordernis der Ortsansässigkeit zum 3. Oktober 1990 die Stichtagsregelung ersatzlos weg.[590] In diesem Zusammenhang erfordert eine Kaufberechtigung nunmehr lediglich Ortsansässigkeit zum Zeitpunkt des Abschlusses des Kaufvertrags.[591] Für den Fall, daß der Erwerber den für den Erwerb maßgeblichen Hauptwohnsitz innerhalb von 20 Jahren nach Abschluß des Kaufvertrags verlegt, hat die Privatisierungsstelle ein vertragliches Rücktrittsrecht zu vereinbaren.[592]

Den Kaufpreis für künftige Verkäufe an Pächter erhöhte der Gesetzgeber einheitlich, ohne Unterscheidung nach Belegenheit der Flächen in benachteiligten oder in nicht benachteiligten Gebieten, auf den Verkehrswert, von dem ein Abschlag in Höhe von 35 vom Hundert vorzunehmen ist.[593] Die *Europäische Kommission* hatte in ihrer Entscheidung vom 20. Januar 1999 Deutschland verpflichtet, "die Intensitätshöchstgrenze von 35 % für landwirtschaftliche Flächen in nicht benachteiligten Gebieten gemäß der Verordnung (EG) Nr. 950/97 einzuhalten."[594] Diese Verordnung galt ab dem 9. Juni 1997 und begrenzte die zulässige Höhe der Beihilfen für Investitionen in Immobilien in den benachteiligten Gebieten auf 45 % und in den übrigen Gebieten auf 35 %. Mit Wirkung vom 1. Januar 2000 erhöhte der *Rat*[595] die zulässige Beihilfen auf 50 % in den benachteiligten Gebieten und auf 40 % in den übrigen Gebieten. Im Rahmen der Anhörung der neuen Länder zum Entwurf der *Bundesregierung* für ein *Vermögensrechtsergänzungsgesetz* regte *Thüringen* an, bei der Umsetzung der Entscheidung der *Europäischen Kommission* nur die gerügten Mängel zu beheben und im übrigen die nach EU-Recht zulässigen Bei-

---

[589] Entscheidung der *Kommission* vom 20. Januar 1999, ABl. L 107 vom 24. April 1999, S. 21 (S. 47).
[590] Siehe insbesondere in Artikel 3 des *Vermögensrechtsergänzungsgesetzes* die Ziffern 1. b) und 1. e) aa) (BGBl. I S. 1382 (S. 1383)).
[591] Siehe insbesondere § 3 Abs. 2 Satz 1 AusglLeistG.
[592] Siehe dazu § 12 Abs. 1 Ziffer a) dd), erste Alternative FlErwV.
[593] Siehe § 3 Abs. 7 Satz 1 AusglLeistG.
[594] Entscheidung der *Kommission* vom 20. Januar 1999, ABl. L 107 vom 24. April 1999, S. 21 (S. 47).
[595] Siehe Artikel 7 Abs. 2 der Verordnung (EG) Nr. 1257/1999 (ABl. L 160 vom 26. Juni 1999, S. 80 (S. 86)).

hilfehöchstsätze auszuschöpfen. Diesem als Thüringer Modell bezeichneten Vorschlag folgte der *Bund* jedoch nicht.

Der neu ins *Ausgleichsleistungsgesetz* eingefügte § 3a enthält Regelungen zu den sog. Altkaufverträgen. Bei Verträgen mit Pächtern über Flächen in nicht benachteiligten Gebieten erhöht sich der Kaufpreis auf den Verkehrswert abzüglich 35 % und wenn die Flächen in benachteiligten Gebieten liegen auf den Verkehrswert abzüglich 75 %.[596] Die sich ergebenden Nachforderungsbeträge sind ab dem im Kaufvertrag vereinbarten Fälligkeitszeitpunkt zu verzinsen.[597]

Abschließend sei zu den die Pächter betreffenden Neuregelungen im *Vermögensrechtsergänzungsgesetz* noch auf Folgendes hingewiesen.

Eine gemeinschaftsrechtswidrige Benachteiligung und Diskriminierung von EU-Ausländern liegt wohl noch immer vor.[598] Weiterhin setzt ein Kauf das Bestehen eines langfristigen,[599] d.h. mindestens sechsjährigen[600] Pachtvertrags voraus. Bei der erstmaligen Verpachtung nach der Wiedervereinigung hatte die Privatisierungsstelle ihre Entscheidung im Rahmen der Pächterauswahl zunächst von den gebotenen Pachtpreisen und den vorgelegten Betriebskonzepten abhängig zu machen. Bei gleichwertigen Geboten war nach einer festgelegten Rangfolge zu verpachten. Hierbei gingen am 3. Oktober 1990 ortsansässige Neueinrichter den am 3. Oktober 1990 nicht ortsansässigen Neueinrichtern im Rang vor.[601] Der dadurch bewirkte und heute noch fortwirkende Verstoß gegen das Diskriminierungsverbot könnte nur durch eine Auflösung der auf der Grundlage dieser Rangvorgabe geschlossenen Pachtverträge und eine Neuverpachtung ohne Abstellen auf die Ortsansässigkeit zum 3. Oktober 1990 behoben werden.

---

[596] Siehe dazu § 3a Abs. 2 Satz 1 AusglLeistG und § 3a Abs. 2 Satz 2 AusglLeistG.
[597] Siehe § 3a Abs. 2 Satz 3 AusglLeistG.
[598] So *Peinemann*, AgrarR 2000, 44 (46).
[599] Siehe § 3 Abs. 1 AusglLeistG.
[600] Siehe § 2 Abs. 1 Satz 1 FlErwV.
[601] Siehe dazu Ziffer 4.5 b) und d) der *Richtlinie für die Durchführung der Verwertung und Verwaltung volkseigener land- und forstwirtschaftlicher Flächen* vom 26. Juni 1992, abgedruckt z.B. in: Dokumentation Treuhandanstalt von 1990 bis 1994, Band 8, S. 302 bis 311 oder in: VIZ 1993, 345 (347 bis 350), fortgeschrieben mit der *Richtlinie zur Anpassung der Treuhandrichtlinie vom 26. Juni 1992 an die Verpachtungsgrundsätze des unter Leitung des Bundeskanzleramts am 16. November 1992 beschlossenen Privatisierungskonzepts (Phase 1 des sogenannten „Bohl-Papiers")* vom 22. Juni 1993, abgedruckt in Dokumentation Treuhandanstalt von 1990 bis 1994, Band 8, S. 312 f.

bb) Zu dem Ziel einer Anhebung des Eigentumsanteils der Landwirtschaftsbetriebe und zu dem diesbezüglich weiten Gestaltungsraum des Gesetzgebers

Nach der Entscheidung der *Europäischen Kommission* vom 20. Januar 1999 mußte auf die Ortsansässigkeit zum 3. Oktober 1990 als Voraussetzung eines Landerwerbs verzichtet werden. Sonderrechte der nach dem *Ausgleichsleistungsgesetz* zum Kauf Berechtigten und aus dem Gebiet der neuen Länder stammenden Pächter bestehen damit nicht mehr. Der bei den Landverkäufen der Privatisierungsstelle verfolgte Zweck reduziert sich auf die Anhebung des Eigentumsanteils der in den neuen Ländern von den Landwirtschaftsbetrieben bewirtschafteten Flächen, verbunden mit einer staatlichen Beihilfe durch Gewährung eines Preisnachlasses in Höhe von 35 % des Verkehrswerts. In dieser Situation können die nach dem *Ausgleichsleistungsgesetz* kaufberechtigten Pächter bei der Verteilung des ehemaligen Volkseigentums gegen die Berücksichtigung auch von anderen Belangen, konkret derer des Wirtschaftswegebaus, keine tragfähigen Einwände erheben.

d) Zur Vereinbarkeit eines Privatisierungsverbots zugunsten der Belange des Wirtschaftswegebaus mit dem *Treuhandgesetz*, insbesondere mit den gemäß § 1 Abs. 6 TreuhG bei der Privatisierung und Reorganisation des volkseigenen Vermögens in der Land- und Forstwirtschaft zu berücksichtigenden Besonderheiten dieses Bereichs

Das *Ausgleichsleistungsgesetz* und das *Entschädigungsgesetz* regeln flurstückskonkret die Zuschlagsentscheidungen bei der Verteilung des ehemaligen Volkseigentums. Abschließend soll auch auf die zeitlich früher erlassenen allgemeineren Vorgaben mit eher richtungsweisendem Charakter eingegangen werden. Diese Regelungen betonen das Interesse an einer schnellstmöglichen Schaffung der Voraussetzungen für den Beginn einer gesunden Wirtschaftsentwicklung und eignen sich damit im Rahmen der vorliegenden Untersuchung gut für eine Verankerung der Belange des Wirtschaftswegebaus.

Die Bundesrepublik Deutschland und die Deutsche Demokratische Republik vereinbarten in § 26 Abs. 4 des *Vertrages über die Schaffung einer Währungs-, Wirtschafts- und Sozialunion* vom 18. Mai 1990, daß das volkseigene Vermögen vorrangig "für die Strukturanpassung der Wirtschaft und für die Sanierung des Staatshaushalts in der Deutschen Demokratischen Republik" zu nutzen ist. Die zuerst genannte Zweckbindung umfaßt auch die Belange des Wirtschaftswegebaus. Den zweiten Verwendungszweck betreffend war sehr bald klar, daß mit den Erlösen aus den Verkäufen des ehemaligen Volkseigentums die von der Deutschen Demokratischen Republik angehäuften Staatsschulden nur in vernachlässigbarem Umfang abgedeckt werden konnten.

In Art. 25 Abs. 3 EV bekräftigten die Vertragsparteien, daß das ehemals volkseigene Vermögen "ausschließlich und allein zugunsten von Maßnahmen in dem in Artikel 3 genannten Gebiet", d.h. im Gebiet der neuen Länder zu verwenden ist und die Erlöse zur Tilgung der Staatsverschuldung der Deutschen Demokratischen Republik eingesetzt werden sollen.[602]

Das *Treuhandgesetz* vom 17. Juni 1990 gilt mit den in Art. 25 EV aufgeführten Maßgaben fort. Der unverändert noch heute geltende Absatz 6 des Pragraphen 1 lautet: "Für die Privatisierung und Reorganisation des volkseigenen Vermögens in der Land- und Forstwirtschaft ist die Treuhandschaft so zu gestalten, daß den ökonomischen, ökologischen, strukturellen und eigentumsrechtlichen Besonderheiten dieses Bereiches Rechnung getragen wird." Über diesen gesetzlichen Handlungsauftrag kann das Interesse an einer Berücksichtigung der Belange des Wirtschaftswegebaus mit Nachdruck an die Privatisierungsbehörde herangetragen werden. Ökonomisch erfordern die mittlerweile wieder möglichen kleineren Wirtschaftsbetriebe die Anlegung eines ihren Bedürfnissen Rechnung tragenden Wirtschaftswegenetzes. Die strukturellen Wurzeln der Situation nach der Wiedervereinigung finden sich in dem vierzig Jahre lang mit direktem und indirektem Zwang geförderten Ziel einer Großflächenbewirtschaftung. Eigentumsrechtliche Besonderheiten schließlich folgen aus dem Umstand, daß die heute als Ackerflächen in der Verfügungsbefugnis der Privatisierungsstelle befindlichen Flächen vor dem Umackern in der Regel im Eigentum der Belegenheitsgemeinden standen.

Diese im vorliegenden Fall als wesentlich bewertete Regelung in § 1 Abs. 6 TreuhG erwähnt auch das *Bundesverfassungsgericht* im Bodenreformurteil im Zusammenhang mit generellen Erläuterungen zur Problematik des weiteren Schicksals des ehemals volkseigenen Vermögens.[603]

Ferner sei darauf hingewiesen, daß die Regelungen zur erstmaligen Verpachtung der ehemals volkseigenen landwirtschaftlichen Flächen nach der Wiedervereinigung in § 1 Abs. 6 TreuhG wurzeln. Nach Ziffer 1 der Verpachtungsrichtlinie vom 26. Juni 1992[604] dient diese Richtlinie auch der Konkretisierung des § 1 Abs. 6 TreuhG. In der Präambel der aktualisierenden Richtlinie vom 22. Juni 1993[605] wird ausgeführt, daß über § 1 Abs. 6 TreuhG aus agrarstrukturellen Gründen eine behutsame Umstrukturierung in vorsichtigen Schritten und in einem mehrjährigen Zeitraum geboten sei. Mit einer dem Verkauf vorgeschalteten langfristigen Verpachtung soll zum einen die Gefahr eines Preisverfalls bei den landwirtschaftlichen

---

[602] Siehe dazu auch die *Bundesregierung* in der *Denkschrift zum Einigungsvertrag*, Zu Artikel 25, BT-Drs. 11/7760, S. 355 (S.) und *Motsch*, in: Motsch u.a., Kommentar zum EALG, Band I Teil 1, Einf. EALG, Rdnr. 20.

[603] Urt. v. 23. April 1991, E 84, 90 (99 f.).

[604] *Richtlinie für die Durchführung der Verwertung und Verwaltung volkseigener land- und forstwirtschaftlicher Flächen* vom 26. Juni 1992, abgedruckt z.B. in: Dokumentation Treuhandanstalt von 1990 bis 1994, Band 8, S. 302 bis 311 oder in: VIZ 1993, 345 (347 bis 350).

[605] Richtlinie zur Anpassung der Treuhandrichtlinie vom 26. Juni 1992 an die Verpachtungsgrundsätze des unter Leitung des Bundeskanzleramts am 16. November 1992 beschlossenen Privatisierungskonzepts (Phase 1 des sogenannten „Bohl-Papiers") vom 22. Juni 1993, abgedruckt in Dokumentation Treuhandanstalt von 1990 bis 1994, Band 8, S. 312 f.

Grundstücken im ganzen Bundesgebiet gesenkt werden.[606] Zum anderen kann bei einer langfristigen Verpachtung parallel der Verkauf abgewickelt werden, z.b. an den nicht selbst die Flächen bewirtschaftenden Alteigentümer. Die Belange des nicht an einem Kauf interessierten Pächters sind bei einer langfristigen Verfügbarkeit der bewirtschafteten Flächen gewahrt.[607] Nachdem bei der Verteilung des ehemaligen Volkseigentums die Regelung in § 1 Abs. 6 TreuhG maßgeblich die Grundsteinlegung durch Vorschaltung einer langfristigen Verpachtung prägte, wäre es nur konsequent, wenn § 1 Abs. 6 TreuhG im weiteren Verlauf auch bei der Ausgestaltung der im *Ausgleichsleistungsgesetz* enthaltenen Regelungen zum eigentlichen Verkauf angemessene Berücksichtigung fände.

e) **Zum Verhältnis der in § 1 TreuhG und in § 3 AusglLeistG verankerten gesetzlichen Privatisierungsaufträge**

Die vorgeschlagene Gesetzesänderung kann bei einer vergleichenden Betrachtung der in § 1 Abs. 1 Satz 1 TreuhG einerseits und in § 3 Abs. 1 bis 4 und 5 AusglLeistG andererseits enthaltenen Privatisierungsaufträge auch noch mit der nachfolgend dargelegten Erwägung untermauert werden.

Mit § 25 Abs. 1 EV übernimmt der Gesetzgeber die in § 1 Abs. 1 Satz 1 TreuhG statuierte Verpflichtung zur Privatisierung des ehemaligen Volkseigentums. § 3 AusglLeistG verankert, entweder erstmals,[608] oder das *Treuhandgesetz* und den *Einigungsvertrag* spezialisierend, eine gesetzliche Verpflichtung zur Privatisierung des land- und forstwirtschaftlich genutzten ehemaligen Volkseigentums. Der Gesetzgeber beschränkt hierbei den Kreis der Erwerbsberechtigten auf die Gruppe der Inhaber langfristiger Pachtverträge mit dem Ziel, den Eigentumsanteil der von diesen Betrieben bewirtschafteten Flächen zu erhöhen, und auf die Gruppe der Alteigentümer mit dem Ziel der Wiedergutmachung von durch eine andere Staatsgewalt begangenem Unrecht. Andere Interessen bei der Verteilung des ehemaligen Volkseigentums können nur berücksichtigt werden, wenn vor dem Abschluß des der Privatisierung dienenden Kaufvertrags bei den zu verkaufenden Flächen eine land- oder forstwirtschaftliche Nutzung nicht mehr vorliegt. Die Berücksichtigung solcher anderer Interessen hängt vom Zeitpunkt der Verfügung der Privatisierungsstelle und damit vom Zufall ab. Demgegenüber bezweckt die vorgeschlagene Gesetzesänderung, den Belangen des Wirtschaftswegebaus absolut die sachlich gerechtfertigte Bedeutung zukommen zu lassen. Nur auf diesem Wege kann der Gesetzgeber das Ziel eines gerechten Interessenausgleichs bei der Verteilung des ehemals volkseigenen land- und forstwirtschaftlichen Vermögens erreichen.

---

[606] So auch *Peinemann*, AgrarR 1995, 225 (227 f.).
[607] Siehe dazu den *Bundestagsfinanzausschuß* im Vermittlungsverfahren zum EALG, BT-Drs. 12/7588, S. 41 (Zu § 3 (Landerwerb), Zu Absatz 1).
[608] Siehe dazu oben 4., auf Seite 118 ff..

Zusammenfassung

Zu folgendem Sachverhalt untersucht die Arbeit rechtliche Probleme und Lösungsansätze: Ein in einer Gemarkung am 8. Mai 1945 existierendes Wirtschaftswegenetz ackerte zu DDR-Zeiten die örtliche Landwirtschaftliche Produktionsgenossenschaft im Rahmen der staatlich vorgeschriebenen Großflächenbewirtschaftung um. Nach der Wiedervereinigung wirtschaften in dem Gebiet nicht nur die Rechtsnachfolgerin der Landwirtschaftlichen Produktionsgenossenschaft, sondern auch noch weitere Landwirte, die ihren Betrieb wieder oder neu eingerichtet haben. Man stellt fest, daß wieder Bedarf besteht für ein engmaschigeres Wirtschaftswegenetz und es ergibt sich die Frage nach der Aufbringung des für die Anlegung der benötigten Wege erforderlichen Landes.

Der Realakt des Umackerns straßenwegerechtlich öffentlicher Wirtschaftswege auf der Grundlage von § 18 LPG-Gesetz hatte rechtlich bei diesen Flächen die straßenwegerechtliche Entwidmung in Verbindung mit einer Widmung als Ackerflächen zur Konzequenz.

Nach der Wiedervereinigung veränderte der Gesetzgeber diese Rechtslage nicht, weder im *Einigungsvertrag* noch im *Verwaltungsrechtlichen Rehabilitierungsgesetz*.

Eine realistische Möglichkeit zur Anlegung eines neuen Wirtschaftswegenetzes besteht nur im Rahmen von Flurneuordnungsverfahren auf der Grundlage des *Flurbereinigungsgesetzes* oder des *Landwirtschaftsanpassungsgesetzes*. Der Gesetzgeber sieht für die Flurneuordnungsverfahren die Möglichkeit eines zwangsweisen Zugriffs auf die Rechtspositionen Eigentum sowie Besitz und die Gebührenfreiheit bei der Berichtigung der öffentlichen Bücher vor. Ohne diese Erleichterungen haben die Bemühungen der Belegenheitsgemeinden um Anlegung eines neuen Wirtschaftswegenetzes in der Regel wegen der fehlenden freiwilligen Mitwirkung aller Betroffenen und der unverhältnismäßig hohen Kosten nur wenig Aussicht auf Erfolg.

Die Flurneuordnungsbehörden dürfen im Rahmen von Flurneuordnungsverfahren, die der Anlegung neuer Wege dienen, das Problem nicht vorhandenen Tauschlands nicht bei der Wertermittlung durch eine Bewertung der ehemaligen Wegeflächen als Wegeflächen lösen, weil die Grundsätze der Wertermittlung eine Bewertung dieser Flächen als Ackerflächen gebieten.

Gemäß § 5 Abs. 2 VZOG besteht für die Belegenheitsgemeinde zwar die Möglichkeit, sich auf der Grundlage lediglich einer Eigenerklärung über ihre Eigentümerschaft als neue Eigentümerin im Grundbuch eintragen zu lassen ohne die Vorlage eines Zuordnungsbescheids nach dem *Vermögenszuordnungsgesetz*. Dieses Vorgehen setzt jedoch eine - im untersuchungsgegenständlichen Fall nicht gegebene -

Nutzung der Fläche als straßenwegerechtlich öffentliche Gemeindestraße am 3. Oktober 1990 im Sinne des Art. 21 Abs. 2 EV voraus.

Stehen die betroffenen Grundstücke heute laut Grundbuch im Eigentum des Volkes und in der Rechtsträgerschaft der Belegenheitsgemeinde, berechtigt die in § 8 VZOG enthaltene Verfügungsermächtigung die Belegenheitsgemeinde, auf diese Grundstücke zuzugreifen. Die Förderung des Wirtschaftswegebaus stellt eine diesbezüglich erforderliche "erlaubte Maßnahme" i.S.d. § 12 VZOG dar. Für die Zeit vor dem Inkrafttreten des § 12 VZOG ergab sich im Verhältnis zu Zuordnungsansprüchen anderer Gebietskörperschaften für die an einer Verfügung interessierte Belegenheitsgemeinde jedoch ein Verfügungsverbot, wenn die Gemeinde von einer Nutzung der Grundstücke als Verwaltungsvermögen einer anderen Gebietskörperschaft Kenntnis hatte. Diese Einschränkung entspringt einer die restitutionsberechtigten Gebietskörperschaften in ihrem Verhältnis untereinander treffenden Verpflichtung zur gegenseitigen Rücksichtnahme. Spezielle Ausprägungen dieser generellen Verpflichtung enthält z.B. Art. 22 Abs. 3 EV mit der Verpflichtung zur Gewährung von Auskunft oder Akteneinsicht im Zusammenhang mit Restitutionsanträgen.

Sollten die Grundstücke auf der Grundlage des *Kommunalvermögensgesetzes* auf die Gemeinde formell und materiell rechtmäßig zugeordnet worden sein, liegt auch dann ein Rechtsgrund für ein künftiges Behaltendürfen vor, wenn diese Zuordnungen den heute geltenden Zuordnungsgrundsätzen widersprechen.

Die Zuordnung derjenigen ehemaligen Wegeflächen, die heute laut Grundbuch in Volkseigentum stehen, als kommunales Verwaltungsvermögen gemäß Art. 21 Abs. 2 EV scheidet aus in Ermangelung einer Nutzung als öffentliche Wegefläche zum Stichtag des 3. Oktober 1990.

Der Gesetzgeber bietet in § 2 Abs. 1 Satz 6 VZOG einen Rahmen, in dem der Bund aus dem von der BVVG verwalteten Bestand an ehemals volkseigenen, landwirtschaftlich genutzten Grundstücken Flächen zur Förderung des Wirtschaftswegebaus zur Verfügung stellen kann durch Abschluß von Vereinbarungen mit der jeweiligen Belegenheitsgemeinde. Nach geltender Rechtslage darf und muß die BVVG den landwirtschaftlichen und ehemals volkseigenen Grundstücksbestand ausschließlich an die beiden nach dem *Ausgleichsleistungsgesetz* zum Erwerb berechtigten Gruppen der Pächter und der Alteigentümer verkaufen. Zu dieser Art der Privatisierung des landwirtschaftlichen, ehemals volkseigenen Vermögens verpflichtet § 3 AusglLeistG. Die vorliegende Arbeit kommt zu dem Ergebnis, daß hier eine Öffnung zugunsten der Belange des Wirtschaftswegebaus geboten erscheint, die es der BVVG ermöglicht, z.B. im Rahmen von Flurneuordnungsverfahren, Ackerflächen zur Verfügung zu stellen.

Eine diesbezügliche Gesetzesänderung wäre sowohl mit den Rechtspositionen der Gruppe der Alteigentümer als auch mit denen der Pächter vereinbar.

Den Alteigentümern gegenüber bezweckt der Gesetzgeber mit der Gewährung eines Preisnachlasses im Rahmen der Flächenverkäufe die Wiedergutmachung von

Unrecht, das eine andere Staatsgewalt begangen hat. Diese Wiedergutmachungsregelungen wurzeln im Rechts- und Sozialstaatsprinzip. Im Rahmen des dem Gesetzgeber hierbei zustehenden weiten Gestaltungsraums können die Belange des Wirtschaftswegebaus die gebotene Berücksichtigung finden.

Die Rechtspositionen der Pächter sind noch schwächer als die der Alteigentümer. Die *Europäische Kommission* erklärte in einer Entscheidung vom Januar 1999 sämtliche Bemühungen des deutschen Gesetzgebers mit dem Ziel einer Reservierung der landwirtschaftlichen, ehemals volkseigenen Flächen für die in der Deutschen Demokratischen Republik 40 Jahre von einem Wirtschaften unter den Bedingungen der sozialen Marktwirtschaft ausgeschlossenen Landwirte als mit dem Wettbewerbsrecht und dem Diskriminierungsverbot auf europäischer Ebene unvereinbar. Damit existieren keine aus der besonderen Situation der Pächter resultierenden Vorgaben, die den Gestaltungsrahmen des Gesetzgebers einschränken.

Die von der *Volkskammer* im Juni 1990 in § 1 TreuhG allgemein und in der *3. Durchführungsverordnung zum Treuhandgesetz* speziell für den landwirtschaftlichen Bereich verankerte gesetzliche Verpflichtung zur Privatisierung des Volkseigentums wurde im August 1990 vom Gesetzgeber des *Einigungsvertrags* mit Art. 25 EV und mit der Anordnung einer Weitergeltung der *Dritten Durchführungsverordnung zum Treuhandgesetz* beibehalten. Den Bereich des landwirtschaftlichen, ehemals volkseigenen Vermögens betreffend beschränkte der Gesetzgeber im September 1994 jedoch mit § 3 AusglLeistG den Kreis der Erwerbsberechtigten auf die oben genannten Gruppen der Pächter und der Alteigentümer. Die Interessen des Wirtschaftswegebaus berücksichtigt der Gesetzgeber gemäß § 1 Abs. 2 Satz 6 FlErwV erst, wenn ein konkretes Planungsverfahren mit dem Ziel einer Umwidmung eingeleitet worden ist. Erst ab diesem Zeitpunkt greift ein die BVVG bindendes Verwertungsverbot. Wegen der Besonderheiten in den neuen Ländern, zumindest im Freistaat Thüringen, kommt hierbei den Belangen des Wirtschaftswegebaus nicht die gebotene Bedeutung zu. Den Wirtschaftswegebau betreffend beschränken sich die Planungsverfahren der öffentlichen Hand in der Regel auf die Flurneuordnungsverfahren. Wegen sächlicher und personeller Grenzen und der großen Belastung durch die zur Begleitung der Verkehrsprojekte Deutsche Einheit angeordneten Flurneuordnungsverfahren können die Flurneuordnungsämter zur Zeit nicht in dem gebotenen Umfang Flurneuordnungsverfahren mit dem Ziel der Anlegung eines Wirtschaftswegenetzes anordnen. Deshalb sollte den Wirtschaftswegebau betreffend der Zeitpunkt, ab dem für die BVVG ein Privatisierungsverbot greift, vorverlagert werden. Als Anknüpfungspunkt bietet sich, wie vom - heutigen - Bundesministerium für Verbraucherschutz, Ernährung und Landwirtschaft vorgeschlagen, das Ersuchen der Belegenheitsgemeinde um Abschluß einer Zuordnungsvereinbarung auf der Grundlage von Art. 2 Abs. 1 Satz 6 VZOG an, verbunden mit einer Zweckbindung zugunsten der Belange des Wirtschaftswegebaus. Dabei würde die in § 1 Abs. 6 TreuhG verankerte Verpflichtung, bei der Privatisierung des ehemals volkseigenen Vermögens in der Landwirtschaft die Besonderheiten dieses Bereichs zu beachten, angemessen umgesetzt.

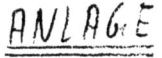

BUNDESMINISTERIUM FÜR ERNÄHRUNG, LANDWIRTSCHAFT UND FORSTEN

ANLAGE

Mein Zeichen: 522-007-0/28

Tel. (0228) 529-0
Durchwahl 529- 4358

Bonn
23.02.2000

Ministerium für Ernährung, Landwirtschaft
und Forsten des Landes Brandenburg
Postfach 60 11 50

14411 Potsdam

Ministerium für Landwirtschaft
und Naturschutz Mecklenburg-Vorpommern
Postfach 5 44

19048 Schwerin

Ministerium für Ernährung,
Landwirtschaft und Forsten
des Landes Sachsen-Anhalt
Postfach 37 60

39012 Magdeburg

Sächsisches Staatsministerium für
Landwirtschaft, Ernährung und Forsten
Postfach 10 05 50

01075 Dresden

Thüringer Ministerium für
Landwirtschaft, Naturschutz und Umwelt
Postfach 10 03

99021 Erfurt

Niedersächsisches Ministerium für
Ernährung, Landwirtschaft und Forsten
Postfach 2 43

30002 Hannover

Zuordnung ehemaliger kommunaler Wegeflächen;
hier: Gemeinsame Besprechung mit dem deutschen Städte- und Gemeindebund, seinen Mitgliedsverbänden aus den neuen Ländern, den Agrarressorts sowie den Privatisierungsgesellschaften vom 18. Mai 1999

Anlagen:
1. Vermerk „Zuordnung ehemaliger kommunaler Wegeflächen"
2. Muster einer Zuordnungsvereinbarung
3. Muster eines Zuordnungsbescheides
4. „Sprechklausel" hinsichtlich belasteter Grundstücke

Sehr geehrte Damen und Herren,

im Nachgang zu der o.g. Besprechung übersende ich Ihnen in der Anlage den zwischenzeitlich mit BMF abgestimmten und nach den Ergebnissen der Besprechung aktualisierten Vermerk „Zuordnung ehemaliger kommunaler Wegeflächen" sowie das ebenfalls mit BMF abgestimmte und überarbeitete Muster einer Zuordnungsvereinbarung mit der Bitte, auf dieser Grundlage bei der Problemlösung der Schaffung eines neuen Wege- und Gewässernetzes in der Feldflur zu verfahren.

Beigefügt erhalten Sie ferner das Muster eines Zuordnungsbescheides sowie eine von der BVVG konzipierte „Sprechklausel" hinsichtlich belasteter Grundstücke zu Ihrer Kenntnis.

Mit Schreiben vom 15.02.2000 hat BMF den Oberfinanzpräsidenten der Oberfinanzdirektion Berlin, die BVVG und die TLG angewiesen, auf der Grundlage der vorgenannten Unterlagen bei der Zuordnung der entsprechenden Flächen an Gemeinden zu verfahren.

Im Ergebnis der o.g. Besprechung und in Abstimmung mit BMF sind der Vermerk und die Musterzuordnungsvereinbarung in folgenden Punkten geändert worden:

1. Vermerk „Zuordnung ehemaliger kommunaler Wegeflächen"

Auf Seite 2, 2. Absatz sind folgende Sätze neu eingefügt worden: Nicht in allen Fällen muss heute bereits der konkrete Wegeausbau erfolgen. Vielmehr reicht es heute oftmals aus, die planerischen und eigentumsmäßigen Voraussetzungen für den Wegeausbau zu schaffen, die konkrete Baumaßnahme aber erst z.B. bei einem Bewirtschaftungswechsel mit veränderten Bewirtschaftungsstrukturen zu vollziehen.

Begründung für diese Änderung:
Klarstellung, dass zwar heute bereits ein Bedarf zur Schaffung der flächenmäßigen Voraussetzung für den Wegeausbau besteht, der konkrete Ausbau jedoch vielfach erst in Zukunft erforderlich sein wird.

Aus Seite 2 ist im 3. Absatz in Satz 1 nach den Worten „in Verbindung mit" eingesetzt worden „bzw. nach".

Begründung:
Mit diesem Einschub wird dem Umstand Rechnung getragen, dass in den neuen Ländern Wegebaumaßnahmen zum Teil auch ausschließlich nach dem Flurbereinigungsgesetz durchgeführt werden.

Auf Seite 5 ist im 1. Absatz vor den beiden letzten Worten eingefügt worden „im Rahmen der Zurverfügungstellung von Tauschland".

Begründung:
Verdeutlichung, dass auch für die Fallgruppe der Anlegung von Wegen zur DDR-Zeiten Tauschland zur Verfügung gestellt werden soll.

Unter „5. Inhalt der Vereinbarung über die einvernehmliche Zuordnung" reicht es aus, darauf hinzuweisen, dass über die einvernehmliche Zuordnung der für den Flächenbedarf des ländlichen Wegenetzes benötigten Flächen zwischen den Privatisierungsgesellschaften und den Gemeinden eine Vereinbarung gemäß der als Anlage zu dem Vermerk beigefügten Mustervereinbarung abzuschließen ist.

2. **Musterzuordnungsvereinbarung**

Auf Wunsch der Städte- und Gemeindeverbände sind in die Präambel der Musterzuordnungsvereinbarung folgende Ergänzungen aufgenommen worden:
Nach Satz 3 folgender neuer Satz: „Vielfach sind auch ehemalige Wege und Gewässer aufgelassen worden."

Nach dem 2. Absatz folgender neuer 3. Absatz: „Den Gemeinden soll mit dieser Vereinbarung die Wiederherstellung eines verkehrs- und nutzungsgerechten Wege- und Gewässernetzes erleichtert werden."

In § 2 a) ist nach den Worten „Flächenbedarf des ländlichen Wegenetzes" eingesetzt worden „und Gewässernetzes".

In § 2 b) 1. Satz ist das Wort „oder" durch das Wort „und" ersetzt worden und vor „Zwecke" ist das Wort „wirtschaftliche" eingesetzt worden.

Begründung:
Klarstellung, dass Verpflichtung der Gemeinde zur Zahlung des Verkehrswerts dann besteht, wenn die Wegefläche anstatt zum Wegeausbau beispielsweise als Bauland genutzt wird.

Der folgende Satz in § 2 b) ist wie folgt neu gefasst worden: „Weist die Kommune nicht innerhalb einer Frist von acht Jahren nach dem Übergang des Eigentums den konkreten Bedarf dieser Grundstücke für den Ausbau des Wege- und Gewässernetzes beispielsweise durch entsprechende Planungen nach, ist nach Ablauf dieser Frist der Verkehrswert in der zu diesem Zeitpunkt aktuellen Höhe zu entrichten."

Begründung:
Der ursprüngliche Text war sowohl für die Gemeindeverbände als auch für die Vertreter der Ministerien der neuen Länder nicht akzeptabel, da die Fünf-Jahres-Frist auf den Ausbau des Wege- und Gewässernetzes abstellte. In den meisten Fällen wird ein Ausbau innerhalb der nächsten fünf Jahre jedoch als realitätsfern angesehen. Zum einen dürfte es bereits schwierig sein, innerhalb dieser Frist die planungsrechtlichen Voraussetzungen für den Ausbau zu schaffen. Zum anderen besteht aber auch in sehr vielen Fällen aufgrund der gegebenen Bewirtschaftungsverhältnisse überhaupt noch nicht das Erfordernis, in absehbarer Zeit den tatsächlichen Wegeausbau vorzunehmen. Die Neuformulierung trägt diesen Gegebenheiten Rechnung, indem die Zahlungsverpflichtung der Kommune nicht an eine bestimmte Frist zum Ausbau, sondern an eine Frist zur Planung des erforderlichen Wege- und Gewässernetzes geknüpft wird. Die vorgesehene Frist von acht Jahren räumt dabei den Gemeinden einerseits genügend Zeit zur Schaffung der planungsrechtlichen Voraussetzungen für den späteren Wege- und Gewässerausbau ein, setzt sie andererseits aber auch unter Druck, sich innerhalb dieses Zeitraums in Abstimmung mit allen Beteiligten (insbesondere den Flurneuordnungsbehörden) darüber im klaren zu werden, ob die zugeordneten Flächen auch tatsächlich alle zweckgebunden für den Wege- und Gewässerausbau benötigt werden. Die Neuformulierung gibt damit sowohl den Gemeinden als auch den Privatisierungsgesellschaften Planungs- und Handlungssicherheit.

Zu § 4 „Zustand des Grundstückes/der Grundstücke" ist die diesem Schreiben beigefügte, von der BVVG konzipierte „Sprechklausel" hinsichtlich belasteter Grundstücke zu beachten. In seinem Schreiben vom 15.02.2000 an den Oberfinanzpräsidenten der Oberfinanzdirektion Berlin und die Privatisierungsgesellschaften weist BMF jedoch darauf hin, dass diese „Sprechklausel" nicht als zwingender Bestandteil der Zuordnungsvereinbarungen betrachtet werden sollte. Ausreichend sei vielmehr eine Verständigung mit der jeweiligen Gemeinde über den Inhalt im Einzelfall.

§ 5 der Musterzuordnungsvereinbarung „Vermessungskosten" ist im Ergebnis der Sitzung vom 18.05.1999 wie folgt neu gefasst worden: „Etwa erforderliche Vermessungskosten fallen nicht dem Bund und den Privatisierungsgesellschaften zur Last."

Mit Schreiben vom gleichen Tage habe ich auch die kommunale Seite über die erzielten Ergebnisse unterrichtet und den Städte- und Gemeindeverbänden der neuen Länder den Vermerk „Zuordnung ehemaliger kommunaler Wegeflächen", die Musterzuordnungsvereinbarung und den Musterzuordnungsbescheid als Handlungsgrundlage zur Verfügung gestellt.

Im Ergebnis ist damit festzustellen, dass nunmehr die tatsächlichen und rechtlichen Voraussetzungen für die Zuordnung ehemaliger kommunaler Wege- und Gewässerflächen im Zusammenhang mit der Bereinigung und Neuanlage eines heutigen Bedürfnissen entsprechenden Wege- und Gewässernetzes geschaffen worden sind.

Mit freundlichen Grüßen
Im Auftrag

Dr. Knauber

Referat 522 23.02.2000
522-007-0/28 4358

Anlage 1

Vermerk

Zuordnung ehemaliger kommunaler Wegeflächen

I. Sach- und Problemlage

Im Zuge der Großflächenwirtschaft der DDR wurde das ehedem in der Feldlage vorhandene Wegenetz stark ausgedünnt. Wege wurden überpflügt, obwohl sie im Kataster und Grundbuch als Zweckgrundstücke im Eigentum der Gemeinden ausgewiesen waren. Daneben wurden – allerdings in geringerem Umfang – neue Wege angelegt.

Dadurch ist in den neuen Bundesländern eine Situation entstanden, in der

1. die alten Wege sowohl rechtlich als auch örtlich nur noch teilweise vorhanden sind,
2. die übrigen alten Wege infolge Überpflügung örtlich nicht mehr vorhanden sind, die Flurstücke aber noch im Grundbuch und im Liegenschaftskataster als selbständige Grundstücke geführt werden,
3. neue Wege, die sich zum Teil auf privatem Grund und Boden befinden, entstanden sind und heute weiterhin der Bewirtschaftung der Flächen und auch öffentlichen Zwecken dienen.

Der vorliegende Vermerk befaßt sich ausschließlich mit der Frage, inwieweit insbesondere solche Flächen, die heute nicht mehr als Wege genutzt werden, auf der Grundlage des Vermögenszuordnungsrechts für die Bereinigung und Neuanlage des Wegenetzes zur Verfügung gestellt werden können.

Die auf altem Herkommen oder auf den Festsetzungen von Rezessen beruhenden Wegegrundstücke wurden zu DDR-Zeiten teilweise in Volkseigentum (Rechtsträger: Rat der Gemeinde oder LPG) überführt. Dabei kann davon ausgegangen werden, daß die entsprechenden Flächen für die auch heute noch grundbuch- und katastermäßig nachgewiesenen Wege von den früheren Grundstückseigentümern anteilig aufgebracht, gebaut und dem jeweiligen Zweck entsprechend gewidmet wurden.

Für einige dieser Flächen haben die Gemeinden Anträge auf Zuordnung gestellt. Viele Gemeinden haben jedoch die Antragsfrist für eine Restitution (31.12.1995) verstreichen lassen, ohne einen Antrag auf Rückübertragung dieser Flächen als ehemaliges Kommunalvermögen zu stellen.

Durch die Ausdünnung des Wegenetzes haben viele Grundstücke im ländlichen Raum ihre Wegeanbindung in der Feldflur verloren. Deshalb muß ein neues Wegenetz geschaffen werden, das den neuen bzw. neu entstehenden Eigentumsstrukturen und den Bewirtschaftungsbedürfnissen der landwirtschaftlichen Betriebe gerecht wird. Nicht in allen Fällen muss heute bereits der konkrete Wegeausbau erfolgen. Vielmehr reicht es heute oftmals aus, die planerischen und eigentumsmäßigen Voraussetzungen für den Wegeausbau zu schaffen, die konkrete Baumaßnahme aber erst z.B. bei einem Bewirtschaftungswechsel mit veränderten Bewirtschaftungsstrukturen zu vollziehen.

Der notwendigen Bereinigung und Neuanlage des Wegenetzes in der Feldlage kann durch Bodenordnungsmaßnahmen in Verfahren nach dem Landwirtschaftsanpassungsgesetz (LwAnpG) in Verbindung mit bzw. nach dem Flurbereinigungsgesetz (FlurbG) Rechnung getragen werden. In diesen Verfahren kann ein nach Art und Umfang den heutigen Erfordernissen entsprechendes Wegenetz festgelegt werden.

II. Rechtliche Ausgangslage

1. Restitution nach Art. 21 Abs. 3, Art. 22 Abs. 1 S. 7 EV

Eine Restitution der ehemaligen Wegeflächen an die Gemeinden scheitert häufig an der Versäumung der Antragsfrist.

2. Vermögenszuordnung nach Art. 21 EV

Eine Vermögenszuordnung auf die Gemeinden auf der Grundlage des Art. 21 Abs. 1 und Abs. 2 Einigungsvertrag ist auch bei früherer Voreintragung der Gemeinden deshalb zweifelhaft, weil es an den maßgeblichen Stichtagen (01.10.1989 und 03.10.1990) an der Nutzung als Verwaltungsvermögen (Weg) fehlt. Der Umstand, daß umgepflügte Wege häufig noch im Grundbuch bzw. Kataster ausgewiesen sind, reicht als solcher für eine Zuordnung nach diesen Vorschriften nicht aus, weil die Nutzungsangaben in den genannten Registern unverbindlich sind und die ehemaligen Wegeflächen an den Stichtagen tatsächlich land- und forstwirtschaftlich genutzt wurden.

III. Lösung

<u>Einvernehmliche Zuordnung nach § 2 Abs. 1 S. 6 (ggf. i.V.m. § 7 Abs. 5) Vermögenszuordnungsgesetz</u>

Gemäß § 2 Abs. 1 S. 6 (ggf. i.V.m. § 7 Abs. 5) Vermögenszuordnungsgesetz (VZOG) können den Gemeinden auf der Grundlage einer vorher herbeigeführten Einigung Grundstücke unabhängig von der Nutzung an den o.g. Stichtagen (01.10.1989 und 03.10.1990) zugeordnet werden. Dabei sollte es sich nach Möglichkeit um die ursprünglichen Wegegrundstücke handeln, die auch früher häufig im Eigentum der Gemeinden standen. Anstelle dieser Flächen kommen im Einzelfall aber auch andere Flächen in Betracht. In der Vereinbarung über die einvernehmliche Zuordnung müßte sich die Gemeinde verpflichten, die zugeordneten Grundstücke (bzw. eigene Grundstücke im wertmäßig gleichen Umfang) zweckgerichtet für die Einrichtung von Wegen zu verwenden.

Einvernehmliche Zuordnungen sollten vorgenommen werden, weil die Anwendung der Stichtage (01.10.1989 und 03.10.1990) im Bereich der ehemaligen Wegeflächen aus den nachfolgend unter (1) bis (3) dargestellten Gründen zu Zuordnungsergebnissen führen würde, die nicht sachgerecht sind:

(1) Bei Festlegung dieser Stichtage ging man von einer in Ost und West ähnlichen Verwaltungsstruktur aus. Dementsprechend sollten die Verwaltungsträger in den neuen Ländern mit Verwaltungsvermögen ausgestattet werden. Dabei wurde jedoch nicht bedacht, daß sich die landwirtschaftlichen Strukturen in den neuen Ländern im Jahre 1990 ganz erheblich von denen in den alten Ländern unterschieden haben. Durch die großflächige Bewirtschaftung und fehlende private Verfügungsbefugnis an Grund und Boden war der Bedarf an Infrastruktur vor der Vereinigung deutlich geringer als im Westen. Durch die Umstrukturierung der Land- und Forstwirtschaft und durch Restitution und Privatisierung entsteht jedoch auch in den neuen Ländern eine wesentlich breiter gefächerte Eigentums- und Bewirtschaftungsstruktur, die einen erhöhten Erschließungsbedarf auslöst.

(2) Wird ein neues Wegenetz im Rahmen von Flurbereinigungsverfahren geschaffen, so ist dabei vorrangig auf die Wegeflächen zurückzugreifen, die vor der Anordnung der Flurbereinigung vorhanden waren (§ 47 Abs. 1 FlurbG). Es wäre unbillig, wenn bei der Bereinigung und Neuanlage von Wegenetzen in den neuen Ländern nur deshalb nicht auf die ursprünglich vorhandenen und heute noch im öffentlichen Eigentum stehenden Wegeflächen zurückgegriffen werden könnte, weil diese zu DDR-Zeiten mit Billigung staatlicher Stellen überpflügt worden sind.

(3) Schließlich ist bei der Privatisierung des land- und forstwirtschaftlichen Vermögens den Besonderheiten dieses Sektors Rechnung zu tragen (§ 1 Abs. 6 Treuhandgesetz). Dementspre-

chend muß auch der Bund einen Beitrag zur Umstrukturierung der Land- und Forstwirtschaft in den neuen Ländern leisten.

Derartige einvernehmliche Zuordnungen sind für den Bund in der Regel auch dann wirtschaftlich, wenn die Flächen den Kommunen unentgeltlich übertragen werden. Ausgenommen hiervon sind jedoch im Einzelfall solche Flächen, die heute oder künftig nicht mehr landwirtschaftlich genutzt werden bzw. genutzt werden sollen (z.B. Umwidmung im Bauland). Bei den Flächen, die für eine Zuordnung in Betracht kommen (vgl. dazu unten IV), handelt es sich um Flächen, die wegen ihrer Lage und ihres Zuschnitts in der Regel nicht oder nur mit erheblichem Aufwand und zu einem vergleichsweise geringeren Wert privatisiert werden können: Die zum Flächenerwerb berechtigten Personen sind am Erwerb dieser Flächen nicht interessiert, wenn ihr Erwerbsanspruch durch den Kauf anderer, günstiger geschnittener oder gelegener Flächen erfüllt werden kann. Deshalb müssen ehemalige Wegeflächen diesen Käufern häufig als anderweitig nicht verwertbare Flächen (ggf. mit entsprechenden Abschlägen) oder auch als Restflächen (§ 3 Abs. 7 S. 6 Ausgleichsleistungsgesetz – AusglLeistG, § 5 Abs. 3 Flächenerwerbsverordnung – FlErwV) mitgegeben werden. Kommt eine derartige Privatisierung nicht in Betracht, dürften die Kosten der weiteren Verwaltung der Flächen allenfalls annähernd von den Pachteinnahmen gedeckt werden. Im übrigen werden durch eine verbesserte Zuwegung die Privatisierungschancen für auch künftig land- und forstwirtschaftlich genutzte Grundstücke unmittelbar erhöht.

Bei der Festsetzung von Beiträgen (insbesondere bei künftigen Landabzügen) in Flurbereinigungs- bzw. Bodenordnungsverfahren und bei der Festsetzung von Erschließungsbeiträgen (vgl. § 47 Abs. 3 FlurbG und entsprechende Vorschriften im Erschließungsrecht), sind die zugeordneten Flächen zu berücksichtigen.

IV. Umfang der zu übertragenden Flächen

Der Umfang der Flächen, die für eine einvernehmliche Zuordnung in Betracht kommen, hängt einerseits vom Bedarf an Wegeflächen und andererseits von der Verfügbarkeit von Flächen, die sich z.Z. im Bestand der Privatisierungsunternehmen (BVVG, TLG) befinden, ab.

1. Flächenbedarf

Der Bedarf an Wegen ist heute in der Regel geringer als das alte, vor Einführung der Großflächenwirtschaft vorhandene Wegenetz. Für die Ermittlung des erforderlichen Flächenbedarfs ist aber nicht nur auf die gegenwärtigen Nutzungsverhältnisse abzustellen. Entscheidend für den Flächenbedarf ist vielmehr die künftige Eigentums- und Bewirtschaftungsstruktur. Als Orientierungsgröße kann von etwa 5 – 6 % der in einer Gemarkung außerhalb von Siedlungsgebieten insgesamt vorhandenen Flächen ausgegangen werden. Bei der Beurteilung des Flächenbedarfs sind auch die im jeweiligen Gemeindegebiet tatsächlich vorhandenen Wegeflächen einschließlich der sogenannten betrieblich-öffentlichen Wege zu berücksichtigen. Dabei ist der Bereinigungsbedarf bei Wegen, die zu DDR-Zeiten angelegt worden sind, im Rahmen der Zurverfügungstellung von Tauschland zu beachten.

2. Verfügbarkeit von Flächen

Die Prüfung, welche Flächen den Gemeinden aus dem Bestand der Privatisierungsgesellschaften zugeordnet werden können, soll sich vorrangig auf die ehemaligen Wegeflächen erstrecken.

(1) Die Zuordnung dieser Flächen ist dann möglich, wenn sie

- nicht langfristig verpachtet worden sind (§ 3 Abs. 1 AusglLeistG, § 2 Abs. 1 S. 1 FlErwV) oder
- gemäß § 1 Abs. 2 S. 6 FlErwV in Planungs- oder Zulassungsverfahren als Wegeflächen umgewidmet worden sind oder werden sollen. Dies ist insbesondere dann der Fall, wenn diese Flächen in Verfahren nach dem FlurbG bzw. dem 8. Abschnitt des LwAnpG in den Flurbereinigungs-/Bodenordnungsplänen als Wegeflächen ausgewiesen werden bzw. ausgewiesen werden sollen.

(2) Bei ehemaligen Wegeflächen, die langfristig verpachtet sind, sind die Erwerbsansprüche nach § 3 AusglLeistG zu beachten. Diese Flächen können zugeordnet werden, wenn

- der Pächter
  = sein Kaufrecht aus § 3 AusglLeistG bereits ausgeschöpft hat bzw. andere von ihm gepachtete Flächen von der BVVG erwerben kann; auch die Erwerbsmöglichkeit nach § 3 Abs. 9 AusglLeistG („Nachschlagsregelung") ist zu beachten
  oder
  = auf seine Erwerbsmöglichkeit verzichtet
  und
- kein der BVVG bekanntes Interesse von Alteigentümern am Erwerb dieser Flächen nach § 3 Abs. 5 AusglLeistG besteht oder
- im Falle eines solchen Erwerbsinteresses eine andere geeignete Fläche für einen Erwerb durch Alteigentümer bereitgestellt werden kann.

Kann der Bedarf an Wegen nicht durch Zuordnung ehemaliger Wegeflächen nach (1) und (2) gedeckt werden, so können andere Flächen zugeordnet werden, soweit dies für die Privatisierungsunternehmen im Einzelfall ebenfalls wirtschaftlich ist.

V. Inhalt der Vereinbarung über die einvernehmliche Zuordnung

Über die einvernehmliche Zuordnung der für den Flächenbedarf des ländlichen Wegenetzes benötigten Flächen ist zwischen den Privatisierungsgesellschaften und den Gemeinden eine Vereinbarung gemäß der als Anlage diesem Vermerk beigefügten Mustervereinbarung abzuschließen.

VI. Verfahrensabläufe

Die hier vorgesehene Möglichkeit, dem Anliegen der Länder und Gemeinden sowie den Bedürfnissen der Grundstückseigentümer und Bewirtschafter Rechnung zu tragen, kann nicht als Instrument zur umfassenden Bereinigung der Problematik verstanden werden. Sie soll vielmehr eine Auffangregelung sein. Der Anstoß für die Anwendung der einvernehmlichen Regelung kann ausgehen:

- von Zuordnungs-/Restitutionsanträgen der Gemeinden,
- von Planungen der Gemeinden,
- von Verfahren nach dem FlurbG oder LwAnpG,
- vom Kaufantrag eines Pächters nach Ausgleichsleistungsgesetz,
- von der Notwendigkeit der wegemäßigen Erschließung bei Privatisierungsvorhaben.

Ziel sollte eine Bestandsbereinigung innerhalb einer Gemarkung sein. In geeigneten Fällen ist auch an die Erstellung von Zuordnungsplänen gemäß § 2 Abs. 2 a VZOG zu denken.

VII. Anwendung auf zugeschüttete Gräben

Die einvernehmliche Zuordnung auf die Gemeinden ist nach den vorstehenden Grundsätzen entsprechend auch bei den im Zuge der Großflächenwirtschaft der DDR zugeschütteten Gräben, die von den früheren Grundstückseigentümern ebenfalls anteilig mit einer Zweckbindung aufgebracht worden sind, anzuwenden.

Anlage 2

Muster einer Zuordnungsvereinbarung

Die

BVVG Bodenverwertungs- und -verwaltungs GmbH
Schönhauser Allee 120
10437 Berlin

und die

Gemeinde

treffen folgende Vereinbarung:

Präambel

Im Zuge der Großflächenwirtschaft der DDR wurde das in der Feldlage vorhandene Wegenetz in erheblichem Umfang beseitigt. Wege wurden überpflügt, obwohl sie im Kataster und Grundbuch als Zweckgrundstücke im Eigentum der Gemeinden ausgewiesen waren. Vielfach sind auch ehemalige Wege und Gewässer aufgelassen worden. Die auf altem Herkommen oder auf den Festsetzungen von Rezessen beruhenden Wegegrundstücke wurden in Volkseigentum überführt und in der Regel Räte der Gemeinden oder LPG als Rechtsträger eingesetzt.

Durch die Ausdünnung des Wegenetzes haben viele Grundstücke ihre Wegeanbindung in der Feldflur verloren. Es muss deshalb ein Wegenetz geschaffen werden, das den neuen bzw. neu entstehenden Eigentumsstrukturen und den Bewirtschaftungsbedürfnissen der landwirtschaftlichen Betriebe gerecht wird.

Den Gemeinden soll mit dieser Vereinbarung die Wiederherstellung eines verkehrs- und nutzungsgerechten Wege- und Gewässernetzes erleichtert werden.

Dies vorausgeschickt, vereinbaren die Parteien gemäß § 2 Abs. 1 Satz 6 VZOG folgendes:

§ 1
Zustimmung zur Vermögenszuordnung

Die BVVG Bodenverwertungs- und verwaltungs GmbH (nachfolgend BVVG) stimmt der Vermögenszuordnung des Grundstückes/der Grundstücke

eingetragen im Grundbuch von _____

Grundbuchblatt _____

Gemarkung _____

Flur _____

Flurstück/e _____ (bei mehreren Flurstücken: siehe Anlage) _____

mit einer Größe von _____ (bei mehreren Flursticken: siehe Anlage) _____

auf die Gemeinde zu.

§ 2
Verwendung des Grundstückes/der Grundstücke

Die Gemeinde verpflichtet sich,

a) das Grundstück/die Grundstücke bzw. eigene Grundstücke im wertmäßig gleichen Umfang zweckgebunden für den Flächenbedarf des ländlichen Wege- und Gewässernetzes vorzuhalten und für die Einrichtung von Wegen zu verwenden sowie

b) der BVVG den Verkehrswert für das Grundstück/die Grundstücke zu dem Zeitpunkt zu zahlen, zu dem sie für die Einrichtung von Wegen nicht mehr benötigt werden und für andere wirtschaftliche Zwecke genutzt werden sollen. Weist die Kommune nicht innerhalb einer Frist von acht Jahren nach dem Übergang des Eigentums den konkreten Bedarf dieser Grundstücke für den Ausbau des Wege- und Gewässernetzes beispielsweise durch entsprechende Planungen nach, ist nach Ablauf dieser Frist der Verkehrswert in der zu diesem Zeitpunkt aktueller Höhe zu entrichten.

§ 3
Übergang des Eigentums, Nutzen und Lasten

Die BVVG und die Gemeinde vereinbaren, dass

a) das Eigentum an dem Grundstück/den Grundstücken mit dem heutigen Tag (zu einem anderen zu vereinbarenden Zeitpunkt oder mit Bestandskraft des Vermögenszuordnungsbescheides)

b) Nutzen und Lasten zum Zeitpunkt der Beendigung eines von der BVVG abgeschlossenen Pachtvertrages bzw. zum Zeitpunkt der Inanspruchnahme der Flächen für den Wegebau oder die sonstige Bereinigung des Wegenetzes

übergehen.

Wird die Vereinbarung zwischen der TLG Treuhand Liegenschaftsgesellschaft mbH und der Gemeinde abgeschlossen, lautet § 3 wie folgt:

§ 3
Übergang des Eigentums, Nutzen und Lasten

Die TLG und die Gemeinde vereinbaren, dass

a) das Eigentum an dem Grundstück/den Grundstücken mit Bestandskraft des Vermögenszuordnungsbescheides

b) Nutzen und Lasten zum 1. des dritten Monats nach Beantragung der Vermögenszuordnung (oder mit Bestandskraft des Vermögenszuordnungsbescheides)

übergehen.

§ 4
Zustand des Grundstückes/der Grundstücke

Die BVVG übernimmt keine Gewähr für den Zustand des Grundstückes/der Grundstücke. Sie gehen auf die Gemeinde über, wie sie im Zeitpunkt des Eigentumsüberganges stehen und liegen.

§ 5
Vermessungskosten

Etwa erforderliche Vermessungskosten fallen nicht dem Bund oder den Privatisierungsgesellschaften zur Last.

§ 5
Salvatorische Klausel

(1) Sollte eine Regelung dieser Vereinbarung unwirksam sein oder sollte die Vereinbarung eine Regelungslücke enthalten, so berührt dies die Gültigkeit der Vereinbarung im übrigen nicht. Die BVVG und die Gemeinde verpflichten sich für diesen Fall, den ungültigen oder lückenhaften Teil der Vereinbarung unter Beachtung des Parteiwillens zum Zeitpunkt der Unterzeichnung durch eine sachgerechte Regelung zu ersetzen bzw. auszufüllen.

(2) Änderungen und Ergänzungen bedürfen zu Ihrer Wirksamkeit der Schriftform.

Berlin, ...

Für die BVVG   Für die Gemeinde

Anlage 3

Der Oberfinanzpräsident
der Oberfinanzdirektion Berlin
- Vermögenszuordnung VK -
VK 0/XXX

Dieses Geschäftszeichen bitte stets angeben

Reg.-Nr. X/X 0000 0000 00 X

Oberfinanzdirektion Berlin, Karl-Liebknecht-Str. 31/33, 10178 Berlin

An Xxxxxxxx
Xxx. Xxxxxx
- z. Hd. Xx. Xxxxxxxx-
Xxxxxx-Str. 0

10000 Berlin

Hausadresse:
D-10178 Berlin, Karl-Liebknecht-Str. 31
Verkehrsverbindungen:
Autobus 100, 157, 348
Straßenbahn 8, 15
S-/U-/Bahnhof Alexanderplatz

Durchwahl	Telefax	Bearbeiterin/Bearbeiter	Zimmer	Datum
(030) 2462-0000	-0000	Xx. Xx. Xxxxxx	000	00.00.1999

Bescheid

1. Das Flurstück

   ....

   wird der Gemeinde .... zugeordnet.

   [2. Die dem Bescheid zugrundeliegende Einigung kann bis zum .... 1999 widerrufen werden.]

2. Rechte Dritter bleiben von diesem Bescheid unberührt.

Begründung:

Der Oberfinanzpräsident der Oberfinanzdirektion Berlin ist gemäß § 1 der Zuordnungszuständigkeitsübertragungsverordnung vom 14. Mai 1999 (BGBl. 1999 I, S. 1098) i.V.m. § 1 Abs. 1 S. 1 Nr. 1 u. Abs. 4 S. 1 VZOG zuständig.

Die bisher verfügungsbefugte .... GmbH und die Gemeinde .... als Antragstellerin haben sich über die Zuordnung des Grundstückes mit der beigefügten Vereinbarung vom .... 1999 geeinigt. Die Vereinbarung wird insoweit Bestandteil des Bescheides.

Der Bescheid ergeht gemäß § 2 Abs. 1 S. 6 VZOG und wird daher gemäß § 2 Abs. 1 S. 7 VZOG sofort [nach Ablauf der in 2. genannten Frist] bestandskräftig.

Im Auftrag

Siegel

XXX

bes215.doc

H. Knauber, BML

Unter Bezugnahme auf Ihr Telefonat mit Dr. Müller

Anlage 4

BVVG
Bodenverwertungs- und -verwaltungs GmbH

Bundesministerium
der Finanzen
Referat VIII B3
Herrn Klein
Postfach 1308

53003 Bonn

Zentrale Aktenerfassung
Zentrale

Bereich/Gruppe
Bereich Recht

Ihr Gesprächspartner
Frau Heinrichs

Aktenzeichen
JU-06 lm/al

Telefon: 030/4432-1034
Fax: 030/4432-2231

Datum
0 2. Feb. 00

Zuordnung ehemaliger Kommunaler Wegeflächen
Ihr Schreiben vom 06.01.2000

Sehr geehrter Herr Klein,

wir danken für Ihr Schreiben in o.g. Angelegenheit, zu dem wir wie folgt Stellung nehmen möchten:

Ihrer Rechtsauffassung, dass § 4 Ziff. 4 der Musterzuordnungsvereinbarung unzulässig sei, da § 4 Abs. 6 Satz 1 BBodSchG nicht abdingbar sei, vermögen wir uns nicht anzuschließen. In § 4 Ziff. 4 der Musterzuordnungsvereinbarung wurde vereinbart, dass für den Fall, dass die BVVG nach § 4 Abs. 6 Satz 1 BBodSchG von der Behörde zur Sanierung herangezogen wird, die Gemeinde diese Kosten der BVVG zu erstatten hat. Es handelt sich hierbei um eine privatrechtliche Vereinbarung, die insoweit der Vertragsfreiheit unterliegt. Das Verhältnis zwischen BVVG und der Behörde wird hierdurch nicht berührt.

Ihren Vorschlag, auf die Klausel ganz zu verzichten, haben wir aufgenommen und geprüft.

Grundsätzlich sind wir hierzu bereit. Wir regen jedoch an, eine Sprechklausel mit folgendem Inhalt in die Vereinbarung mit aufzunehmen:

> „Für den Fall, dass sich herausstellt, dass das Flurstück, welches Gegenstand der Zuordnung ist, erheblich belastet ist und die BVVG infolge dessen zur Sanierung herangezogen wird, beteiligt sich die Gemeinde an den Sanierungskosten in einem Maße, das ihrem wirtschaftlichen Interesse an dem Flurstück entspricht."

Den Entwurf eines Zuordnungsbescheides erhalten Sie direkt von unserem Bereich VS.

Mit freundlichen Grüßen

Dr. Müller
Geschäftsführer

AKTUELLE BEITRÄGE ZUM ÖFFENTLICHEN RECHT

◐ von Damm, Christoph
**Selbsteintrittsrecht der Bauaufsichtsbehörde. Art. 81 BayBO und
seine Vereinbarkeit mit der gemeindlichen Planungshoheit**
Band 1, 1998, 224 S., ISBN 978-3-8255-0201-0, 40,39 €

Die Studie betrifft Interessen der Gemeinde und deren Verbände, weil Maßnahmen diskutiert werden, die in die Selbstverwaltung eingreifen. Das Buch bietet eine wissenschaftliche Auseinandersetzung mit den verwaltungs- und verfassungsrechtlichen Aspekten der beschleunigten Ersetzung des gemeindlichen Einvernehmens durch die Bauaufsichtsbehörde. Diese Problematik wird als Teil der Bestrebungen eines „schlankeren" Staates dargestellt.

◐ Koebke, Max
**Das Recht auf Umweltinformation unter besonderer Berücksichtigung von
Betriebs- und Geschäftsgeheimnissen und der Paragraphen 207-277 UGB-KomE**
Band 2, 1999, 182 + XVIII S., ISBN 978-3-8255-0264-5, 40,39 €

Die Studie führt ein in das Recht der Umweltinformation, wie es durch das UIG geschaffen wurde. Der Autor zeigt den Hintergrund der Informationsfreiheit auf und zieht einen Vergleich mit den Informationsrechten in den USA und in den EU-Staaten. Die Darstellung des konkreten Inhalts des UIG findet ihren Schwerpunkt im Konflikt der Informationsfreiheit mit dem Schutz von Betriebs- und Geschäftsgeheimnissen.

◐ Hamers, Antonius
**Der Petitionsausschuß des Europäischen Parlaments und der Europäische
Bürgerbeauftragte.** Zu den außergerichtlichen Beschwerdeeinrichtungen der
Europäischen Gemeinschaft
Band 3, 1999, 290 + XIV S., ISBN 978-3-8255-0285-0, 40,39 €

Das Buch befaßt sich mit den beiden Einrichtungen Petitionssausschuß und Bürgerbeauftragter auf Ebene der Europäischen Gemeinschaft und fragt, ob ein Nebeneinander beider Institutionen sinnvoll und notwendig ist. untersucht wird, wie die Aufgaben, Kompetenzen und Zuständigkeiten beider Einrichtungen voneinander abgegrenzt werden können.

◐ Knödler, Christoph
**Mißbrauch von Rechten, selbstwidersprüchliches
Verhalten und Verwirkung im öffentlichen Recht**
Band 4, 2000, 260 + XLVI S., ISBN 978-3-8255-0293-5, 40,39 €

Die Untersuchung zum Rechtsmißbrauch und seinen konkreten Erscheinungen beruht auf ca. 800 Gerichtsentschidungen, vornehmlich des Bundesverfassungsgerichts, Bundesverwaltungsgerichts und des Bundessozialgerichts, sowie ca. 750 Literaturquellen. Sie zielt auf eine Schärfung der unklaren Konturen des Rechtsmißbrauchs durch Bündelung der Gemeinsamkeiten und Unterschiede der verschiedenen Mißbrauchsfeststellungen.

◐ Reumann, Ute
**Die Europäische Zentralbank: Zwischen Selbstbestimmung
und vertragsmäßiger Zusammenarbeit mit der Gemeinschaft**
Band 5, 2001, 340 S., ISBN 978-3-8255-0325-3, 40,39 €

Ziel ist die Darstellung, in welcher Weise die Unabhängigkeit der Europäischen Zentralbank (EZB) in den Verträgen von Maastrich und Amsterdam rechtlich abgesichert wurde und wie die

CENTAURUS VERLAG

AKTUELLE BEITRÄGE ZUM ÖFFENTLICHEN RECHT

EZB in das System der Gemeinschaft und ihrer Institutionen eingebunden ist. Im Falle einer Interessenkollision zwischen den einzelnen Institutionen muß eine eindeutige Abgrenzung von Aufgabenbereichen und Befugnissen vorgenommen werden können. Das Buch arbeitet die nicht immer eindeutige Grenzlinie heraus, fragt nach der Rolle des EuGH als Rechtsschutzinstanz und nach der Effektivität des Rechtsschutzes für die EZB.

○ Bernard, Claudia
Rundfunk als Rechtsbegriff. Bedeutung, Inhalt und Funktion des Rundfunkbegriffs unter besonderer Berücksichtigung der Multimediadienste
Band 6, 2001, 270 S., ISBN 978-3-8255-0342-0, 32,90 €

Im Mittelpunkt dieser Arbeit steht ein globaler Ansatz der rundfunkrechtlichen Regelungen. Unter Bezugnahme auf den Rundfunkbegriff in den internationalen und nationalen Regelungen werden seine Funktionen und sein Inhalt dargestellt und die Möglichkeit einer einheitlichen globalen Rundfunkordnung untersucht. Dies bildet den Ausgangspunkt für die Erörterung der rechtlichen Erfassung und Regulierung der Multimediadienste.

○ Otto, Christian
Die Grenzen gemeindlicher Wirtschaftsbetätigung
Band 7, 2001, 298 S., ISBN 978-3-8255-0353-6, 30,70 €

Die jüngsten Expansionstendenzen der Kommunalwirtschaft veranlassen zu einer dezidierten Analyse der Grenzen gemeindlicher Wirtschaftsbetätigung, die, wie hier ausführlich dargestellt, bereits durch das Grundgesetz zu einem zwingenden Prinzip der Subsidiarität gemeindlicher Wirtschaftsbetätigung formuliert sind. Weiter klärt das Buch die Möglichkeiten eines gerichtlichen Vorgehens privater Konkurrenten gegen unzulässige kommunale Konkurrenz.

○ Wießner, Manfred
Leistungssteigerung durch die Dienstrechtsreform 1997? Eine Beurteilung der Wirkung von leistungsabhängigen Bezahlungselementen und der Vergabe von Ämtern mit leitender Funktion auf Zeit und Probe
Band 8, 2002, 220 S., ISBN 978-3-8255-0392-5, 27,90 €

Die Arbeit setzt sich mit den durch das Gesetz zur Reform des öffentlichen Dienstrechts im Beamtenrecht neu eingeführten leistungsabhängigen Bezahlungselementen und den Beamtenverhältnissen mit leitender Funktion auf Zeit und auf Probe auseinander. Sie untersucht die Verfassungsmäßigkeit der einzelnen Elemente und fragt, ob diese Maßnahmen geeignet sind, die Arbeitsmotivation der Beamten und damit die Leistungsfähigkeit der öffentlichen Verwaltung zu steigern. Der Verfasser lehnt sich dabei an psychologische Motivationstheorien an..

○ Braun, Sebastian
Der Zugang zu wirtschaftlicher Netzinfrastruktur. Telekommunikation, *Neu 2003!*
Schienenverkehr und Energiewirtschaft im Spannungsfeld staatlicher Interessen und deren Regulierung durch sektorspezifisches Recht auf einem Wettbewerbsmarkt
Band 9, 2003, ca. 330 S., ISBN 978-3-8255-0407-6, ca. 33,- €

Eine vergleichende, ökonomische Analyse des Sonderkartellrechts der liberalisierten Sektoren der Telekommunikations- und Energiewirtschaft sowie des Schienenverkehrs im Hinblick auf die unterschiedlichen Netzzugangsmöglichkeiten von Wettbewerbern.

CENTAURUS VERLAG

MIX
Papier aus verantwortungsvollen Quellen
Paper from responsible sources
FSC® C105338

If you have any concerns about our products,
you can contact us on
ProductSafety@springernature.com

In case Publisher is established outside the EU,
the EU authorized representative is:
**Springer Nature Customer Service Center GmbH
Europaplatz 3, 69115 Heidelberg, Germany**

Printed by Libri Plureos GmbH
in Hamburg, Germany